印度五千年史

〔日〕山泽种树 —— 著　　陈景升 —— 译

人民东方出版传媒
东方出版社
The Oriental Press

图书在版编目（CIP）数据

印度五千年史 /（日）山泽种树著；陈景升译. —
北京：东方出版社，2021.3
 ISBN 978-7-5207-2037-3

Ⅰ. ①印… Ⅱ. ①山… ②陈… Ⅲ. ①印度—历史
Ⅳ. ①K351.0

中国版本图书馆CIP数据核字(2020)第268456号

印度五千年史
（YINDU WUQIANNIAN SHI）

作　　者：	[日]山泽种树
译　　者：	陈景升
责任编辑：	辛春来
出　　版：	东方出版社
发　　行：	人民东方出版传媒有限公司
地　　址：	北京市西城区北三环中路6号
邮　　编：	100120
印　　刷：	北京兰星球彩色印刷有限公司
版　　次：	2021年3月第1版
印　　次：	2021年3月第1次印刷
开　　本：	710毫米×1000毫米　1 / 16
印　　张：	31.25
字　　数：	342千字
书　　号：	ISBN 978-7-5207-2037-3
定　　价：	118.00元

发行电话：（010）85924663　85924664　85924641

版权所有，违者必究
如有印装质量问题，我社负责调换，请拨打电话：（010）85924602　85924603

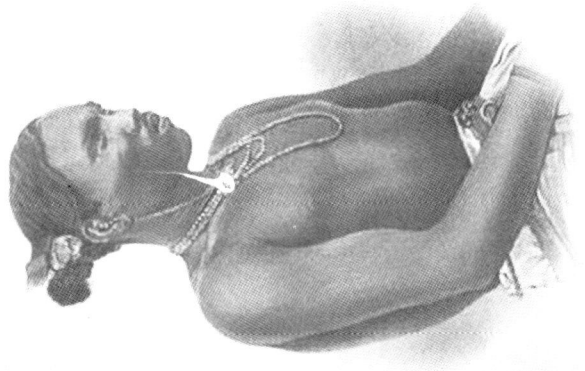

蒙达人

哈拉帕复原图

雅利安人定居点

波斯雅利安人在祭坛上献祭

坐在马车上的苏利耶

火神阿耆尼

大地之神颇哩提哩化身为一头母牛被国王铄哩提追逼

死神阎摩

毗诃波提

福身王与萨蒂亚瓦蒂

持国

坚战与苏利耶

怖军

阿周那与河神

罗摩征服海神瓦鲁纳

乾闼婆壁画

亚历山大大帝的军队撤离印度,穿越印度河西面的沙漠

华氏城出土的石质建筑构件

阿旃陀壁画

阿旃陀壁画

阿丰索·德·阿尔布开克

葡萄牙人征服后的果阿

莫卧儿帝国时期旁遮普的乡村风光

巴布尔参观印度教寺庙

阿克巴举行不同教派的集会

莫卧儿帝国穿着盔甲的士兵

莫卧儿帝国步兵

莫卧儿帝国炮兵

凡 例

第一，因为要将印度①五千年的历史概括在这本几百页的书中，所以本书只记录印度历史中最关键的部分。

第二，本书采用公历纪年法。

第三，专有名词采用约定俗成的说法。

第四，在古代史部分，为了让读者在阅读其他专业书籍时不会因专有名词译法的不同而感到困惑，我采用了通用译法。对古代和近代叫法不同的地方，分别采用了符合当时时代背景的叫法。

第五，与其他历史书籍不同，本书没有具体划分古代、中世和近代，目的是让读者能够将印度五千年的历史看作一个连续的整体。如果具体划分，第一章到第七章是古代史，第八章到第十一章是中世史，第十二章之后的部分是近代史和现代史。

第六，印度历史中，宗教和哲学占据了非常重要的地位。因此，我希望多讨论一些关于印度宗教和哲学的内容。但由于篇幅所限，穆斯林征服印度后的伊斯兰文化和莫卧儿文化均未写进本书中。这令我深感遗憾。这些内容，我计划在本书的姊妹篇《印度文化史》中阐述。

---

① 本书中说的"印度"是地理概念，相当于南亚，包括今印度、巴基斯坦、孟加拉国、不丹、尼泊尔、斯里兰卡等国家。——译者注

第七，我介绍了印度精神的由来，以及作为印度精神代表的印度古文化。因为本书的其他部分自始至终只是单纯在记录印度的兴亡史，所以我非常庆幸能够介绍上述文化内容。此外，与西欧哲学中说的"哲学"不同，印度哲学中充满了东方人特有的思想底蕴和文化气息。不过，本书的内容无法涵盖庞大的印度哲学体系。因此，我建议读者在看完本书后，如果对印度产生了浓厚的兴趣，可以阅读印度哲学方面的书。

第八，一般来说，历史书都晦涩难懂。书中还会对一些历史事件做看似偏离主题却细致入微的分析。在充分了解这一点后，我开始了本书的创作。不知道本书是否达到了一般历史书的水准。回想一下，本书也有一些不足之处。在本书付梓之际，请允许我谈谈自己的感想。那就是，历史是有生命的。在描述历史这个"庞然大物"时，我常常感到词穷。写一本通史类的书非常困难。特别是印度的历史经常会出现中断，要填补这些历史空白几乎是一件不可能完成的事。作为日本人，我深切地感受到出生在这个世上是一件非常幸福的事，因为日本拥有完整的历史记录。

第九，在写书的过程中，我参考了大量古今中外的书。在此，我衷心地对先贤表达敬意和谢意。为了表达自己受益于先贤的感激之情，我列出了所有参考文献。

第十，对尽管有可能错失商机，但还是答应我的请求，延长了本书完稿时间的远藤书店的店主，我致以深深的谢意。太平洋战争[①]的爆发让本书提早问世。但对写作速度不快的我而言，如果没有店主的耐心等待，要克服中途放弃写作的念头几乎是一件不可能完成的事。

---

① 太平洋战争，1941年12月8日到1945年9月2日，以日本为中心的轴心国势力和同盟国之间在太平洋、印度洋、东南亚和东亚进行的战争，是第二次世界大战的局部战争。——译者注

目 录

第1章 古代印度（公元前2000年以前） …………………………… 001

    第1节 石器时代 ………………………………………………… 001

    第2节 原住民 …………………………………………………… 002

    第3节 达罗毗荼人 ……………………………………………… 005

    第4节 印度文明 ………………………………………………… 007

第2章 吠陀时代（从公元前2000年到公元前1400年） ………… 011

    第1节 雅利安人入侵印度 ……………………………………… 011

    第2节 雅利安人和原住民的斗争 ……………………………… 015

    第3节 十王之战 ………………………………………………… 018

    第4节 雅利安人的生活 ………………………………………… 022

    第5节 吠陀时代的宗教 ………………………………………… 024

    第6节 "印度"名称的由来 …………………………………… 029

第3章 史诗和哲学时代（从公元前1400年到公元前700年） …… 031

    第1节 雅利安人在恒河流域定居 ……………………………… 031

第 2 节　《摩诃婆罗多》的问世 ······ 032

第 3 节　《摩诃婆罗多》的梗概 ······ 035

第 4 节　毗提诃国的遮那竭王 ······ 041

第 5 节　《罗摩衍那》 ······ 045

第 6 节　种姓制度 ······ 054

第 7 节　吠陀本集 ······ 062

第 8 节　《梵书》 ······ 064

第 9 节　《奥义书》 ······ 068

第 4 章　佛陀时代（从公元前 700 年到公元前 400 年） ······ 077

第 1 节　十六大国 ······ 077

第 2 节　沙门和六师外道 ······ 078

第 3 节　悉达多太子 ······ 082

第 4 节　成　道 ······ 086

第 5 节　根本佛教的精神 ······ 091

第 6 节　传　道 ······ 092

第 7 节　四大王国 ······ 100

第 8 节　摩揭陀国的兴盛 ······ 102

第 9 节　大流士大帝的到来 ······ 104

第 5 章　阿育王和摩揭陀帝国（从公元前 400 年到公元前 200 年） ······ 107

第 1 节　难陀王朝 ······ 107

第 2 节　亚历山大大帝的远征 ······ 109

第3节	孔雀王朝	113
第4节	印度南部诸国	117
第5节	阿育王	118
第6节	阿育王卖人头	121
第7节	三藏结集	124
第8节	巽伽王朝	125

第6章 外敌和贵霜帝国（从公元前200年到公元300年）……127

第1节	大夏的米南德一世	127
第2节	帕提亚帝国的入侵和塞族人	128
第3节	甘婆王朝	130
第4节	百乘王朝和印度南部的局势	131
第5节	大月氏的来袭及贵霜帝国	133
第6节	迦腻色伽一世	135
第7节	佛教美术	138

第7章 笈多王朝和往世书时代（从300年到700年）……145

第1节	笈多纪元	145
第2节	沙摩陀罗·笈多和超日王	146
第3节	文艺复兴期	150
第4节	古代科学	155
第5节	印度教的诞生	159
第6节	十八部往世书	166
第7节	笈多王朝和白匈奴的斗争	166

第 8 节　曲女城的戒日王 ·· 171

　　第 9 节　拉杰普特时期 ·· 174

　　第 10 节　《薄伽梵歌》 ··· 175

　　第 11 节　印度六派哲学 ··· 176

第 8 章　穆斯林入侵印度的时代（从 700 年到 1200 年）············ 181

　　第 1 节　穆斯林第一次入侵印度 ··································· 181

　　第 2 节　加兹尼王朝 ··· 183

　　第 3 节　加兹尼的马哈茂德征服印度 ······························· 185

　　第 4 节　反击和掠劫 ··· 188

　　第 5 节　加兹尼的马哈茂德的性格 ································· 191

　　第 6 节　加兹尼的马哈茂德之后的加兹尼王朝 ······················· 193

　　第 7 节　古尔王朝的穆厄佐丁·穆罕默德 ··························· 194

第 9 章　德里苏丹国的诸王朝（从 1200 年到 1500 年）·············· 197

　　第 1 节　奴隶王朝 ··· 197

　　第 2 节　苏丹娜拉齐娅 ··· 202

　　第 3 节　卡尔吉王朝 ··· 204

　　第 4 节　图格鲁克王朝 ··· 208

　　第 5 节　帖木儿风暴 ··· 213

　　第 6 节　赛义德王朝和洛迪王朝 ··································· 215

　　第 7 节　瓦斯科·达·伽马抵达印度 ······························· 217

第 10 章　巴布尔和胡马雍入侵印度（从 1500 年到 1550 年）········ 221

　　第 1 节　喀布尔的巴布尔 ··· 221

第 2 节　第一次帕尼帕特战役 ·· 224

第 3 节　巴布尔驾崩 ·· 229

第 4 节　胡马雍的危机 ··· 232

第 5 节　胡马雍出逃与卷土重来 ··· 235

第 11 章　阿克巴大帝（从 1550 年到 1600 年）························ 239

第 1 节　阿克巴即位 ·· 239

第 2 节　第二次帕尼帕特战役 ·· 241

第 3 节　老将的叛乱 ·· 242

第 4 节　全印统一之路 ··· 245

第 5 节　阿克巴的政策 ··· 255

第 6 节　新国教"丁伊 – 伊拉希"和国语的制定 ························· 257

第 12 章　英国东印度公司和莫卧儿帝国的盛衰
　　　　（从 1600 年到 1740 年）···································· 261

第 1 节　香料的诱惑 ·· 261

第 2 节　伦敦商人的几次航海 ·· 266

第 3 节　世界的征服者 ··· 268

第 4 节　泰姬陵 ·· 274

第 5 节　宇宙的征服者 ··· 277

第 6 节　马德拉斯、孟买和加尔各答 ······································· 279

第 7 节　"山鼠"希瓦吉 ··· 286

第 8 节　奥朗则布驾崩和皇位争夺战 ······································· 289

第13章　侵略者罗伯特·克莱夫（从1740年到1770年） 293

- 第1节　发生在印度的英法冲突 293
- 第2节　卡纳蒂克的纷争 298
- 第3节　困守阿尔科特 302
- 第4节　印度暴发户 308
- 第5节　"加尔各答黑洞"事件 310
- 第6节　普拉西战役 315
- 第7节　罗伯特·克莱夫的采邑 320
- 第8节　租税征收权 322

第14章　沃伦·黑斯廷斯和马拉塔帝国（从1770年到1798年） 327

- 第1节　1770年孟加拉大饥荒 327
- 第2节　沃伦·黑斯廷斯上任 330
- 第3节　罗希拉之战 333
- 第4节　第一代印度总督 335
- 第5节　马拉塔帝国和海德尔·阿里 338
- 第6节　《苏拉特条约》和第二次迈索尔战争 341
- 第7节　掠夺瓦拉纳西和巴胡夫人事件 346
- 第8节　查尔斯·康沃利斯 350
- 第9节　第三次迈索尔战争 353

第15章　英属印度的建设（从1798年到1856年） 355

- 第1节　第四次迈索尔战争 355
- 第2节　马拉塔帝国解体 358

第 3 节　印度外围侵略战 ………………………………… 362

第 4 节　废除娑提与推行英语教育 ……………………… 366

第 5 节　英国出兵阿富汗 ………………………………… 368

第 6 节　第一次英国锡克战争和第二次英缅战争 ……… 372

第 7 节　英国扩张大事记 ………………………………… 379

第 16 章　印度民族大起义（1857 年） ………………………… 383

第 1 节　查尔斯·坎宁 …………………………………… 383

第 2 节　印度民族精神的高涨 …………………………… 385

第 3 节　起义的原因 ……………………………………… 387

第 4 节　起义的经过 ……………………………………… 389

第 5 节　雄图未果 ………………………………………… 392

第 6 节　失败与反思 ……………………………………… 396

第 17 章　英国政府直辖统治时代（从 1858 年到 1919 年） ……… 399

第 1 节　历史的中断 ……………………………………… 399

第 2 节　英国向阿富汗扩张 ……………………………… 400

第 3 节　印度国民大会党的诞生 ………………………… 410

第 4 节　从第三次英缅战争到日俄战争 ………………… 413

第 5 节　第二次印度民族解放运动的兴起与巴尔·甘加达尔·蒂拉克 …… 419

第 6 节　第一次世界大战 ………………………………… 421

第 7 节　《罗拉特法案》 ………………………………… 427

第 18 章　独立运动和太平洋战争时的印度（1919 年以后） ………… 429

第 1 节　圣雄甘地 ………………………………………… 429

第 2 节　甘地的斗争 …………………………………………… 433

第 3 节　西蒙委员会 …………………………………………… 438

第 4 节　独立宣言与圆桌会议 ………………………………… 443

第 5 节　第二次世界大战 ……………………………………… 447

第 6 节　太平洋战争期间印度的独立运动 …………………… 450

第 7 节　斯塔福德·克里普斯访问印度 ……………………… 453

第 8 节　沃尔塔会议和印度的崛起 …………………………… 456

参考文献 ………………………………………………………… 459

第1章

古代印度

（公元前 2000 年以前）

第1节 石器时代

远古时代，人类全身赤裸，居无定所，没有可供使用的工具和武器。他们徘徊在热带丛林中，看到什么就吃什么，如草根、树皮和野果等。后来，远古人类开始吃被其他生物杀死的鸟兽的尸体，从此便知道了肉的滋味。不久，他们就开始尝试用石头、树枝捕杀相对来说不危险的动物。不过，远古人类对火一无所知。

对远古人类来说，火的发现是一件令人欣喜的事。因为用火烤过的肉比生肉好吃得多。夜晚来临时，白天四处活动的远古人类就会找地方休息。有了火，他们就能在夜里点起火堆。即使听到从漆黑的森林里传来的野兽咆哮声，他们也不会感到害怕。

远古时代发展到一定阶段，人类便进入了石器时代。石器时代的人类已经掌握了打磨石头的方法。他们会用燧石和粗糙的石器等原料打制出精巧的石器。在石器时代，人类将打磨出来的精巧石器作为工具使用。石器的出现，推动了陶瓷工艺的发展。不久，人类就学会了使用陶轮。石器时代的具体起始时间尚无法确定，但持续了很长一段时期。

印度的历史可以追溯到石器时代。现在印度出土的大量原始人类的石器就能证明这一点。即使不借助考古学,单凭生活在印度各地的冈德人[1]所拥有的文明也能证实这一点。现在,冈德人依然使用燧石制作的各种器具,狩猎时还使用弓箭。就连信奉原始宗教这个特点,也和石器时代的状况别无二致。

在漫长的石器时代中,生活在印度的人类最早使用的金属是铜。在坎普尔附近的恒河古地层中,以及孟加拉[2]和信德[3]等地,人们发现了各种用纯铜制成的奇形怪状的工具。由此可见,原始人类的生活方式由最初为了寻找食物而被迫四处迁移,逐渐过渡到了居"有"定所。

> 构成人类历史最重要的因素之一,就是民族迁移。民族迁移的主要原因是食物匮乏。造成食物匮乏的主要原因是亚洲中部的陆地逐渐变得干燥。而造成干燥的原因,可能是全球气候的变化,也可能是地壳的收缩,还可能是从其他地方吹来的富含水分的气流被山脉阻挡了。[4]

进入印度后,冈德人就停住了四处迁移的步伐。因为印度具备了人类生存的必要条件——一望无垠的大平原、充足的日照和丰硕的果实。不久,冈德人就以印度原住民的身份开始了质朴的生活。

第2节 原住民

原始文明发展的必要条件是人类必须找到适合居住的地方。这个地方必

---

[1] 冈德人,又名贡德人,印度少数民族之一。——译者注
[2] 孟加拉,指孟加拉地区,包括今孟加拉国和印度的西孟加拉邦等地。——译者注
[3] 信德,位于巴基斯坦东南部,东邻印度,南靠阿拉伯海。——译者注
[4] 出自爱德华·詹姆斯·拉普逊的《古代印度》。——原注

冈德人

须有丰沛的水源、温暖的气候和充足的日照。作为印度的原住民而广为人知的科拉利安人，其分布的区域就完全符合上述条件。当时，科拉利安人分布在印度能获得水和食物的区域，过上了安逸的生活。科拉利安人现在分布的区域和过去不同。蒙达人、柯尔人和桑塔人①等也是如此。因为过着游牧生活，又时常受到外敌的侵扰，所以蒙达人、柯尔人和桑塔人选择住在孟加拉、焦达讷格布尔高原的偏远山区、喜马拉雅山脉和温迪亚山脉。

旧石器时代的原住民遗物多出土于印度南部。新石器时代，科拉利安人则主要生活在印度中部和印度北部。今天科拉利安人的后裔依然生活在印度中部和印度北部。

科拉利安人、蒙达人、柯尔人和桑塔人是从西北方向迁移到印度的，主要以游牧为生。现在仍无法确定他们是否在旧石器时代就已经存在。不过，他们的文明有过显著的发展。他们使用的石器是经过专门打磨的，其形状充分体现了人类的智慧。他们使用的各种陶器，如陶制水壶，表面刻有简单花纹。由此可见，当时他们已经有了审美意识。

科拉利安人虽然过的是游牧生活，但并不是一直都在四处迁移。遇到肥沃的土地时，科拉利安人会放慢迁移的步伐，在这片肥沃的土地上生活一段时间。夏季的游牧地区未必适合冬季的畜牧生活。因此，在随着季节变化开始迁移之前，科拉利安人会在很长的一段时间里住在同一个地方，过着"半定居"的生活。这从科拉利安人已经学会建造房屋、饲养家畜，并且掌握了简单的农耕技术等方面就可以看出来。

不过，随着文明发展程度更高的人种入侵印度，科拉利安人逐渐被赶到了偏远地区。个子矮小、皮肤黝黑的科拉利安人，再也不能像从前那样独自占有大片土地。在遥远的五千年前，创造了令世人难以想象的灿烂文明的人种就在印度出现了。

---

① 蒙达人、柯尔人和桑塔人，是印度原住民，主要分布在印度中部、东部和东北部。——译者注

说到印度文明，人们最先想到的就是雅利安文明。教科书上也是这么写的。现在，我们必须修正远古时代的印度史。实际上，在雅利安人入侵印度之前，印度文明就已经开出了灿烂的花朵。

第3节　达罗毗荼人

和科拉利安人一样，达罗毗荼人也是印度的原住民。早些年的史书中有相关记载。同时，因为现存的达罗毗荼人大都居住在印度南部，所以人们一般认为他们就是印度南部的原住民。

达罗毗荼人

然而，这个说法最后被推翻了。这要归功于近代考古学取得的重大突破。在1918年到20世纪40年代的考古发掘工作中，考古学家发现了许多珍贵的文物。经鉴定，这些完好无损地将自己的原样展现在世人面前的文物，实际上经历了六千多年的漫长岁月。显然，这些文物并不属于雅利安文明，而是属于某种比雅利安文明更古老、更繁荣的文明。

考古学家在三个地方发现了这些文物，分别是信德的摩亨佐-达罗[①]、俾路支[②]的尼雷和旁遮普[③]的哈拉帕。

印度的轮廓就像一个巨大的倒立三角形。以常年被积雪覆盖的喜马拉雅山脉为起点，沿东西方向分别流淌着两条大河。这两条大河勾勒出了这个巨大

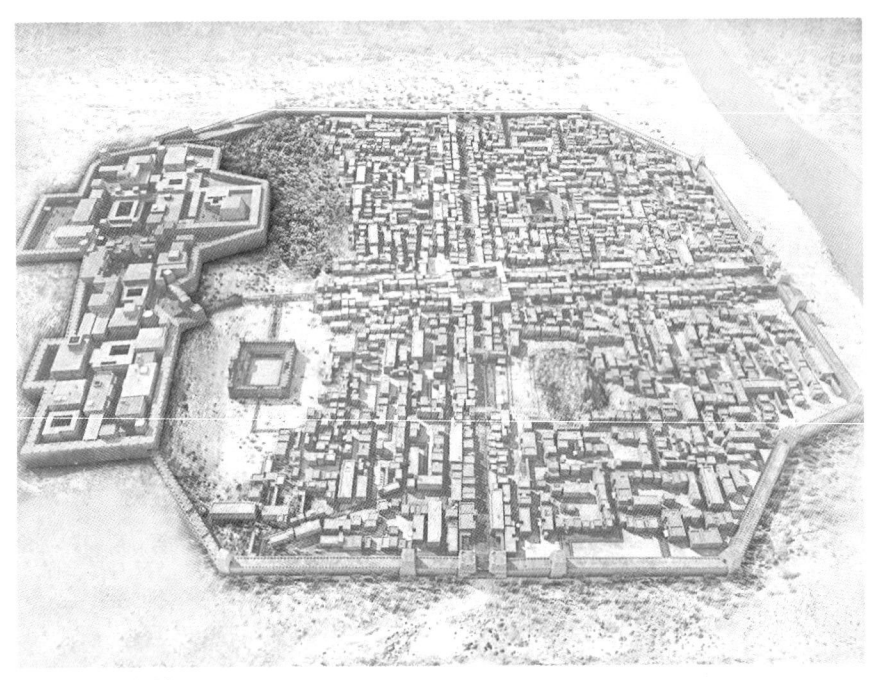

摩亨佐-达罗遗址复原图

[①] 摩亨佐-达罗，又称"死亡之丘"，大约建于公元前2600年，是古印度文明的代表之一，1980年被联合国教育、科学及文化组织列为世界遗产。——译者注
[②] 俾路支，位于今巴基斯坦西部。——译者注
[③] 旁遮普，位于印度次大陆北部。——译者注

三角形的底边。其中,一条大河叫印度河。印度河的河水浩浩荡荡,奔流不息。1918年到20世纪40年代出土的文物都零星分布在印度河流域。

和科拉利安人相比,达罗毗荼人的个子高得多。从人类学的角度来看,达罗毗荼人的特征是黑皮肤、长头、宽鼻、前腕长。以前的观点认为,达罗毗荼人的遗迹一般出现在印度南部,如阿迪昌鲁路、哥印拜陀和贝伦贝尔等地。如果这些地区也是印度文明的遗迹,我们就可以断定,在印度南部和印度北部都曾有达罗毗荼人的原住民居住。一般认为,达罗毗荼文明最辉煌的时代是公元前3000年,最晚也不会晚于公元前2800年。这个时间比雅利安人入侵印度的时间早了足足一千年。当时,达罗毗荼人的社会已经呈现出一片繁荣、太平的景象。不仅如此,达罗毗荼人还创造了具有民族特色的文明。

第4节　印度文明

一直以来,人们普遍认为印度文明和达罗毗荼文明属于同一种文明。这是因为,印度文明中与埋葬尸体相关的习俗,特别是将尸体安置在素烧大瓶中的做法,和印度南部出土的史前文物反映的习俗是一致的。不仅如此,考古学的研究还证实这种习俗大都和地中海文明有密不可分的联系。语言学和人类学的研究还显示,达罗毗荼人和苏美尔人[①]属于同一人种。

考古学家在印度河流域的考古发掘工作得出的结论是,达罗毗荼文明存在的时间和自古以来作为世界文明发祥地的美索不达米亚文明及埃及文明存在的时间一致。达罗毗荼人创造出了灿烂的达罗毗荼文明,其文明遗址的规模也很大。

在印度河流域的考古发掘工作中,考古学家发现了被埋没几千年的达罗毗荼人建造的古老城市。城市中有砖头铺成的道路、鳞次栉比的砖瓦房。家家

---

① 苏美尔人,两河流域的早期居民,创造了发达的苏美尔文明。——译者注

户户都有水井、浴室及配套的排水系统。随处可见宗教建筑。当然，坟墓也被完好地保存了下来。

从出土的素烧陶器可以看出，当时[①]住在当地的人已经掌握了陶轮的使用方法。除素烧陶器之外，还出土了一些利用天然石头制作成的餐具，以及赤土陶器、手镯和武器等物品。其中的彩色陶器，是达罗毗荼文明高度发展的最好证明。此外，出土的几枚古代印章则证明了印度文明和苏美尔文明是一脉相承的。繁荣于美索不达米亚的古代巴比伦文明，同样起源于苏美尔文明。苏美尔人很早就开始使用印章。据说，当时的王侯、贵族和商人都有收藏印章的嗜好。这些印章都被雕刻得很精美。

出土于印度文明发祥地的印章，大多刻有家畜图形。这些家畜图形的上方都刻有粗糙的楔形文字。从这些家畜图形可以看出，当时达罗毗荼人已经开始饲养牛和羊等动物。其中的羊，包括绵羊和山羊。至于马，当时还没有被人饲养。显然，当时的人还没有发明纸。因此，人们通常在黏土上撰写公文并盖印章，记录文字或进行计算。

> 在开展经济活动和政治活动的过程中，苏美尔人逐渐形成了使用芦苇的尖端在铺有柔软黏土的平板上画一些简单图形来做记录的习惯。为了画得更快，这些简单图形不久就被简化成了楔形符号。[②]

由此可见，印度文明和古巴比伦文明之间存在必然联系。然而，遗憾的是，关于达罗毗荼人进入印度的具体路线，历史学家还没有给出明确的答案。有人认为，达罗毗荼人是从美索不达米亚出发，途经俾路支和旁遮普，再穿过信德，最终抵达印度河流域的。也有人认为，达罗毗荼人是从当时势力遍及海湾的古巴比伦王国出发，走海路，途经阿曼湾，直接抵达印度河入海口的。

---

① 指公元前3000年左右。——原注
② 出自詹姆斯·亨利·布雷斯特德的《古代文化史》。——原注

石刻上的苏美尔人

　　另外,如果达罗毗荼人和苏美尔人是同一个人种,那么达罗毗荼人为什么没有使用苏美尔文字,也就是楔形文字呢?对这个问题,我们应避免过早下定论,而要花更多的时间更深入地研究。

　　需要注意的是,达罗毗荼人属于母系社会。记住这一点对后面的内容会有帮助。

接下来，我们来讨论对印度文明产生巨大影响的另一个文明——雅利安文明。在独特的达罗毗荼文明达到鼎盛之后大约一个世纪的时间里，也就是从公元前2000年左右开始，好战的雅利安人开始入侵印度。

第 2 章

吠陀时代

（从公元前 2000 年到公元前 1400 年）

第1节 雅利安人入侵印度

早期入侵印度的民族中，最有名的是雅利安人。雅利安人属于印欧民族，实行大家族制。他们大规模迁往兴都库什山脉，很快便穿过喀喇昆仑山脉和兴都库什山脉中间的缝隙，迈出了征服印度的第一步。也就是说，最先踏足印度西北部的是雅利安人。在眺望印度河流域广袤的平原时，他们就意识到自己漫长的迁移生活终于可以告一段落了。此后，雅利安人逐渐从游牧民族转变成农耕民族。他们看着印度河流域富饶的土地，想象着将来可以从这片土地上获得无尽收获，不禁欣喜雀跃起来。

公元前3000年左右，印欧民族的祖先出现在里海东边和东北边的草地上。印欧民族形成后，各个支系说的应该是同一种语言。近代欧洲各民族使用的口语，都起源于该语言。当时，印欧民族的祖先已经开始使用金属铜。不过，这些铜大部分来自石器时代。因此，我们可以推断出印欧民族的祖先生活的年代最晚不会晚于公元前2500年。①

不久，雅利安人就从印欧民族的祖先中分裂出来，在里海东边的大草原上开始了游牧生活。后来，他们进一步向东迁移，在公元前2000年左右分裂为

迁移中的雅利安人

---

① 出自詹姆斯·亨利·布雷斯特德的《古代文化史》。——原注

雅利安人抵达印度

两个部族。其中,占据东面的这个部族继续向东南方迁移,在高原上摸索前行,最后抵达印度。

据说,雅利安人的这次分裂源于宗教上的分歧。分裂后的另一个部族被称为波斯人。他们先向西原路折回,再南下。然后,他们从伊朗高原出发,沿海而下,在最终抵达的平原上定居。后来,波斯人建立了波斯帝国[①],信仰祆教[②],将《波斯古经》奉为圣典。

因此,和入侵印度的部族一样,在波斯定居的这个部族,也属于雅利安人。如果该说法成立,那么我们就可以推断出,波斯文明和印度的雅利安文明

---

① 波斯帝国,指阿契美尼德王朝,公元前550年由居鲁士大帝创立,公元前330年灭亡。——译者注
② 祆教,又名琐罗亚斯德教、拜火教,古代波斯帝国的国教,主张善恶二元论,主神是阿胡拉·玛兹达。——译者注

因陀罗

其实是同根同源的。不过,在宗教信仰方面,这两个部族还是有差别的。正是这个差别导致了两个部族的分裂。印度的雅利安人信奉的圣典是《吠陀》。根据《吠陀》的记载,雅利安人信奉雷神因陀罗。而波斯人的圣典《波斯古经》将因陀罗当作邪神。

接下来,我们重点讨论入侵印度的这一支雅利安人。经历了长期的流浪生活后,他们最终抵达被称为"五河地区"[①]的大平原。在这片广袤的平原上,五

---

① "五河地区",即今旁遮普。——译者注

条大河奔流不息。最终,这五条大河的河水汇合在一起,形成了历史悠久的印度河。

就这样,入侵印度的雅利安人,完成了从亚洲的干旱地区进入湿润地区、从绿洲地带进入季风多雨地带的迁移。历史学家将这个时代称为"吠陀时代"或"梨俱吠陀时代",因为这个时代出现了堪称印度乃至世界最古老的古典文学——"四吠陀"[①]。

从北部高原南下来到五河地区的雅利安人的特点是:个子高、皮肤白。刚开始,他们过着以狩猎和畜牧为主的生活。雅利安人虽然已经掌握了农耕技术,但找不到适合居住的土地,所以仍然在五河地区徘徊,过着游牧生活。雅利安人是穿过茂密的森林、越过人迹罕至的高原,才来到五河地区的。不过,雅利安人无法独自占有五河地区,因为这里还住着个子矮小、皮肤黝黑的原住民。入侵印度后,雅利安人就和这些原住民产生了激烈的冲突。这些原住民指的就是达罗毗荼人。

第2节 雅利安人和原住民的斗争

当时,印度的原住民过着怎样的生活呢?根据《梨俱吠陀》的记载,雅利安人歧视这些原住民,蔑称他们为"达舒"或"达萨"[②]。《梨俱吠陀》中写道:"雅利安人骁勇善战,横扫了达舒的各个城市。"由此可见,当时印度的原住民已经建立了城市,过着以部落为单位的集体生活。雅利安人的到来打破了原住民的和平生活。雅利安人要面对的是和自己过的游牧生活截然不同的、已经建立起城市的高度发达的达罗毗荼文明。

不过,长期的游牧生活培养了雅利安人勇于挑战大自然、克服各种困难的精神。习惯了游牧生活的雅利安人自然见多识广,和生活在不同地区的民族也

---

① 其中以《梨俱吠陀》最有名。——原注
② "达舒"或"达萨",梵语音译,意思是雅利安人的敌人,后来指奴隶。——译者注

有不少接触，对不同人种的各种迥异长相也觉得很正常。雅利安人还经常翻山越岭，深入各种怪石嶙峋的地区。因此，与过着定居生活的人相比，雅利安人掌握了更加丰富的矿物知识。青铜、铁等金属的发现，大概就得益于过着游牧生活的雅利安人。

在世界古代史中，雅利安人经常被贴上"城市的侵略者、强盗、掠夺者"的标签，并且被称为"专干掠夺勾当的胆大包天的畜牧民族"[1]。说到入侵印度的这支雅利安人，那就更是有过之而无不及了。这支雅利安人来到印度，是为了侵占土地。好战的精神驱使他们与原住民进行了激烈的斗争。

在向信奉的各种自然神祈祷后，入侵印度的这支雅利安人就与肤色不同的人进行了激烈的斗争。这种斗争不仅是两个民族之间的斗争，也是两种宗教之间的斗争。

> 在战斗中，因陀罗会帮助虔诚地信奉自己的雅利安人……为了雅利安人，因陀罗会征服不信奉自己的民族。他会剥下天生一副黑脸的敌人的皮，将其诛杀，让其灰飞烟灭。他会烧死对雅利安人不利的残忍民族。[2]

因陀罗是雅利安人最尊敬、最仰赖的雷神。对因陀罗的祈祷，让雅利安人战无不胜。就这样，身为侵略者的雅利安人获得了最后的胜利。雅利安人早已经历了各种考验，并且拥有优秀的战马、能够鼓舞士气的战鼓、精良的部队和锋利的武器。优秀的战马让印度原住民闻风丧胆。因此，雅利安人称战马为"达齐库拉"[3]。《梨俱吠陀》中就有赞颂战马的赞歌。下面就让我们通过《梨俱吠陀》中的赞歌，感受一下身为侵略者的雅利安人是如何获胜的。

---

[1] 出自赫伯特·乔治·威尔斯的《世界文化史概观》。——原注
[2] 出自《梨俱吠陀》第一卷。——原注
[3] 意思是神圣的战马。——原注

就像察觉到自己即将成为老鹰的猎物而发出悲鸣的鸟儿一样，一看到为了寻求财宝、家畜和食物飞奔而来的战马，敌人就吓得哭天喊地。他们害怕战马。只要看到战马，他们就立刻作鸟兽散。战马，驱敌无数，势不可当。①

战鼓声响彻四方，表示战机已经成熟。我们的将领随即骑上战马，发号施令。啊，因陀罗，请让驾驶战车的士兵赢得最终的胜利！②

战斗即将开始，士兵像腾云驾雾般出现，身穿盔甲，勇往直前。

我军士兵手持弓箭，立志征服凶猛傲慢的敌人。弓啊，请你识破敌人的诡计。箙如亲；箭如子。箙在士兵的背上发出声响；箭则被赋予战斗的使命，征服敌人。

战马发出嘶吼声，用铁蹄扬起滚滚沙尘，拉着战车，驰骋沙场。战马势不可当，前来掠夺的敌人都葬身在战马的铁蹄下。③

就这样，雅利安人身穿盔甲，驾驶战马，凭借装有鹿角或铁制箭头的箭，接二连三地攻陷了印度原住民的城市。

从其他的赞歌中，我们还可以推断出，雅利安人在战斗中还使用了矛、盾、剑、斧等武器。凭借自身的优势和这些武器的威力，雅利安人可以说是所向披靡。

很快，战败的印度原住民就被赶出了原居住地。他们有的暴尸荒野，有的沦为俘虏，剩下的大部分逃往印度南部。最后，被俘的原住民成为首陀罗。原住民曾试图反击。心中燃起复仇火焰的原住民，有时大举进攻雅利安人的部落，掠夺财宝和家畜。然后，他们会齐声呐喊，并且在原始密林中销声匿迹。从这个角度来看，雅利安人的胜利并不是绝对的。雅利安人霸占了原住民的城市。因此，原

---

① 出自《梨俱吠陀》第四卷。——原注
② 出自《梨俱吠陀》第六卷。——原注
③ 出自《梨俱吠陀》第五卷。——原注

住民绝不会善罢甘休。打败了原住民后，雅利安人就以部落为单位生活在五河地区。他们整天提心吊胆，害怕原住民反击。于是，雅利安人开始偏向于过定居生活。因为害怕原住民反击，在早晚的祷告中，雅利安人这样向神祈祷：

  啊，因陀罗，消灭掠夺者吧！把他们扔进污秽不堪、深不见底的无底洞吧！

  啊，因陀罗，再次请求您消灭掠夺者吧！雅利安人在此赞美您的丰功伟绩！①

  啊，因陀罗，祭司赞美您的丰功伟绩。您消灭了不计其数的掠夺者，结束了战争。您攻陷了对您不敬的敌人的城市。您摧毁了对您不敬的敌人的武器。②

战争结束了，胜利属于雅利安人。然而，他们无法完全沉浸在胜利的喜悦中。所谓大家族制的集体生活，就是要保持各部族间的势力平衡。一旦这种平衡被打破，用武力解决争端的日子就不远了。十王之战就是《梨俱吠陀》中描述的雅利安人内部众多纷争中的一个。

第3节　十王之战

从印度西北部的高原入侵印度的雅利安人，其实并不是一个单一的部族。从十王之战可以看出，当时各个部族都有各自推选的首领，并且各个部族间缺乏交流。

部族与部族的对立，产生了权力斗争。人与人之间的嫉恨与报复，又产生了无止境的纷争。以畜牧和狩猎为生的雅利安人，围绕青翠欲滴的草地的归属

---

①　出自《梨俱吠陀》第一卷。——原注
②　出自《梨俱吠陀》第一卷。——原注

权,自然会产生纠纷。为了争夺射落的飞禽、捕获的走兽,部族间更是经常发生摩擦。无尽无休的纷争就是这样不断产生的。

不久,在五河地区生活的雅利安人就拥有了共同的语言和文化。不同部族间的势力出现了明显的此消彼长。其中,一度强大的部族是特鲁苏族和婆罗多族。此外,还有被称为"五人种"的耶度族、图尔瓦萨族、布鲁族、安努族和德卢呼族。这些部族也处于明争暗斗中。

通过婆罗门众友仙人[①]的祈愿,特鲁苏族的大王苏达王终于得以威震整个五河地区。王宫中还有一位同样是特鲁苏族出身的婆罗门极裕仙人[②]。一

众友仙人

---

① 众友仙人,印度神话中的一位仙人,原本是刹帝利,后来通过苦修变成了婆罗门。——译者注
② 极裕仙人,侍奉苏达王的婆罗门。——原注

次，围绕祭典的相关事宜，众友仙人和极裕仙人出现了意见分歧。于是，众友仙人投奔与特鲁苏族势均力敌的婆罗多族。众友仙人激起了婆罗多族对特鲁苏族的敌意。本来就对苏达王的统治不满的婆罗多王，召集了有相同想法的"五人种"，并且联合嫉妒苏达王威权的施穆尤族、阿贾亚族、舒伊库尔族、亚克西尤族，结成了十王同盟。

于是，众友仙人和极裕仙人之间的个人恩怨，很快就演变成一场政治冲突，最终导致争夺权力的战争爆发。五河地区长久的和平状态被打破，相互制衡的各族势力也开始蠢蠢欲动。

十王同盟军，就在五河地区，挑起了对苏达王的战争。人数上占绝对优势的十王同盟军步步逼近。不过，因陀罗与自己虔诚的信徒苏达王联手，打败了正在横渡波鲁希尼河①的十王同盟军。

以上就是《梨俱吠陀》中记载的十王之战的梗概。下面引用其中一部分来说明远古时代宗教和生活之间的联系。

> 极裕仙人的子民啊，因陀罗和你们一起横渡印度河。因陀罗和你们一起战胜贝达王②。听到了你们的祈祷，在十王之战中，因陀罗站在了苏达王这一边。
>
> 啊，因陀罗和伐楼拿③啊，大地的尽头被军队行进扬起的尘土笼罩。战斗的声音响彻天际。敌军正在步步逼近。如果听到了我们的祈祷，因陀罗和伐楼拿啊，请保佑我们，并且立刻来到我们身边。
>
> 啊，因陀罗和伐楼拿啊，请你们拯救苏达王，并且不遗余力地讨伐贝达王。你们一定听到了我们特鲁苏族的祈祷，我们别无所求，只求获胜。

---

① 波鲁希尼河，音译，即今拉维河，印度河中游的一个主要支流。——译者注
② 贝达王，即婆罗多王。——译者注
③ 伐楼拿，印度神话中的一位神，与因陀罗齐名，是天空、雨水、天海之神。——译者注

伐楼拿

  因陀罗和伐楼拿啊,你们一定要在十王之战中保佑被十王同盟军重重包围的苏达王。身穿白衣的特鲁苏族会戴上假发,奉上祭品,唱起赞歌,赞美你们。

  在战争中,因陀罗征服了十王同盟军,伐楼拿守护了敬虔之法。

勇敢强大的神啊，现在我们奏起优美的乐曲，唱起赞歌，来向你们祈祷。啊，因陀罗和伐楼拿啊，请赐予我们幸福，并且守护我们！①

第4节　雅利安人的生活

如前所述，生活在五河地区的雅利安人主要以游牧为生。后来，他们开荒辟林，建造村落，逐渐过上了定居生活。"雅利安"是"尊贵"或"高贵"的意思。此外，还有"耕作者"的意思。由此可见，当时雅利安人已经掌握了耕作技术。而耕作需要丰饶的土地、滋润土地的灌溉用水、农作物生长所需的充足日照。雅利安人长期的迁移生活，也许就是为了寻找丰饶的土地和丰沛的水源。和达罗毗荼人的母系社会不同，雅利安人实行的是父权的大家族制。父亲是一家之主。一家之主又可以是一个家族的长老。一个家族的长老还可以是一个部族的首领。首领则指挥和统率自己的家人和族人。在建造村落前，雅利安人的首领会通过占卜来确定脚下的土地是否符合条件。当时，尽管五河地区的大平原上流淌着五条大河，但因地域辽阔，即使兴建沟渠，也无法灌溉整片土地。

我们和田野之王一起开垦这片荒野。我们的王啊，请你赐予马儿力量，也请赐予我们幸福！啊，田野之王啊！就像你赐予母牛牛奶，请赐予我们清新、充沛的雨水！水之王啊，请赐予我们幸福！②

雅利安人就是这样唱着赞歌，驱使牛或马耕作，并且祈求大雨降临，滋润整片土地的。通过这样的方式，雅利安人获得了耕地。于是，田埂就成为雅利安人赞颂的对象。

---

① 出自《梨俱吠陀》第七卷。——原注
② 出自《梨俱吠陀》第四卷。——原注

啊，多福的田埂啊，来吧！我们向你祈祷，希望你赐予我们财富和充裕的谷物！[①]

一般认为，古代雅利安人的农耕产品是小麦和大麦。当时，雅利安人应该没见过水稻，更别说大米了。家畜中，雅利安人特别重视牛。牛是农耕时必不可少的畜力。因此，牛经常成为纷争的起因。当时，个人财产以牛的数量来计算。在还没有钱币的远古时代，商业往来都以牛来结算。

不久，牛就成了宗教赞颂的对象。今天，牛崇拜依然是印度教教徒必须遵守并且不可触犯的戒律。在吠陀时代，因为母牛能产奶，所以赞歌中可以见到诸如"就像母牛的奶水一样，请赐予我们丰沛的雨水吧！"这样的句子。当时，人们对母牛的崇拜还停留在非常原始的阶段。

从雅利安人使用箭头、盔甲、矛等装备，可以看出他们已经掌握了锻造金属的技术。在开辟森林后，雅利安人就开始用木头建房子，并且用草木皮缝成片裹身。

家族中的男子全部从事畜牧业和耕种业。除部族的首领外，不存在任何阶层差别。男子既是牧民，又是农夫，还是士兵。战时，他们在沙场上奋勇杀敌。战后，他们就回到和平时期的生活中，继续勤勤恳恳地耕作。

当时，结婚是一件非常庄严的事。适婚的女子拥有自由选择丈夫的权利。后世的一夫多妻制，在当时是特例，只有大王和酋长才能娶多个妻子。普通人必须严格遵守一夫一妻制。在举行结婚仪式时，男女双方要向因陀罗起誓，男方要做善良的丈夫，女方要做勤勉的妻子，共结连理，白头偕老。

啊，新娘啊。你嫁的是一户好人家。请给我们家的奴婢、我们家的家畜带来幸福吧。

[①] 出自《梨俱吠陀》第四卷。——原注

不要让愤怒蒙住双眼。要给你的丈夫幸福。要照顾好家畜，充满爱心，充满生机。

　　要生出勇敢的孩子。要尊敬天神，温厚纯良。要让我们的奴婢幸福，让我们的家畜幸福。

　　啊，多福多泽的因陀罗啊，让新娘多子多福吧。让新娘家财万贯吧。请赐予新娘十个孩子。加上丈夫，凑成十一个人吧。[①]

当时，父亲可以把自己的部分财产送给不幸未能出嫁的女儿。寡妇也可以再婚。因此，与后世必须逆来顺受、循规蹈矩的女子相比，当时的女子可以说是生活在一个非常自由的时代。

部族首领的住所修建得十分气派，因为首领的住所就是部族的中心。在这里，族人可以举办宴会，进行比赛，有时还会开展辩论。雅利安人特别喜欢唱歌。他们的圣典《吠陀》就是以歌曲的形式撰写出来的。唱歌能给四处漂泊的雅利安人带来一丝慰藉。这也是他们喜欢唱歌的原因之一。在首领的住所举办宴会时，雅利安人还会高声吟诵《吠陀》中的字句，作为余兴节目。各种记录都会以歌曲的形式口口相告，代代相传。

后来，部族的首领就被大家称为"王"。如前所述，王与王之间会出现对立或结盟。此外，人口膨胀让雅利安人无法永远只定居在五河地区。

第5节　吠陀时代的宗教

如前所述，为了秋天能够获得丰收，作为耕作者的雅利安人十分渴望降雨。因此，雅利安人对能够带来降雨的雷神因陀罗产生了崇敬之情。因为希望能够获得良田，所以雅利安人将田埂神化。因为太阳会给予人类各种恩惠，所

[①] 出自《梨俱吠陀》第十卷。——原注

以雅利安人也不禁将和太阳有关的各种自然现象神化。因此，吠陀时代的宗教——如果可以称其为宗教，一言以蔽之，就是自然崇拜。

雅利安人将所有自然现象都神化。他们相信，大到所有宇宙现象，小到自身的命运，都受到了神力的支配。雅利安人认为天文现象是神力的显现。不久，他们就对控制自然现象的各种神产生了崇敬之情。这就是远古时代雅利安人宗教的特征。下面介绍几位具有代表性的神。

天上的神，有能够带来光明的光明之神特尤斯和作为宇宙支配者的天神伐楼拿。在提到白昼的天空之神密特拉时，还可以将伐楼拿狭义地理解为代表夜晚的天空之神。

太阳的威力自不必说。《梨俱吠陀》中的神话完全可以说是以太阳为中心的神话。雅利安人从不同的角度观察太阳，享受太阳赐予的各种恩惠，由此神化出了几位与太阳有关的神：一是苏利耶，由悬挂在天空中的太阳神化而来；二是娑维特丽，由太阳普照人间、给予人类生命这个角度神化而来；三是普善，由太阳作为畜牧之神给予牲畜营养这个角度神化而来；四是毗湿奴，由三步就能横跨天际的太阳神力这个角度神化而来。

作为雷霆的支配者和战神的因陀罗，在上文引用《梨俱吠陀》的赞歌时已经多次提及。他手持金刚杵，巍然屹立。另外，还有暴风雨之神马鲁特和风神伐由等神。这些都是和战争有关、能鼓舞士气的神。

众所周知，远古人类对火十分崇敬。毫无意外，雅利安人将地上之神的最高地位给了火神阿耆尼。作为供奉神的神酒苏摩也被神化为酒神。还有大地之神颇哩提毗、死神阎摩、由祈祷的力量神化而来的毗诃波提①等神。于是，新的神不断被创造出来。因为不管是任何事物，只要能让雅利安人感动、尊崇，雅利安人就会把它当作神来崇拜。

除了上述神，还有两位女神。拂晓之神乌莎斯，是美和微笑的化身，有时会

---

① 毗诃波提，又称祭主仙人、祈祷主，婆罗门教中的一位神，主管祭祀。——译者注

毗湿奴

伐由

以舞姬的形象示人,是人类的挚友。萨拉斯瓦蒂是河神辩才天女。人们经常在河岸边进行祭祀活动,河自然也就变得神圣。因此,雅利安人创造出了在祈祷中会被赞颂的女神辩才天女。

雅利安人认为地位最高的神有三位,分别是伐楼拿、因陀罗和阿耆尼。这说明,当时入侵印度的雅利安人肯定不是单一的部族。

辩才天女

包括十王之战在内的雅利安人部族间大大小小的争斗，其实都包含宗教方面的因素。实际上，从史前的吠陀时代开始，直到今天，印度人的生活都和宗教有密不可分的联系。这是印度人绵远流长的传统。后面，我还会介绍印度历史中出现的几次宗教兴废。不过，和吠陀时代的宗教不同的是，后来的宗教已不再是单纯的自然崇拜。吠陀时代的宗教，可以称为"多神教"。从地位最高的神的角度来看，也可以称为"一神教"。还可以用英国文字学家、东方学家马克斯·缪勒的说法，称为"交替神教"。无论采用哪种叫法，雅利安人纯真质朴的宗教生活都成了孕育日后享有世界盛名的印度哲学的肥沃土壤。

第6节　"印度"名称的由来

踏进位于印度河上游的五河地区时，雅利安人首先看到的是奔流不息的河水。他们被磅礴的水势震撼，不禁大呼"Sindu"。这里的Sindu是"海"的意思。于是，该地区后来就被称为"Sindu"。在远古时代，汇集五河河水的印度河就被称为"Sindu河"。Sindu河最终流入大海。

"Sindu"这个叫法传入波斯后，因为阿维斯陀语[①]独特的发音方式，"s"的音被发成了"h"的音，所以住在印度河流域的人就被称为"Hindu"，而这个国家就被称为"Hindustan"。"stan"应该就是住所的意思。

后来，"Hindu"的叫法传到了希腊。因为希腊人习惯不发"h"的音，所以"Hindu"最后变成了"Indu"，而住在这个国家的人就被称为"Indoi"。

在中国的文献中，"Sindu"这个词被写成身毒、申度、真定、信度、辛头。"Hindu"这个词被写成贤豆。"Indu"这个词则被写成天竺、天豆、天定等。

日本自古就称Indu为天竺，因为印度文化是经由中国传入日本的。众所周知，现在在表示Indu时，中国和日本都采用"印度"这种写法。

[①] 阿维斯陀语，一种早期伊朗语言。——译者注

上述关于印度的各种叫法，都是外国人在称呼印度时使用的。从古至今，印度人都用同一种叫法称呼自己的国家，那就是"婆罗多·瓦尔沙"[1]或"婆罗多·卡汉达"[2]。

---

[1] 意思是婆罗多的领土。——原注
[2] 意思是婆罗多之国。——原注

第3章

史诗和哲学时代

（从公元前1400年到公元前700年）

第1节　雅利安人在恒河流域定居

雅利安人在五河地区定居后，转眼间就过了几百年。公元前15世纪左右，人口显著增加。这迫使雅利安人再次踏上了寻找新居住地的征程。

雅利安人顺着亚穆纳河而下，向东方缓慢前行，最终抵达恒河流域。恒河流域的富饶程度远超五河地区。一望无际的恒河河水沿着由干流分出的细密支流，灌溉着周边的土地。放眼望去，雅利安人发现了这片一望无际的肥沃大平原。此后，移居恒河流域的雅利安人迅速增加。不久，恒河上游出现了数个雅利安人建立的王国。

与此同时，第二支雅利安人开始入侵印度。根据木村日纪[①]初步论证，这支雅利安人被称为"维勒查雅利安人"[②]，而入侵印度的第一支雅利安人被称为"吠陀雅利安人"[③]。"维勒查"这个词有"混血"和"被放逐"的意思。

在许多方面，维勒查雅利安人和吠陀雅利安人都存在差异。吠陀雅利安人肤色白皙，而维勒查雅利安人因为是混血，所以肤色偏黑。吠陀雅利安人属于长头人种，而维勒查雅利安人明显属于短圆头人种。对维勒查雅利安人是

[①] 木村日纪（1882—1965），日本的印度哲学家、佛教学者。——译者注
[②] 意思是非正统雅利安人。——原注
[③] 意思是正统雅利安人。——原注

从哪里入侵印度这个问题，各种说法都有。不过，可以肯定的是，维勒查雅利安人入侵印度时，吠陀雅利安人的活动范围已经深入恒河流域的中部地区。因此，维勒查雅利安人有一部分绕过吠陀雅利安人的栖息地，在恒河流域的下游地区定居；有一部分则越过印度中部，在卡提亚瓦半岛和德干高原定居。

恒河河水沿山势而下，奔流不息。不久，恒河流域出现了大大小小的王国，如俱卢国、般遮罗国、拘萨罗国、迦尸国、毗提诃国和鸯伽国等强国。其中，俱卢国和般遮罗国的国力最强。

第2节 《摩诃婆罗多》的问世

俱卢国由婆罗多族和布鲁族组成，这两族在十王之战的内容中已经提及。大约在公元前14世纪，婆罗多族和布鲁族迁移到了恒河上游，建立了俱卢国，以恒河河畔的象城作为首都。与此同时，般遮罗国迁移到了俱卢国的南边，并且由部落政治发展为国家政治。般遮罗国过去是由五个部族组成的联邦。与十王之战时期的政治体系不同，克里维族、图尔瓦萨族、库西恩族、索马卡族和斯林伽亚族把首都定在坎侬离亚[①]，并且实行君主立宪制。

般遮罗国和俱卢国虽然对峙多年，但在文化方面一直保持着友好往来。后来，俱卢国王族中出现了权力斗争。源自布鲁族和婆罗多族的对立，很快就波及作为布鲁族后裔的俱卢族的百王子和作为婆罗多族后裔的般度族的般度五子。于是，本是堂兄弟[②]关系的百王子和般度五子反目成仇。战火还蔓延到了作为般度族亲戚[③]的般遮罗国，最终导致俱卢国和般遮罗国之间爆发大战。两军在圣地俱卢之野揭开了战幕。

---

① 坎侬离亚，又称剑毕离，位于今印度北方邦。——译者注
② 百王子的父亲持国和般度五子的父亲般度是奇武王的儿子。因此，百王子和般度五子是堂兄弟关系。——译者注
③ 般度五子娶了般遮罗国的黑公主。——译者注

俱卢之战

站在俱卢国一边的是拘萨罗国、毗提诃国、鸯伽国、羯陵伽国、犍陀罗国等国。站在般遮罗国一边的则是摩差国、摩揭陀国、迦尸国、车底国等国。之后，整个印度北部展开了长达十八天的激战。

作为两大印度古典史诗之一的《摩诃婆罗多》就是以俱卢之战为中心写成的。《摩诃婆罗多》是由正文十八篇的诗和附录《哈日传奇》组成的叙事诗，共十万颂[1]，每颂由三十二个音节组成，总行数达二十二万，是一部长篇巨作。与一万五千六百九十三行的古希腊诗人荷马的名著《伊利亚特》相比，《摩诃婆罗多》堪称世界第一长篇叙事诗。《摩诃婆罗多》的篇幅大约是英国诗人约翰·弥尔顿的《失乐园》的三十倍。

《摩诃婆罗多》的作者不明，但有人认为其作者是毗耶娑[2]。然而，"毗耶娑"这个词的原意是"整理者"和"编辑者"。据吠陀文献的记载，叫毗耶娑的人有二十八个。

根据古代的传说，《摩诃婆罗多》完成于公元前3101年。根据现代的学说，其完成于公元前4世纪到公元4世纪之间。特别是附录部分，在内容和思想上，都和后期婆罗门教时代的往世书[3]文学别无二致。

不过，不管怎样，《摩诃婆罗多》都是宗教、哲学、法制、神话、传说的一大宝库。与其称其为史诗，不如像文森特·阿瑟·史密斯[4]那样称其为"道德教义的百科全书"。《摩诃婆罗多》体现的就是印度精神。即使在今天，这一精神依然烙印在每一个印度人的心中。为了让读者能够对《摩诃婆罗多》有一个大致的了解，下面介绍一下它的梗概。

---

[1] 颂，印度诗体单位，1颂2行，每行16个音节。——译者注
[2] 又称广博仙人。——译者注
[3] 往世书，指用梵语写的一种印度古文献，主题繁杂。——译者注
[4] 文森特·阿瑟·史密斯（1843—1920），英国的印度学研究者、艺术史学家。——译者注

第3节 《摩诃婆罗多》的梗概

俱卢国福身王驾崩后,留有三个王子。因为大王子持国是盲人,小王子维杜罗的母亲是奴隶出身,所以王位最终由二王子般度继承。

般度政绩斐然,是一代明君,但不久就驾崩了。之后,持国登上王位。般度有五个儿子。持国有一百个儿子。通常,般度的五个儿子被称为"般度五子",持国的一百个儿子被称为"持国百子"。持国对般度五子,也就是自己的侄子视如己出。持国百子对此深感不满。般度五子中的老大坚战热衷研究宗教教义,有一颗虔诚的心;老二怖军身强体壮,精通棍法,无人能敌;老三阿周那擅长武术,本领天下无敌;老四无种是有名的驯马师;老五偕天则精通天文学。

般度

持国决定立坚战为俱卢国的储君。然而，以长兄难敌为首的持国百子使尽各种诡计，排挤堂兄弟般度五子。持国百子甚至逼迫自己的父亲持国放逐了般度五子。

不久，邻国般遮罗国的国王木柱王为自己的女儿黑公主举行比武招亲的"选婿大会"[①]。当天，天下诸王、远近勇士云集般遮罗国首都坎毗拉。大家都希望能成为乘龙快婿。然而，比试的题目很有难度。参加比试的人纷纷败下阵来。就在此时，一个婆罗门站了出来。只见他拉开强弓，一箭穿过旋转的圆环，射中了挂在竹竿上旋转的金鱼的眼睛。就这样，黑公主的花环落在了胜利者的头上。不过，人们对婆罗门成为黑公主的夫婿深感不满，纷纷聚集到木柱王的身边，向他表达不满。

于是，那个婆罗门不得不脱下用来伪装的衣服，表明了自己的身份。他说道："我是般度的三王子阿周那。"之后，阿周那带着黑公主和自己的兄弟一起

阿周那射中旋转的金鱼的眼睛

---

① 选婿大会，古代印度王族为了替公主找驸马而举行的仪式，既是比武大会，也是"选婿"大会。——原注

般度五子与黑公主

回到了母亲身边。阿周那对母亲说道:"孩儿通过比武得到了奖品。"母亲不知道奖品具体是什么,便说道:"奖品一定要五个兄弟平分。"① 于是,不敢违抗母亲命令的般度五子只好让黑公主成为共同的妻子。这次联姻机缘巧合地让

---

① 达罗毗荼人是母系社会,实行一妻多夫制。此处的描写也能体现这一点。由此可见,俱卢族应该属于混血雅利安族,甚至就是达罗毗荼人。日本学者高楠顺次郎将昆仑族(译者按:高楠顺次郎认为,昆仑族就是居住在喀喇昆仑高原的俱卢族)音译为俱卢族,认为俱卢族就是苏美尔人的说法,也很有参考价值。——原注

奎师那

般度五子成了皇亲国戚。之后，般度五子就与般遮罗国结成同盟。此外，般度五子还和壮士奎师那①成为挚友。这更是让般度五子如虎添翼。

后来，持国把俱卢国分给了持国百子和般度五子。般度五子得到的是靠近

---

① 奎师那，般度五子的军师，在战时还作为阿周那的驭手活跃在战场上。他推翻了阿周那"不杀生"的不战论，提倡圣战论，即为了正义之战而拿起手中的矛，才是王者应该秉持的理念。之后，奎师那在《薄伽梵歌》中主张"智行"（译者按：借由觉悟及经典的训示来辨别正确和错误的行动）和"作业道"（译者按：指行动或不行动的准则），这些理论后来成为印度民族运动的指导思想。——原注

亚穆纳河河畔的森林地带。般度五子开山劈林，开拓土地，创建了首都因陀罗补罗湿多①。大哥坚战即位，施行仁政，使王国呈现出一片繁荣景象。

持国百子则得到了以象城为首的各主要城市。然而，难敌还是不知足，觊觎般度五子的领土。一次，难敌与坚战赌博。坚战逢赌必输，输掉了财产，还输掉了军队和整个王国，甚至连妻子黑公主也输掉了。这时，持国从中斡旋。持国百子和般度五子便有了这样的约定："般度五子要被流放十二年，如果第十三年能够不泄露行踪，就可以回归故里。"就这样，般度五子再次被流放。

随后，般度五子和黑公主一起进入萨拉斯瓦蒂河河畔的森林中，开始了长达十二年的流放生活。十二年后，为了隐藏身份，般度五子成了摩差国毗罗陀王

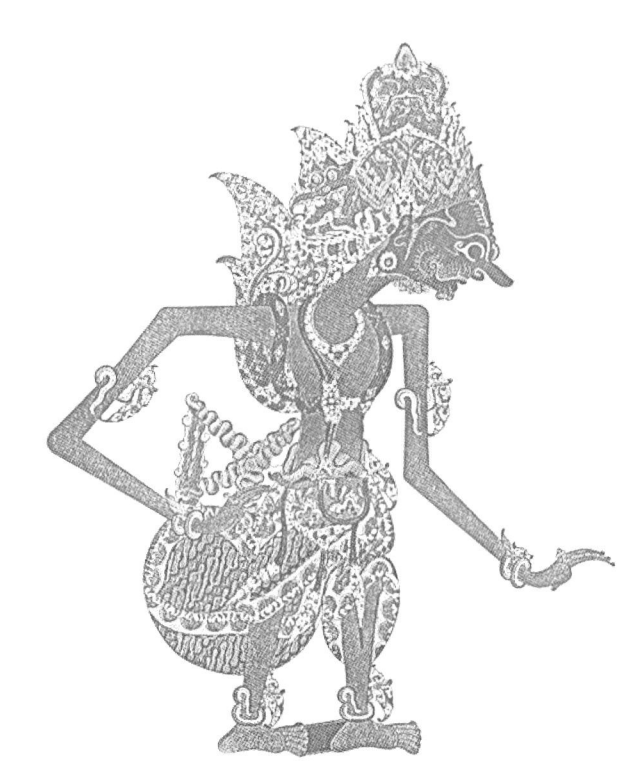

皮影戏中的难敌形象

---

① 因陀罗补罗湿多，又名天帝城，位于今德里。——译者注

怖军

的侍者。大哥坚战成为毗罗陀王的玩伴，二哥怖军进入厨房工作，三哥阿周那教公主唱歌跳舞，四哥无种主管家畜，共同的妻子黑公主则成了摩差国王后妙礼的婢女。就这样，他们开始了第十三年的生活。

不巧的是，持国百子经常来偷毗罗陀王的家畜。最后，忍无可忍的阿周那挺身而出，追回了失窃的家畜。于是，般度五子的行踪就被持国百子发现了。不过，当时已经超过了先前约定好的第十三年的期限。因此，般度五子要求持国百子交还原本属于自己的国家。结果，般度五子没有收到任何回音。不仅如此，般度五子还得知持国百子已经开始摩拳擦掌，不肯善罢甘休。至此，长达十八天惊天地、泣鬼神的大战终于拉开了序幕。

最后，胜利的光环落在了般度五子的头上……

第4节　毗提诃国的遮那竭王

俱卢之战结束后，俱卢国出现了明君继绝王。在继绝王的治理下，俱卢国的领土得到了进一步扩张。继绝王的长子贾纳梅贾是一个英雄。贾纳梅贾继位后，被称为"镇群王"。他多次举行了国家庆典。因为他的声望和俱卢国的国威已经传遍印度北部，所以从那时起人们便不再称其为王，而是称其为皇帝。此时，俱卢国达到了全盛时期。之后，俱卢国一分为二，并且时常遭遇饥馑等天灾，国势就像枯朽的老树一样衰败了。

俱卢国和般遮罗国的时代早已过去。之后，靠近恒河下游的毗提诃国、迦尸国、拘萨罗国等新兴国家逐渐兴盛。显然，这些新兴国家的人，属于第二支入侵印度的雅利安人，即维勒查雅利安人。如前所述，维勒查雅利安人绕开了吠陀雅利安人的居住地，在恒河下游定居。这发生在俱卢国、般遮罗国等国的势力远胜于维勒查雅利安人的势力的时期。

俱卢国、般遮罗等国之前看不起维勒查雅利安人建立的国家，称其为"正统雅利安之外的国家"。不过，俱卢、般遮罗等国的国力早就大不如前，逐渐丧失了政治上的霸权地位。而来自新兴国家的维勒查雅利安人乘机大肆扩张自己的势力。其中，发展最迅速的是毗提诃国。毗提诃国的国王遮那竭王拥有"不世出王"的称号。

毗提诃国的领土位于今印度比哈尔邦的蒂鲁德。当时，毗提诃国的首都是弥提罗[①]。在弥提罗周围方圆九百英里[②]的土地上，分布着一万六千个部落。

[①] 弥提罗，位于今尼泊尔贾纳克布尔和印度比哈尔邦。——译者注
[②] 英里，长度单位，1英里约为1.61千米。——译者注

遮那竭王

　　遮那竭王致力于发展文化事业，因为他本身就是一名大哲学家。各国的有识之士都聚集到弥提罗，共同促进宗教、伦理和哲学的发展。奥义书哲学的萌芽，就是在遮那竭王的支持下才得以实现的。

　　美丽的城市充满了鳞次栉比的建筑物。各主干道上都设有城门。市内还有专供往来的马和牛喝水的池塘。树林茂密，美不胜收。毗提诃国的首都呈现出一片繁荣的景象。身穿虎皮大衣的王族和士兵纷纷聚集在此。城中旗帜飘扬。士兵英姿飒爽。婆罗门身穿法衣，用檀香木举行祭祀仪式。王宫里满是奇珍异宝。妃嫔都用华美的衣服和美丽的花环打扮自己。①

遮那竭王的王宫里聚集了来自各地的能人贤士。当时，身穿婆罗门法衣的阿阇世王，作为文学的保护者而广为人知。不过，就连阿阇世王也不禁感慨

阿阇世王

---

① 出自《本生谭》。——原注

罗摩

道:"啊,大家都去投奔遮那竭王吧!因为只有他才是我们的保护者。"由此可见,当时毗提诃国国力强盛。

毗提诃国的邻国是拘萨罗国。当时,拘萨罗国的国王是十车王。十车王的长子罗摩娶了毗提诃国遮那竭王的女儿悉多①为妻。接下来,我们来看看两大印度史诗之一的《罗摩衍那》。

---

① 悉多,意思是田埂。悉多来自大地,最后回归大地。这正好说明了古代雅利安人非常重视农耕。——原注

第5节 《罗摩衍那》

拘萨罗国的十车王有三位宠妃。第一位叫乔萨利耶,是罗摩的母亲。第二位叫吉迦伊,是婆罗多的母亲。第三位叫须弥多罗,是罗什曼那和设睹卢衹那的母亲。王子们自小就学文习武。大王子罗摩不仅为人正直,还武艺超群。

十车王与三位宠妃

罗摩拉断弓箭，赢得悉多为妻子

一次，罗摩参加了毗提诃国遮那竭王为女儿悉多举办的选婿大会，并且成为驸马。罗摩想将这个好消息传达给拘萨罗国的臣民，便飞奔回首都阿约提亚①。罗摩希望能够代替日渐衰老、已无心处理政务的父王管理国家。然而，吉迦伊希望自己的儿子婆罗多能成为太子。于是，吉迦伊强迫十车王改变心意。之前，十车王曾经向吉迦伊许下诺言："我会帮你实现一个心愿。"因此，年迈的十车王只好立婆罗多为太子，并且处以罗摩十四年的流放之刑。听到这个消

---

① 阿约提亚，印度的一座古城，位于今北方邦。——译者注

息，拘萨罗国的臣民无不悲痛叹息。阿约提亚城内到处是人们唏嘘流涕的声音。不久，年迈的十车王因悲伤过度而驾崩。

罗摩接受了父命。随后，他和悉多，以及仰慕他们的同父异母的弟弟罗什曼那一起踏上了向南流放之路。他们先拜访了住在波罗那伽的巴拉瓦伽仙人，然后投靠住在奇特拉库特的蚁垤仙人[①]。这时，十车王驾崩。罗摩的弟弟婆罗

蚁垤仙人

---

① 蚁垤仙人，据说是《罗摩衍那》的作者，但未有定论。《罗摩衍那》完成的年代早于《摩诃婆罗多》的成书时间，除了第一章和第七章，其余部分被认定是出自同一人之手。全书共七章，大约由二万四千个颂组成。——原注

多找到了罗摩。他将事情的原委告诉了罗摩,并且恳请罗摩回国继承王位。然而,重情、重义、重孝道的罗摩表示,不到流放期限绝不回国。迫不得已,婆罗多和罗摩做了约定,答应在罗摩回国前暂时治理拘萨罗国。之后,婆罗多和罗摩就分别了。

罗摩一行在一处叫丹达卡的森林中漂泊,不久抵达哥达瓦里河。之后,他们逆流而上,找到了水源地,并且在水源地附近建了小屋,开始了漫长难熬的流放生活。

罗摩与悉多在流放地

罗波那掳走悉多

  楞伽岛[①]上住着一位魔王，叫罗波那。他贪恋悉多的美色，趁罗摩不在时，袭击了他们的住处，掳走了悉多。罗摩用尽千方百计，才得知这一切是罗波那所为。于是，罗摩开始计划救回悉多。他的计划是，先和印度南部猴国婆黎王的弟弟须羯哩婆结盟，并且帮助须羯哩婆成功夺得哥哥婆黎王的领土和王妃。然后，让须羯哩婆派兵解救被罗波那囚禁在楞伽岛的悉多。

---

① 楞伽岛，今斯里兰卡岛。——原注

作为先锋的猿将①哈奴曼,飞渡宽达九十六千米多的海峡,终于找到了悉多,并且将罗摩的戒指交给她。随后,哈奴曼放火烧了罗波那的宫殿。在回程途中,哈奴曼在海峡间架起了一座石桥,让须羯哩婆的军队渡过了海峡。随后,须羯哩婆的军队包围了罗波那城。因为罗摩的剑有魔力,再加上有咒语的帮助,所以罗波那的军队节节败退。这时,罗波那的儿子因陀罗耆特驾着黑云前

哈奴曼将罗摩的戒指交给悉多

---

① 猿将,《罗摩衍那》中称当时居住在印度南部的达罗毗荼人及其他原住民为猿猴、熊或妖怪。——原注

罗什曼那射杀因陀罗耆特

来反攻,结果被罗摩同父异母的弟弟罗什曼那杀死。听到这个消息,罗波那亲自出马,杀死了罗什曼那。①

义愤填膺的罗摩和罗波那进行了一场惊天动地的殊死较量。最后,罗摩获胜,救出了悉多。为了证明自己是清白的,悉多跳入火中。因为未受半点烧伤,所以悉多证明了自己的清白。

---

① 不过,罗什曼那吃了哈奴曼的灵药后又复活了。——原注

流放的刑期终于结束了。罗摩、悉多、罗什曼那一起回到了朝思暮想的故乡——拘萨罗国的首都阿约提亚。他们的隐忍终于获得了回报。罗摩登上王位，举行了登基大典。悉多则成为王后。拘萨罗国呈现出欣欣向荣的景象。

不过，这个故事有一个不幸的结局。不久，拘萨罗国遭遇了前所未有的大饥馑。罗摩认为这是因为自己不够忠诚，所以才受到了上天的惩罚。于是，他暗自对悉多的贞洁产生了怀疑。很快，全国百姓都对悉多的贞洁产生了怀疑。作为一国之君，罗摩迫不得已流放了悉多。

当时，悉多已经身怀六甲，但王命难违。于是，悉多只好再次投靠当年收留过罗摩和自己的蚁垤仙人。在蚁垤仙居，悉多生下了双胞胎——罗婆和俱舍。蚁垤仙人把罗摩的故事写成诗，并且将罗摩的功绩说给罗婆和俱舍听。一眨眼，十六年过去了。

悉多与双胞胎在蚁垤仙居

罗婆和俱舍捉住马儿

  一次，在国力日益强大的拘萨罗国，国王罗摩举行了马祭①。在经过蚁垤仙居时，战马被罗婆和俱舍捉住了。于是，罗摩和自己的亲生骨肉有了见面的机会。不过，拘萨罗国的臣民尚未消除对悉多贞洁的怀疑。最终，悉多含冤长眠于地下。

---

① 马祭，为了祈求国泰民安而举行的一种以马为祭品的仪式。由众多婆罗门选出一匹战马，朝着举行仪式会场的东北方向，放开这匹战马，让其自由奔跑。这匹战马后面有百名骑兵保护。骑兵后面还有数万名士兵作为后援。在一年内，任由战马驰骋天下。这匹战马经过的每个国家，都要选择是承认祭祀国的主权地位并成为其附属国，还是要和数万护卫军进行一场大战。一年期限满后，全国会举行三天三夜的苏摩祭。这匹战马带领护卫军和附属国的军队回到王城中。然后，全国举行更庄严盛大的仪式。之后，这匹战马会连同其他许多战马一起被杀掉，并且作为祭品供奉给神。——原注

蚁垤仙人曾预言道："只要山和海还存在，《罗摩衍那》就会被世人永远传颂。"正如蚁垤仙人预言的那样，今天《罗摩衍那》依然深埋在每一个印度人的心里。就像过去一样，人们时常想起勇敢的罗摩和忠贞的悉多的故事。

第6节　种姓制度

印度的种姓制度，是在史诗时代被制定出来的。当时，雅利安人已经在恒河流域定居。不过，种姓制度真正确立的时间是哲学时代。

在雅利安人进入五河地区的时代，种姓制度应该不存在。《梨俱吠陀》的赞歌中有这样的记载："看吧，我是作歌者[①]，我父亲是医师，我母亲用石臼碾米。我们都从事不同的工作。"正如这首赞歌中描述的那样，婆罗门是"作歌者"的意思，而刹帝利仅是一个表示"强大"的形容词。

不过，在《梨俱吠陀》的《原人歌》中，能找到有关种姓制度萌芽的记载。

> 在切割原人[②]时，他们[③]是怎么做的呢？原人的口、臂、腿、足都变成了什么呢？
>
> 原人的口变成了婆罗门，双臂变成了刹帝利，双腿变成了吠舍，双脚变成了首陀罗。[④]

我们不能单凭上述记载就断定，在吠陀时代种姓制度就已经存在。因为吠陀时代还不存在职业的世袭制，农民和士兵的界限也十分模糊。当时的社会只存在胜者和败者、雅利安人和非雅利安人的区别。因此，人们是用颜色来

[①]　作歌者，指创作歌谣的人。——译者注
[②]　原人，《梨俱吠陀》中的一位神，以自己做祭品创造了包括人类在内的很多生命。——译者注
[③]　此处的他们指印度众神。——原注
[④]　出自《梨俱吠陀》第十卷。——原注

婆罗门

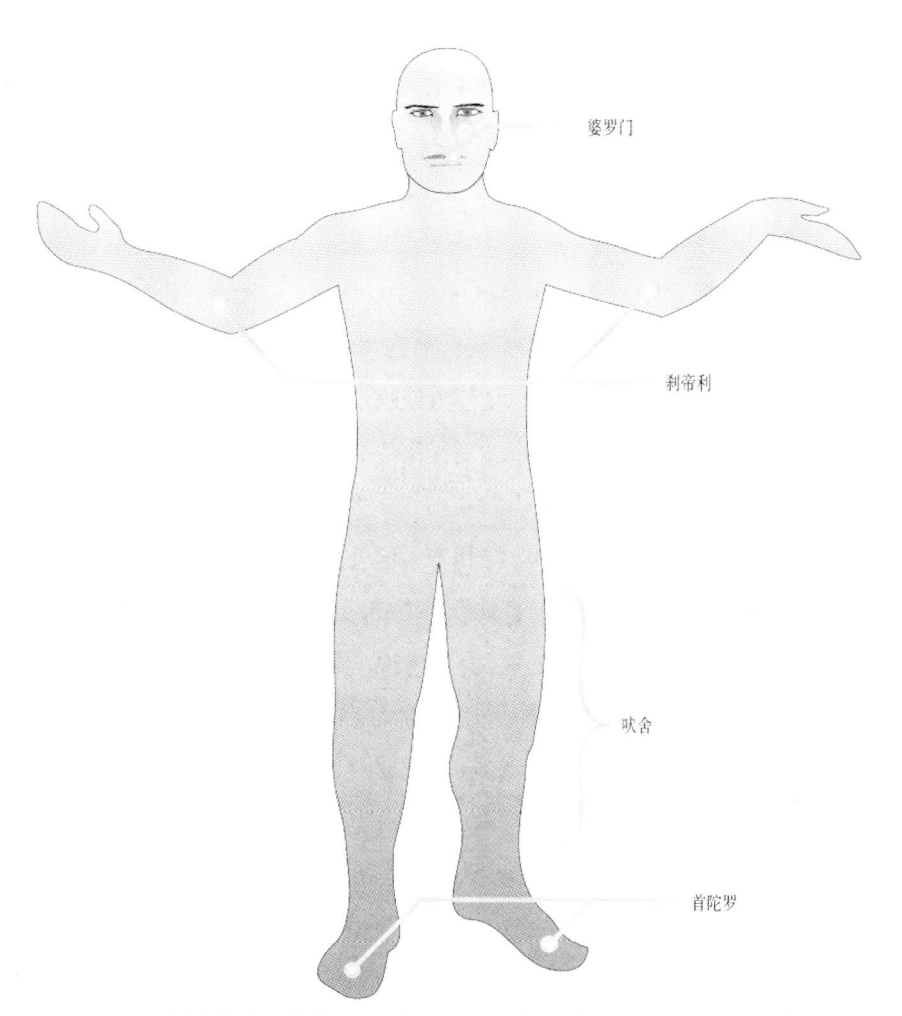

刹帝利

吠舍

首陀罗

切割原人时，原人的口、双臂、双腿、双脚分别变成了婆罗门、刹帝利、吠舍、首陀罗

区别雅利安人和非雅利安人的。换句话说，当时的社会只存在两个阶层——白皙、端庄的雅利安人和黑褐、怪异的原住民。

古代雅利安人有虔诚的宗教信仰。当时，已经产生了主司祭祀的婆罗门种姓。古代雅利安人以集体生活为主。各部落选出的酋长很快就成了王族和士族阶层，即刹帝利种姓。大约就是在这个时代，雅利安人沿着恒河顺流而下。此外，祭祀仪式也变得愈来愈烦琐。雅利安人在恒河下游建立的国家拥有大片领土。这些国家很快就形成了祭祀万能①的风俗和王权专制的体制。

婆罗门宣称自己的地位最高。刹帝利则提倡以武治世。婆罗门和刹帝利的生活水平比普通百姓的生活水平高出许多。为了使这一差距合理化，婆罗门和刹帝利将普通百姓划分为一个新的阶层，名为"吠舍"。这就是种姓之一吠舍的由来。此外，作为俘虏的原住民总是任人使唤，通常被称为"首陀罗"。在种姓制度形成前，这种叫法已经存在。"首陀罗"不是"奴隶"的意思，而是"被视为奴隶的民族"的意思。

这样一来，在雅利安人和非雅利安人区分的基础上，雅利安人中划分出了三个阶层。此后，种姓制度一直被严格遵守，并且流传下来。其中，首陀罗和其他三个种姓之间存在天壤之别。具体来说，婆罗门学习和教授《吠陀》，为所有人举行祭祀，并且接受布施；刹帝利学习《吠陀》，保护百姓，并且进行布施；吠舍学习《吠陀》，并且进行布施；首陀罗则必须无条件地听命于前三个阶层的人。

《摩奴法典》②中规定："婆罗门、刹帝利、吠舍，这三个种姓是再生族③，而第四种姓首陀罗是一生族④。此外，不存在第五种姓。"首陀罗被禁止学习《吠陀》。如果违反该规定，首陀罗就会被处以极刑：

---

① 祭祀万能，指作为宗教仪式之一的"祭祀"是万能的。——译者注
② 《摩奴法典》，古印度婆罗门教的一部法典，内容涉及宗教、道德、习俗、礼仪、教育、哲学、法律、军事、经济等方面。——译者注
③ 再生族，指除了今生，还有来世的种姓。——译者注
④ 一生族，指只有今生，没有来世的种姓。——译者注

聆听了《吠陀》的首陀罗，耳朵会被灌入熔化的铅；诵读了《吠陀》的首陀罗，会被拔去舌头；背诵了《吠陀》的首陀罗，身体会被劈成两半。[1]

为了保护种姓制度，结婚不再像过去那样有选择的自由。不同种姓间禁止通婚。这在《摩诃婆罗多》中也有体现。在得到黑公主的花环时，乔装成婆罗门的阿周那就迫不得已表明了自己刹帝利的身份。此外，在被誉为印度古典戏剧瑰宝的《沙恭达罗》中也有类似的记载。

豆扇陀王："啊，如果公主的母亲不是婆罗门就好了。……哎，如果可以不遵守这样的规定，公主就能嫁给刹帝利了。我已神魂颠倒。公主就是我迷途中的路标。我如何才能将心声传达给自己的心上人呢？我要先调查清楚公主的身世。……"

豆扇陀王："不，我明白了。公主就是仙女所生。"

阿奴苏耶[2]："正是如此。"

沙恭达罗公主害羞地低下头……

豆扇陀王心想："如果是这样，我的希望就很大了。不过，刚才从朋友的玩笑话中得知公主要选婿，所以有点在意……"[3]

种姓制度促使婆罗门至上主义和祭祀万能主义形成，同时让刹帝利专制的势力得到了进一步壮大。因此，婆罗门和刹帝利之间势必会产生摩擦。婆罗门留下了体现其独断专横的《梵书》。刹帝利的精神则被保留在了被誉为印度哲学宝库的《奥义书》中。

---

[1] 出自《乔达摩法经》（译者按：《乔达摩法经》是婆罗门教的一部法律）。——原注
[2] 公主的朋友。——原注
[3] 《沙恭达罗》第一幕。——原注

婆罗门

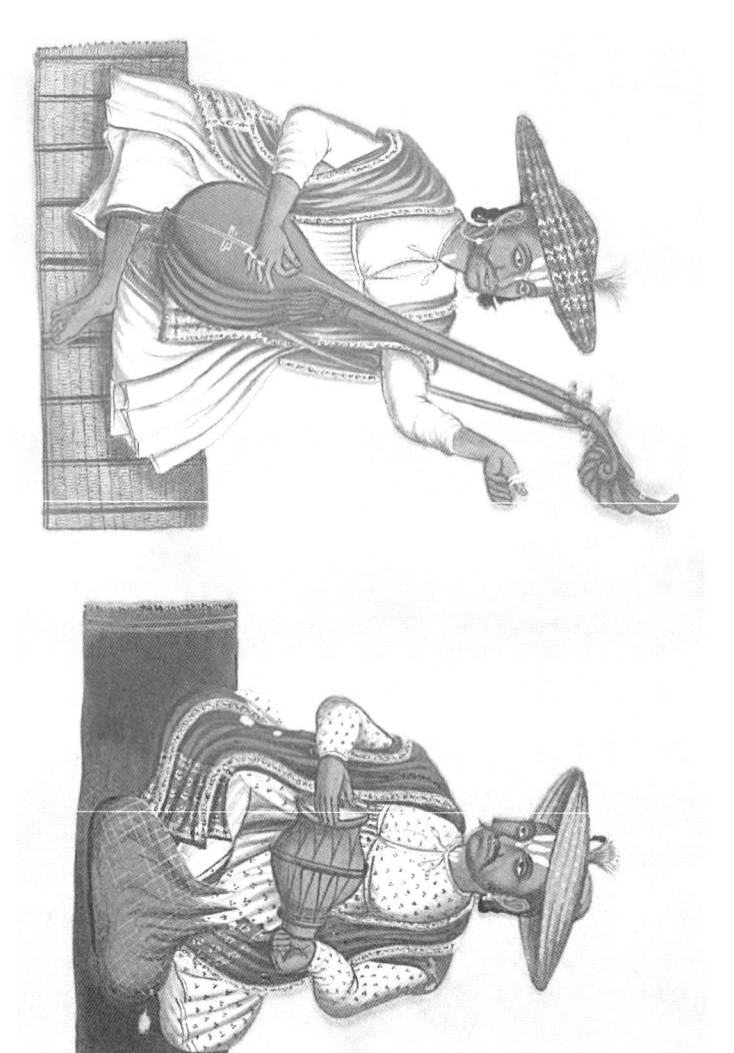

利祥列

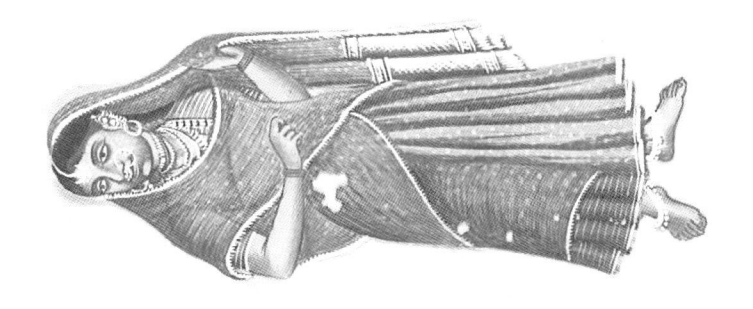

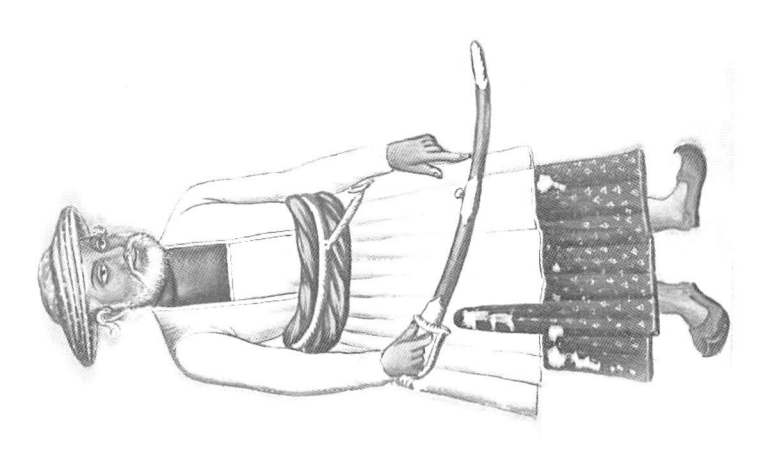

吹箭

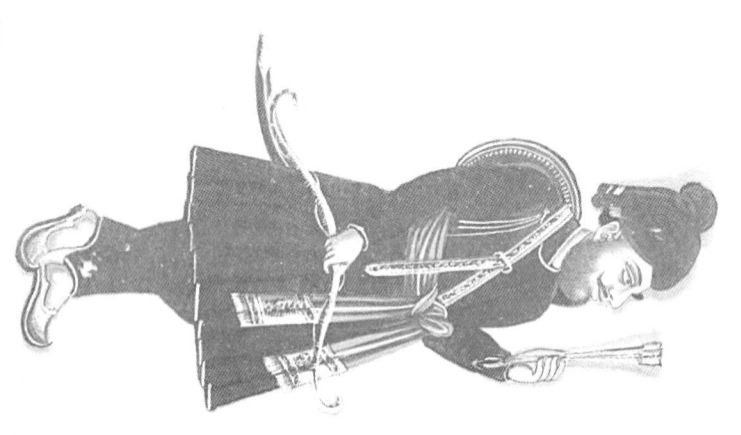

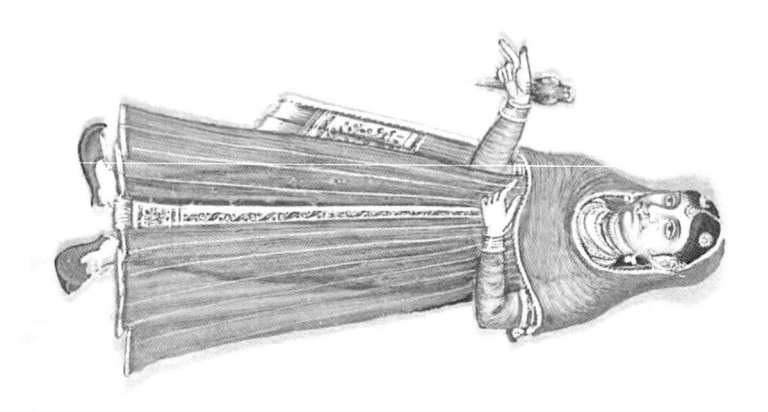

名記章

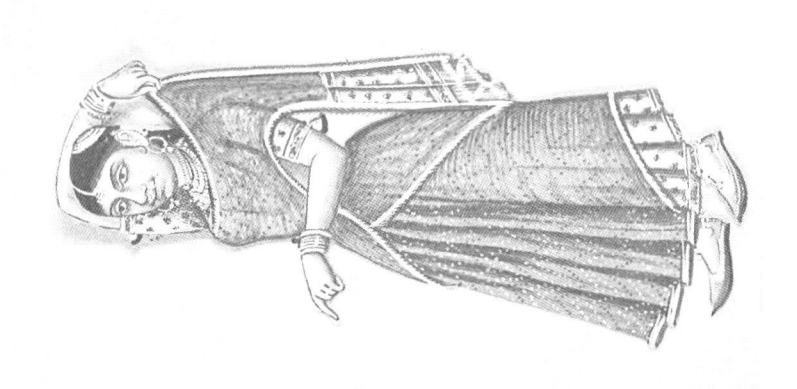

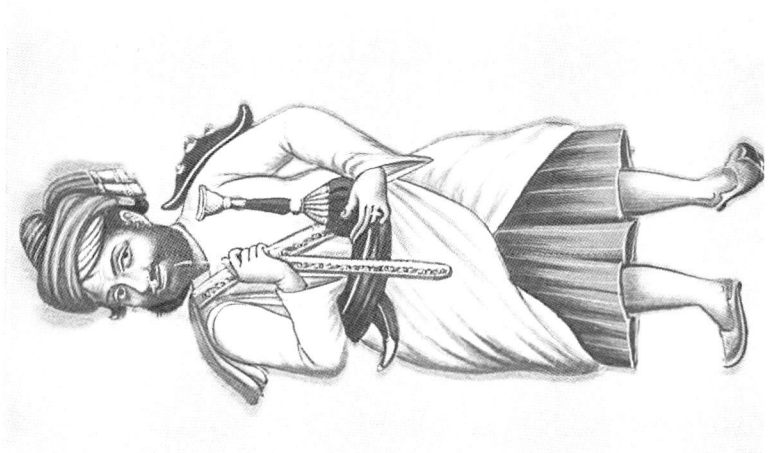

在讲《梵书》和《奥义书》之前，我们有必要先了解作为印度古典起源的吠陀本集。

第7节　吠陀本集

吠陀本集是印度文明进入萌芽期的象征。吠陀本集的代表，就是前文中多次提到的《梨俱吠陀》。此外，还有《娑摩吠陀》、《夜柔吠陀》和《阿闼婆吠陀》。《梨俱吠陀》收录了雅利安人从入侵印度到定居在五河地区期间创作的赞歌和神话。其中，也不乏年代更久远的作品。不过，有些作品明显是在恒河时代[①]增补进去的。《梨俱吠陀》完成于雅利安人在五河地区定居的时代，共十卷，收录赞歌一千零二十八颂。

一般认为，《娑摩吠陀》和《夜柔吠陀》是在史诗和哲学时代完成的，特别是《夜柔吠陀》，因为书中曾多次提到恒河流域的地理状况。

> 《吠陀》中描写的是人类社会初期的状况，而不是原始社会的状况。圣歌本身具有文学结构，并且充满修辞技巧，是由当时的学者创作出来的。赞歌中使用的措辞、韵律、样式，无一不是这些学者非凡学识的体现。[②]

《梨俱吠陀》记录的是赞歌，《夜柔吠陀》记录的是祭词，《娑摩吠陀》则是一部歌咏集。从思想方面来看，《娑摩吠陀》和《梨俱吠陀》是一致的，而《夜柔吠陀》明显受到了俱卢国、般遮罗国文化的影响。

整体来看，这几部《吠陀》在内容上是相似的。那么，为什么会有三部不同的《吠陀》呢？这是因为祭司职务的分化和祭祀万能主义的确立。

---

① 恒河时代，指雅利安人在恒河流域定居的时期。——译者注
② 出自文森特·阿瑟·史密斯的《牛津印度史》。——原注

最早只有《梨俱吠陀》，书中都是单纯的对神的赞美。随着婆罗门的势力不断壮大，祭司的职务也根据分工的不同产生了分化。不同职务的祭司，就需要不同的《吠陀》作为指南。因此，现存的《吠陀》就有三种不同的类型。

祈神祭司负责召唤印度众神降临祭场，主司赞颂，以《梨俱吠陀》为指南。在举行苏摩祭[①]时，颂神祭司会按照一定的旋律诵唱赞歌，以《娑摩吠陀》为指南。在举行祭祀仪式时，司仪祭司会准备祭祀用的器具，取火、集水，准备祭品，以《夜柔吠陀》为指南。只有《吠陀》才是神的启示，才是天启。"吠陀"就是"知识"的意思。《吠陀》的地位提高了，婆罗门的地位自然也就提高了。因此，吠陀天启主义、婆罗门至上主义盛行起来。

除了上述三部《吠陀》外，还有一部《吠陀》是在稍晚的时期完成的，即《阿闼婆吠陀》。这四部《吠陀》，通常被合称为"四吠陀"。

《阿闼婆吠陀》是监祭司的指南。监祭司负责监督整个祭祀活动。《阿闼婆吠陀》中记载的是祈求福、禄、寿的祈祷文和降伏恶鬼的咒语。

> 在印度科学史上，《阿闼婆吠陀》是一部值得大书特书的著作。《阿闼婆吠陀》中记载了当时为预防和治疗疾病所使用的咒语，是后世医学的萌芽。这些神奇的咒语，具有消灾避难的作用，还能够预防和治疗疾病。

《阿闼婆吠陀》的重要性，不仅在于它对后世的影响，还在于书中记载了很多古代的风俗习惯。值得一提的是，与作为雅利安人圣典的前三部《吠陀》不同，《阿闼婆吠陀》中夹杂着达罗毗荼人等原住民的宗教文化。其中，还有关于崇拜蛇、性器、魔法和咒术的内容。后来，这些内容成为印度教的起源。

从遥远的古代流传至今，这些上古时代的文学竟然没有出现丝毫偏差。

[①] 苏摩祭，苏摩指神酒，苏摩祭就是婆罗门祭司将神酒献给诸神的祭祀仪式。——译者注

这简直是奇迹。在开始使用文字记录《吠陀》之前的漫长岁月里,古代印度人都是通过口头传授的方式来传承古代经典的[①]。甚至今天,一些印度人依然在背诵《吠陀》的经文。

在古代,学习《吠陀》是了解神的不二法门,也是人生中最庄严的一件事。当时,人们主要通过口头传授的方式学习《吠陀》。为了让自己的孩子和弟子能够准确地记住《吠陀》的内容,古代印度人愿意无条件地为其倾尽一生。于是,神圣的《吠陀》就被如实地传承并保留下来。这是人类意志力的惊人体现。从世界文化的角度来看,这是史上绝无仅有的人类记忆的持久延续。

第8节 《梵书》

《梨俱吠陀》、《夜柔吠陀》、《娑摩吠陀》和《阿闼婆吠陀》被称为"吠陀本集",分别以赞歌、祭词、歌咏和咒语作为各自的主题。广义的吠陀文学,除了吠陀本集,还有规定赞歌、祭词的用法,解释其意义的《梵书》[②]。《梵书》因内容庞大而自成体系。最初,《梵书》是作为《夜柔吠陀》的附录而被创作出来的。作为新圣典,《梵书》讴歌了祭祀万能主义,赞颂了婆罗门至上主义。于是,所有《吠陀》都有了各自的《梵书》作为附录。最后,吠陀本集和《梵书》都有了各自的体系。因此,《夜柔吠陀》有了两种不同的版本:一种是《黑夜柔吠陀》,包含《梵书》;另一种是《白夜柔吠陀》,不包含《梵书》。

通常,《梵书》会在卷末附上《森林书》这一章,其中包含对更高深幽玄的思想的探索。顾名思义,《森林书》就是在杳无人烟的森林中传授的奥义。《森林书》中的这些奥义,标志着印度人在哲学思考方面向前迈出了一大步。

《森林书》卷末的数章内容被称为《奥义书》。作为印度瑰宝的《奥义书》的出现,首次点燃了印度哲学的圣火。经历了几千年漫长的岁月后,《奥义书》

---

① 对古代印度人来说,经典是神圣的。——原注
② 又称婆罗门书。——原注

所点燃的圣火依旧释放出耀眼的光芒。后来,《奥义书》中的哲学思辨思想有了进一步的发展。于是,《奥义书》逐渐独立出来,自成一大体系。

综上所述,广义的吠陀文学,包含吠陀本集、《梵书》、《森林书》和《奥义书》。其中,最重要的是吠陀本集和《奥义书》。大部分《森林书》都失传了。而《梵书》要么是借用各种神话来解释神名的由来、祭祀的因由、开天辟地的过程;要么是通过巧妙的推理,片面地将书中的内容和历史故事联系起来,达到粉饰吠陀雅利安思想的目的。因此,人们对《梵书》的评价自然就大打折扣。

定居在恒河流域的雅利安人建立起了大大小小的国家。这些国家难免存在此兴彼亡的情形。不过,在和外敌及原住民的生存竞争中,雅利安人还是过上了和平的生活。就这样,随着种姓制度的确立,婆罗门独揽大权,成为至高无上的阶层。其地位高于刹帝利和吠舍。婆罗门宣称《吠陀》是绝对的存在,是天启,是万能的。婆罗门垄断了《吠陀》的教学,长期控制着印度人的精神世界。婆罗门让祭祀变得更加烦琐,索要布施时不分贵贱。也就是说,婆罗门已经凌驾于神之上,甚至可以通过祭祀仪式左右神意。所谓的神意,无非就是祭司的意志。这种想法,让人们对婆罗门充满了敬畏。为了不让婆罗门生气或诅咒自己,人们甘愿卑躬屈膝。因此,婆罗门和其他种姓间的隔阂越来越深。

婆罗门祭祀万能主义的弊端很快就显露出来。首先,各项规定变得极其烦琐。例如,为了体现三吠陀[①]的精髓,婆罗门创造了"三秘音"——唵(aum)[②]。其次,祭品变多。吠陀时代,人们祭神时用的祭品只有牛奶、谷物和神酒。后来,祭品的种类逐渐增加,涵盖家畜、财宝、衣服和食物。为了掩盖这种不合理的变化,婆罗门在《梵书》中做出了非常不合逻辑的说明。

最初,作为祭品献给印度众神的是人。后来,祭品由人变成马。于是,人们将马献给印度众神。再后来,祭品又由马变成牛,由牛变

---

① 三吠陀,指《梨俱吠陀》、《娑摩吠陀》和《夜柔吠陀》。——译者注
② 唵(aum),又称圣音,包含a、u、m这三个音。——译者注

成绵羊，再由绵羊变成山羊。之后的很长一段时间，人们一直以山羊作为祭品。于是，山羊就成了最适合的祭品。①

在将一切事物复杂化的思维模式的影响下，婆罗门对日常祭祀仪式的规定变得更加严格。祭祀仪式的种类也由此变得数不胜数，如满月和新月的第一天要举行的仪式、祖先祭、供奉圣火的仪式、四月祭、神酒敬献祭等仪式。后来，这些烦琐的规定还被写进了《摩奴法典》，成为明文规定。

《梵书》的神话中，有一则关于大洪水的故事非常有趣。人类的祖先摩奴养了一条鱼。有一天，这条鱼告诉摩奴，不久全世界就会发大洪水。于是，摩奴

摩奴和他养的鱼

---
① 出自《百道梵书》。——原注

摩奴躲避洪水

提前准备好船，躲过了这场浩劫。等洪水退去后，摩奴举行了祭祀仪式。通过祭祀获得的力量，摩奴创造了万物。这个故事和挪亚方舟的故事有惊人的相似之处。

《梵书》，是婆罗门专制和僧权扩大的产物。对此，势力逐渐壮大的刹帝利再也无法坐视不理。于是，随着各王国沿恒河流域东迁或南迁，印度精神史上具有划时代意义的奥义书哲学蓬勃发展起来。

第9节 《奥义书》

在举行婆罗门极力推行的祭祀仪式时，人们开始寻求对这些祭祀仪式的正确认识。就这样，渴望寻求真知的念头，像种子一样在人们的心中发芽。

对刹帝利来说，婆罗门推崇的东西根本就是本末倒置、徒劳无功的。以婆罗门为中心的文化是在俱卢国发展起来的。随着俱卢国的衰落，该文化逐渐向恒河河口的新兴国家传播。也就是说，文化中心的迁移，同样意味着婆罗门文化的迁移。新兴国家的刹帝利开始参与到关于思想问题的讨论中。崇尚自由思想、混血雅利安人出身的刹帝利，一眼就看清了始终以维护婆罗门利益为宗旨的婆罗门文化的弊端。

于是，刹帝利开始了自由的思考和探索。他们思考和探索的问题涵盖多个方面。主题有灵魂的归宿、宇宙的起源、轮回和解脱，还有梵书时代末期出现的"梵我"理论等问题。通过解释像"梵[①]是什么？""我[②]是什么？"这样的问题，刹帝利创造出了全新的思想和生活信条。极富探求心的刹帝利中，有迦尸国的阿阇世王、俱卢国的坚战和毗提诃国的遮那竭王等人。他们各自的王宫里汇聚了当时知名的贤士和有才干的人。这些人进行了各种激烈的辩论。他们的辩论使奥义书——发音为优波尼沙土或优波尼沙昙——哲学百花齐放。"优波尼沙土"这个词，原本是"侍座"的意思，后来引申为在侍座时传授的"不外传之奥义"。再后来，又有了"吠檀多"[③]这种叫法，因为吠檀多就是指包含吠陀本集、《梵书》、《森林书》和《奥义书》的广义吠陀文学的最后一个部分。

[①] 《梨俱吠陀》中表示"祈祷"的"婆罗门"一词，很快就成了祭司的名称（祈祷僧），还成了种姓制度中地位最高的婆罗门的称谓。梵书时代，从祈祷中抽象化出来的"梵"，作为最高原理，也是用"婆罗门"这个词来表示的。——原注

[②] 《梨俱吠陀》中的"我"包含"气息"和与别人相对的"自己"等意思。后来，"我"这个词又可以用来指代"身体"或"胴体"。再后来，还延伸出了人的"本性""自我"等泛指万物"实体"的意思。不过，根据《百道梵书》的记载，表示"实体"的词应该是"梵"。《百道梵书》中写道："人有十个梵，第十一个才是我，我要依附在梵上。"——原注

[③] 吠檀多，指《吠陀》的最后一章或《吠陀》的精髓。——原注

显然,《奥义书》也是吠陀文学的一部分。下面,我按照完成的大致年代顺序,将最重要的《奥义书》罗列如下。

属于《白夜柔吠陀》的《广林奥义书》、属于《娑摩吠陀》的《歌者奥义书》、属于《梨俱吠陀》的《海螺氏奥义书》和《爱达罗氏奥义书》、属于《黑夜柔吠陀》的《鹧鸪氏奥义书》。以上文献称为"古奥义书"。之后完成的《奥义书》大部分都属于《阿闼婆吠陀》,如《剃发奥义书》《弥勒衍拿奥义书》等文献。它们被称为"新奥义书"。有些《奥义书》是用散文写成的,有些《奥义书》是用韵文写成的,有些《奥义书》则同时使用散文和韵文两种文体。形式上,《奥义书》都是以对话、问答或辩论的方式写成的。问答双方的关系多为师徒、父子或夫妇。《奥义书》最典型的写法是采用如下文体。

曾经,有一个叫布里赫德拉塔的王。在体悟到人生无常后,他把王位传给自己的儿子,并且远离世俗,退隐山林。之后,布里赫德拉塔在森林里潜心修行。他双脚站立,高举双臂,凝视着太阳。在他修行到第一千天时,有一个领悟了"自我"、叫沙卡尼亚的仙人来到了他的身边。沙卡尼亚身后光芒万丈,好似无烟的火在燃烧。沙卡尼亚对布里赫德拉塔说道:"站起来吧,站起来,选一个你想要的礼物。"于是,布里赫德拉塔向沙卡尼亚致以顶礼[1],并且说道:"你一定是一位通晓真理的智者。现在的我连'我'是什么都不明白,所以我只希望你能告诉我什么是'我'。"[2]

奥义书哲学的中心思想就是"梵我一如"[3]。"梵我一如"源自印度哲学

---

[1] 顶礼,即跪拜礼,表示崇敬。——译者注
[2] 出自《弥勒衍拿奥义书》。——原注
[3] 梵我一如,是印度教的基本教义,"梵"指世界的主宰,"我"指个体灵魂,梵我一如的意思是"梵"和"我"在本质上是统一的。——译者注

最引以为傲的解脱和轮回思想。超越终日抱怨、深陷绝望的渺小自我，活出最精彩的自我。这就是《奥义书》的实践目标。由此可见，奥义书哲学不是在探求什么是"存在"，而是在探求什么是"本分"[①]。《梵书》中有作为宇宙大原理的"梵"的萌芽。《奥义书》中则将"梵"和最精彩的自我当作同一事物来看待，得出了下面这个精辟的、形而上学的结论：

我即梵。[②]
彼即汝。[③]

《奥义书》解释了"梵"和"我"之间的关系。书中蕴含着高尚、意义深远的思想。不仅如此，在描写方面，《奥义书》还将凝练的修辞和精辟的比喻结合在一起。读过《奥义书》后，人们不禁会有一种畅快淋漓的感觉。一提到哲学书，难解的字句通常会让人皱起眉头。然而，读过《奥义书》后，你会惊叹于书中无比精彩的描写。例如，"就像蜘蛛一边吐丝一边爬行一样"；"放射出太阳般的光辉，火花般的光芒"；"万物皆由我而生"；"'比芥菜籽还小，比黍粒还细，或者比黍粒的芯还细微的东西'就存在于你的心里，那就是'我'"；"'就像飞翔在天空中的老鹰或秃鹫，累了就收起双翼休息一样'，以熟睡的姿势休息时，世界对它来说才是最美好的"。

接下来，我们再引用一些《奥义书》中的例子。希望读者能对《奥义书》这一印度精神的本源有一个大致的了解，因为古代先贤创造出的奥义书思想现在依然活跃在印度人的精神世界里。

毗提诃国遮那竭王和耶若婆佉仙[④]有过如下对话。

---

① "本分"，指个人应尽的责任。——译者注
② Aham Brahma asmi。——原注
③ Tat tvam asi。——原注
④ 耶若婆佉，又称祭言仙人，印度古代哲学家。——译者注

耶若婆佉

耶若婆佉说:"如果有人告诉大王一些事,请大王一定要把这些事告诉我。"

遮那竭王说:"西卢纳的后裔吉托万曾告诉我,语言就是梵。"

耶若婆佉说:"正如母亲、父亲、师父对我们说的那样,语言就是梵。现在西卢纳人也这样说。无论如何,不会说话的人什么都得不到。那么,吉托万有没有告诉大王语言的所在和所归呢?"

遮那竭王说:"没有,他没有告诉我这些。"

耶若婆佉说:"大王啊,那你就只能算是一知半解了。"

遮那竭王说:"耶若婆佉啊,你就是那个告诉我答案的人,我愿洗耳恭听。"

耶若婆佉说:"舌头就是语言的所在,天空就是语言的所归。因为语言就是智慧,所以人们应该好好地崇拜语言。"

遮那竭王问道:"耶若婆佉啊,智慧的本质是什么呢?"

耶若婆佉说:"大王啊,智慧的本质就是语言。实际上,只有通过语言,人才能找到自己的朋友。还有赞歌①、祭词②……供奉给神的东西、奉献给火的东西、可以吃的东西、可以喝的东西、今生和来世。大王啊,只有通过语言,我们才能感受世间万物。大王啊,语言实际上就是最高的梵。具有梵的知识并崇拜梵的人,绝对不能抛弃语言。世间万物都会汇集到这样的人身边。这样的人就有了神的品格,并且必定会膜拜众神。③"

婆罗门的理论经常被刹帝利推翻,《梵书》中有一则非常经典的故事。遮那竭王曾经问三个婆罗门圣火祭祀的意义是什么,但三个婆罗门的回答都不够充分,所以遮那竭王不满地准备乘车离去。这时,其中一个婆罗门④追了上去,请求遮那竭王解释什么才是圣火祭祀的意义。《百道梵书》中的这个故事充分说明了刹帝利的思想境界要高于婆罗门的思想境界。

另外,还有迦尸国阿阇世王和加奇亚仙人之间的一段对话。这段对话的内容如下。

加奇亚仙人说:"我把存在于太阳里的人当作梵来崇拜。"

---

① 即《梨俱吠陀》。——原注
② 即《夜柔吠陀》。——原注
③ 出自《广林奥义书》。——原注
④ 据说,这个婆罗门是耶若婆佉。——原注

阿阇世王说:"不,不,我们不要讨论这个话题。只要我们真的把他当作至高的存在、万物的首领和王者来崇拜就可以了。像这样受到崇拜的人可以有很多。"①

随后,加奇亚仙人还举了存在于月亮上的人、闪电里的人、虚空里的人,存在于风里的人、火里的人、水里的人、镜子里的人,以及存在于旅人脚下发出的声响中的人,存在于方处中的人、影子中的人、身体中的人等例子。加奇亚仙人主张,这些人都应该被当作梵来崇拜。阿阇世王则反驳道,不应该讨论崇拜上述每一种人的意义,而只要将他们都当作梵来崇拜就可以了。最后,加奇亚仙人哑口无言。

轮回思想是印度哲学中的一个重要论题。一般认为,所有生物并不是经过一世后就会消亡。在肉身死亡后,根据各自造的"业",所有生物还会以"种子"的形式进入下一世的轮回。于是,有了前世,就有今生,还有来世,永无止境地延续下去。这就是轮回思想的大意。《奥义书》中有如下一段内容。

就像蝴蝶飞离一片叶子,再落到另一片叶子上一样,我们也将在离开现在这副肉身,远离无明②状态之后,靠近其他肉身,并且把它吸引过来。

就像铁匠从一块金属中取出一小部分,把它锻造成新的、美丽的形态一样,我们也将在离开现在这副肉身,远离无明状态之后,像祖先、乾闼婆③、诸天,或造物主,又或者梵天那样,获得新的、美丽的肉身。④

---

① 出自《广林奥义书》。——原注
② 无明,佛教术语,指无知,即不了解真理和事情的真相。——译者注
③ 乾闼婆,印度神话中的一位神。——译者注
④ 出自《广林奥义书》。——原注

最后被释迦牟尼发扬光大的解脱思想，在《奥义书》中也有体现。解脱的方法不在别处，而在自己的心中。如果是这样，那么解脱无非就是安住本性。也就是说，诵读《吠陀》、供奉祭品等方法虽然有一定效果，但绝对不是获得解脱的正确方法。自我醒悟才是解脱的因。如果无意识地执着于个体，陷于情欲中，是轮回的因，那么为了脱离轮回，安住本性，培养明智才是关键。而为了获得明智，就要修行，如修行瑜伽、禅定等。最后，才能大彻大悟，领悟"我即梵"的真理。"梵我一如"体现的就是"真我"的伟大之处。

耶若婆佉向妻子弥勒伊说道：

> 把一小撮盐撒进水里，盐就会溶化，并且再也不能从水中捞起。不过，无论你喝水里的哪个部分，都能尝出咸味。像这样，这个伟大的存在，即"我"自始至终都是无所不在的，只不过有时凝结在一起了……[①]

在说明关于"有"的创造说时，乌达拉卡[②]同样以盐来做比喻。乌达拉卡认为，产生"有"的动机应归结为源自吠陀时代的"多多益善，不停繁殖"的欲望。他还认为，"世界之初，只有'有'这个唯一的存在，别无其他"。这个观点推翻了世界之初先有"非有"存在，然后从"非有"中生出"有"的观点。

"我的爱子啊，"乌达拉卡把自己的儿子史维特凯图叫到身边，开始对他讲述起关于"有"的宇宙创造论。整个经过如下：

> 乌达拉卡对史维特凯图说："你把这块盐撒进水里，明天早上再来我这里。"史维特凯图就照父亲的话做了。第二天，乌达拉卡对史维特凯图说："去把你昨天撒进水里的盐拿来。"于是，史维

---

① 出自《广林奥义书》。——原注
② 乌达拉卡，公元前8世纪的印度哲学家。——译者注

特凯图在水里找了又找,就是没找到盐。明显,盐已经全部溶解在水里了。乌达拉卡说道:"爱子啊,那你尝一尝表面的水,看看怎么样?""好咸!"史维特凯图说道。乌达拉卡说道:"那你再尝尝中间的水,看看如何?"……再尝尝底部的水……"其实盐一直都在,我的爱子啊,你不认可'有'的原因,就在于此,那些微小的事物……彼即汝。"①

遗憾的是,我们已经没有时间再停留在《奥义书》的世界里了。西欧哲学家中,最早学习并进而大量研究印度哲学的是德国哲学家阿图尔·叔本华。下面就用阿图尔·叔本华对《奥义书》的赞美之词来结束本章的内容。

阿图尔·叔本华并没有读过梵语版的《奥义书》。当时,只有1801年从波斯语版《奥义书》翻译过来的拉丁语版《奥义书》,书名是《五十奥义书》。通过阅读《五十奥义书》,西方人才对印度哲学有所了解,并且对其赞叹不已。当然,阿图尔·叔本华也是阅读《五十奥义书》了解印度哲学的。不过,在读完《五十奥义书》之后,天资聪慧的阿图尔·叔本华充分领悟了印度哲学的精髓,还将印度哲学思想融入了自己的哲学理论中。阿图尔·叔本华曾多次试图前往印度,但在有生之年未能完成心愿。据说,在临死前,阿图尔·叔本华留下遗言说:"请把我最喜欢读的《五十奥义书》中的一册,放在我的遗体旁。"

无与伦比的《五十奥义书》中蕴含着神圣的吠陀精神!在熟读了拉丁语版的《五十奥义书》后,我完全被书中的精神打动了。《五十奥义书》字里行间蕴含着《吠陀》无与伦比的和谐精神!《五十奥义书》通篇字句都能让人感觉到神圣、庄严。《五十奥义书》深远、独创、崇高的思想从各个方面占据了我的内心。书中的所有内容,都散

---

① 出自《歌者奥义书》。——原注

发出一种印度气息,让人感受到了原始、自然的存在。啊,看了这套书之后,一早就被灌输进脑中的犹太教思想及其他附和犹太教思想的哲学理论都被涤荡一清!如果能读到原著,那绝对是从事该研究的人所能获得的最高奖赏,也必定能带给人更多的启迪。《五十奥义书》既是我生前的安慰,也是我死后的慰藉。[1]

---

[1] 出自阿图尔·叔本华的《附录和补遗》。——原注

第4章

佛陀时代

（从公元前700年到公元前400年）

第1节 十六大国

在印度中部，创造了灿烂文化的毗提诃国很快就进入了衰败期。在不到一个世纪的时间里，人们几乎已经将毗提诃文化忘得一干二净。唯一被记住的就是明君遮那竭王的名字。在佛教圣典中提到的十六大国中，我们已经找不到毗提诃国这个名震一时的国家。以新兴势力为代表的弗栗特共和国取而代之，开始了转瞬即逝的繁荣昌盛。

沿着恒河逆流而上，十六大国包括：鸯伽国、摩揭陀国、迦尸国、拘萨罗国、弗栗特共和国、末罗国、车底国、跋蹉国、俱卢国、般遮罗国、摩差国、苏罗色那国、阿萨卡国、阿槃提国、犍陀罗国[①]、剑浮沙国。这些国家以恒河为中心，分布在从印度中部到北部的区域，并且形成了群雄割据的局势。因此，这个时代被称为"印度列国时代"。因为十六国的领土彼此相邻，所以经常出现纷争和战乱。其中，迦尸国的国力最强盛，其首都是婆罗痆斯[②]。当时，兴起于恒河河畔的迦尸国的国力几乎已经强盛到了可以号令全印度的程度。在迦尸国

[①] 又名乾陀罗。——原注
[②] 即今瓦拉纳西。——原注

的鼎盛时期，财力雄厚、兵力充足的迦尸国国王，更被人们称为"万王之王"。迦尸国经常和邻国拘萨罗国发生摩擦。根据佛教典籍《本生谭》[①]的记载，迦尸国国王曾经俘虏了拘萨罗国国王，并且占领了拘萨罗国，甚至把拘萨罗国的王后据为己有。像印度南部阿萨卡国这样的大国也要臣服于迦尸国。然而，后来，迦尸国还是败给了拘萨罗国，因为领土曾遭掠夺的拘萨罗国在不知不觉间壮大起来了。

就像迦尸国最终被拘萨罗国征服一样，十六国之间无法和平相处。不久，印度的土地上就只剩下拘萨罗国、跋蹉国、阿槃提国、摩揭陀国及弗栗特共和国了。这些国家成了时代的主宰。十六大国解体后，印度就形成了上述新局势。从分裂走向统一，这个决定印度文化和历史的转变悄然发生。

第2节　沙门和六师外道

奥义书哲学的出现，使婆罗门文化受到了冲击。婆罗门逐渐丧失自身的优越性。像遮那竭王那样的刹帝利种姓出身的思想家不断涌现。婆罗门和刹帝利之间的思想对立，让新文化有了萌芽的机会。

吠陀雅利安人的思想家被称为婆罗门，后来出现的维勒查雅利安人的思想家则被称为沙门。沙门虽然多是刹帝利种姓出身，但有吠舍种姓出身的。沙门可以不受传统教条的束缚，能够自由地思考、生活。因此，沙门被称为"挣脱枷锁的人"或"不穿衣服的人"。后来，甚至出现了以"挣脱枷锁的人"或"不穿衣服的人"命名的沙门团体。

当时的人，特别是年轻人，要么做着成为军人、成就统治一国大业的美梦；要么就想出家做沙门，成为一生都能够"自由思考的人"。这就是当时的年轻人毕生的追求，也是他们活着的意义所在。

---

① 记载了释迦牟尼生前的故事。——原注

沙门

　　来自其他三个种姓的人开始和生来就有高贵血统、受人尊敬的婆罗门阶层对抗。他们的抗争最终发展成一场思想运动。越来越多的人加入了这场运动，并且选择成为沙门。实际上，能够自由思考正是成为沙门的魅力所在。在沙门团体中，有六个团体的思想最能代表当时的思潮。它们被称为"六师外道"。为了和佛教区别开来，人们才称其为"外道"。六师外道，其实就是"六沙门"的意思。以下是六师外道的主要观点。

　　富兰那·迦叶[①]主张，善恶不是绝对的，万物都是偶然存在的，其中不存在任何因果关系。

---

① 富兰那·迦叶，古印度思想家，提倡道德虚无论。——译者注

末伽梨·俱舍罗[1]主张，世间万物都受自然之力的作用，人力无法胜天。因此，人的生活只要顺应自然就可以了。

阿耆多·翅舍钦婆罗[2]主张，人是由地、水、火、风四要素组成的，生命也是由这四要素随机合成的。后来，从这种唯物主义思想中就衍生出了身体即灵魂的思想。人只有一个肉身。因此，人的本分就是在活着的时候纵欲享乐。这就是一种享乐论。

婆浮陀·迦旃延[3]主张，万物都是由地、水、火、风、苦、乐、灵魂这七要素组成的。这七要素都各自独立存在。因此，人死了之后，生命是不生不灭的。

删阇夜·毗罗胝子[4]主张，真理并不是永恒不变的存在，现在你觉得真理存在，那么你就回答真理是存在的。将来你觉得真理不存在了，那么你就回答真理是不存在的。例如，"沙门的果报既是有，又是无；既是有无，又是非有非无"。这是模棱两可的诡辩论。

筏驮摩那[5]主张，一切都源于前世的业力[6]。如果想从前世的业力中解脱出来，就要进行刻苦自制的苦行[7]，并且严守清规戒律。后来，该理论成为耆那教[8]的教义。

---

[1] 末伽梨·俱舍罗，邪命外道的始祖，提倡宿命论。——译者注
[2] 阿耆多·翅舍钦婆罗，顺世派的始祖，提倡唯物论。——译者注
[3] 婆浮陀·迦旃延，主张七要素说，提倡原子论。——译者注
[4] 删阇夜·毗罗胝子，古印度哲学家，提倡不可知论。——译者注
[5] 筏驮摩那，古印度思想家，耆那教始祖。——译者注
[6] 业力，业指人的行为，业力就是人的行为产生的结果。——译者注
[7] 这种苦行以绝食和裸行为主。——原注
[8] 耆那教，创始人是筏驮摩那。他主张宇宙是由生命要素和非生命要素组成的。这是一种二元论。筏驮摩那认为，非生命要素分为空、法、非法、物质、时这五类。这五类要素结合后，就产生了烦恼和轮回。因此，解脱就是要打破非生命要素的结合，让生命要素显露出本性。为了达到这个目的，人们就要进行严格的苦修、苦行，并且积累修行，恪守无为不杀的戒律。通过三宝——正信、正智、正业，让自己从这一世的羁绊中解脱出来，最终得道，成为得道者。因为得道者被称为"耆那"，即胜利的意思。所以很快这个教就被称为"耆那教"。耆那教奉行极端不杀生主义。耆那教和佛教一样，都是在反对婆罗门教的革新运动中兴起的。在主张我为常住，厉行苦修的耆那教教徒眼中，佛教的修行方法也许就是怠惰安逸的享乐主义的典型代表。因此，耆那教自然就和佛教互不两立。——原注

筏驮摩那

  从上述对六师外道的概述中，我们可以看出，从根本上来说，六师外道的理论就是通过思考人生苦乐的因，过循规蹈矩的生活，让自己从现实生活的苦恼和传统生活的虚伪中解脱出来。六师外道就是其他三个种姓反抗婆罗门的思想运动的产物。十六大国之间不间断的战乱，培养了人们更加现实的唯物主义思想。看透了在战火中化为灰烬的世相后，人们从厌世观中领悟出了解脱思想。一般认为，解脱思想萌芽于印度列国时代。当时，社会的各种力量从下到上开始凝聚、升华，最后形成了各种各样的思想体系。在对抗古代婆罗门教的过程中，唯一能和婆罗门教思想抗衡的是佛教的创始人释迦牟尼的思想。

第3节　悉达多太子

公元前515年①4月8日清晨，统治迦毗罗卫国的释迦族②净饭王的王后摩耶夫人，在蓝毗尼园中的无忧树下诞下一个男婴。这是在摩耶夫人准备回娘家待产的途中发生的事。生下嗣子的摩耶夫人，满心欢喜地中途折回了迦毗罗卫国。可惜，产后七天摩耶夫人就薨逝了。生下的男婴取名悉达多，在后来成为王

悉达多降生

---

① 关于释迦牟尼的生卒年，学术界还没有统一的说法。同样，对释迦牟尼人生不同时期的年龄划分也因人而异。此外，关于释迦牟尼的诸事迹的年代也是如此。这里选用的都是大家普遍认可的说法。——原注
② 现在一般认为，释迦族属于非雅利安人。这种说法已经非常接近事实。据说，释迦族原本住在蒙古高原，属于乌拉尔–阿尔泰语系的塞族的一个分支。在雅利安人入侵印度的同时，塞族的这一分支也入侵印度，并且在113代人的时间里，逐渐定居在印度河下游。后来，国家衰亡，族人中的一支逃往喜马拉雅山脉，并且建立了迦毗罗卫国。这一支就被认为是释迦牟尼的祖先。——原注

摩诃波阇波提和年幼的悉达多

后的摩耶夫人的妹妹摩诃波阇波提的抚养下,茁壮成长。对全亚洲宗教思想产生决定性影响的伟大人物就这样横空出世了。

据说,一位得道仙人在看了刚出生不久的悉达多的面相后,一边叹息,一边对其父净饭王说道:"这个婴儿如果留在家里继承王位,必定能成为统治全印度的转轮王[①]；如果出家成道，必定能成为普度众生的佛陀。可惜我年事已高，已经无法看着这个婴儿长大，也听不到他的弘法了。"

后来，悉达多被立为太子。他天赋异禀，文武双全。一天，悉达多太子在同族人面前展示了自己高超的武艺。八岁的悉达多太子，因看到动物间的弱肉强食而感到悲痛，因看到营营碌碌劳作的农民而感到悲伤。这些逸闻让悉达多太子的人物形象更加生动、鲜明。

得道仙人看刚出生不久的悉达多的面相

---

① 转轮王，又称转轮圣王，指古印度神话中理想的君主。——译者注

悉达多太子迎娶耶输陀罗

十七岁时，悉达多太子迎娶了天臂城城主善觉王之女耶输陀罗。耶输陀罗非常美丽。迦毗罗卫国富强。迦毗罗卫国的北面雪山连峰耸立。南面，奔流不息的恒河河水分出的几条清澈支流流经迦毗罗卫国。城内的生活，豪华、奢侈。林苑和山水相得益彰，微风送来阵阵芬芳。城中还有供人打猎的地方。在大树下休憩片刻，就能感受到城中生活的逍遥。美姬歌舞升平，夜夜笙箫，好不热闹。

然而，英俊、年轻的悉达多太子脸上总有一抹淡淡的哀伤。这是富足生活带来的空虚。对悉达多太子来说，长期空虚的日子，简直就是折磨。这样一来，悉达多太子的哀伤之情与日俱增。

一次，悉达多太子在路上遇到了一位白发苍苍、满口无牙、挂着拐杖、步履蹒跚的老爷爷，便感慨年华易老。另一次，看到一位气息奄奄的病人后，悉达多太子心里出现了这样的想法，那就是将来自己也许同样会经历这种肉体的痛楚。还有一次，悉达多太子看到悼念死者时，死者的亲戚、朋友围着棺材号啕大哭，体悟到了世事无常、人生苦短的道理。于是，无常观[①]开始在悉达多太子的心里生根发芽。不过，当时，悉达多太子对无常观的认识还不透彻。

第4节 成　道

人有生老病死，命有旦夕祸福。这种想法让悉达多太子一直看不到希望的曙光。他特别羡慕流浪的苦行者——沙门。沙门一边享受冥想和宗教辩论带来的愉悦，一边过苦行和守戒的生活。当时，人们都想过这种真切、踏实的生活。悉达多太子也不例外。

据说，就在悉达多太子非常渴望过上沙门的生活时，太子妃耶输陀罗生下了一个儿子，取名罗睺罗。听到这个消息后，悉达多太子说："看来，我的身上又多了一道束缚的枷锁。"

罗睺罗降生

[①] 无常观，佛教术语，指世间万物都是无常的，不是永恒不变的。——译者注

悉达多太子与阿罗逻伽蓝

　　摆脱各种枷锁的日子终于来了。这时，悉达多太子二十九岁。具体来说，是在临近年末的12月8日这一天。悉达多太子斩断了与父母、妻儿的牵绊，深夜骑马离开了迦毗罗卫国。他向东南方赶路，进入摩揭陀国首都王舍城附近的山林中，并且请教婆罗门仙人阿罗逻伽蓝什么是解脱。然而，阿罗逻伽蓝的回答并没有让悉达多太子心悦诚服。

　　与此同时，悉达多太子的出走让净饭王感到惋惜。很快，净饭王就得知悉达多太子住在阿罗逻伽蓝那里。于是，净饭王亲自前往阿罗逻伽蓝的仙居，劝说悉达多太子回国。然而，悉达多太子已经下定决心出家。最后，父亲、妻子、儿子都无法改变悉达多太子的心意。于是，净饭王只好留下五名近侍，独自返回迦毗罗卫国。这五名近侍作为悉达多太子的护卫，和悉达多太子一起潜心修行。佛经中提到的五比丘，就是指这五名近侍。然而，他们不管怎么修行，都无法获得解脱。于是，他们离开山林，来到尼连禅河河畔的苦行林中。但苦行林中的修行也没能让他们获得解脱。

悉达多太子与五比丘

女牧人为悉达多太子奉上牛奶

经历了禁欲、断食、苦行后,悉达多太子终于意识到,这些修行方法,只能让身体变得更加虚弱,却不能让自己获得解脱。

于是,悉达多太子放弃了苦行,开始正常饮食。一次,喝了一位女牧人给的牛奶后,悉达多太子感慨道,这应该是天上才有的甜美琼浆。然而,追随悉达多太子的五比丘无法理解他的做法。看着意志日渐消沉的悉达多太子,五比丘最终选择了放弃他,回到鹿野苑①。可以看出,五比丘对通过苦行就能获得解脱的做法还抱有一丝希望。

悉达多太子渡过尼连禅河,盘腿坐在菩提伽耶②的菩提树下。他在心里发誓,在领悟真知之前,绝不起身。什么是真知?什么是解脱?——突然,上天给

---

① 鹿野苑,位于今印度北方邦瓦拉纳西以北。——译者注
② 菩提伽耶,位于今印度比哈尔邦巴特那以南。——译者注

悉达多太子在菩提伽耶的菩提树下修行

了他启示。这启示就像湍流一样，在悉达多太子心里激起了思想的层层浪花。据说，这是发生在悉达多太子三十五岁那年2月8日清晨的事。就在启明星出现在东方时，悉达多太子豁然开朗，并且大彻大悟。觉悟后，悉达多太子成为佛陀，世人尊称他为"释迦牟尼"。

为了将自己悟得的真理传给世人，释迦牟尼前往鹿野苑。鹿野苑里有曾经抛弃自己的五比丘。释迦牟尼此行，便是为了度化五比丘。

第5节　根本佛教[①]的精神

释迦牟尼的教义在后世被称为"佛教",不过,当时并没有像这样专门的叫法。与其说释迦牟尼的教义是一个新宗教,不如说是一种为了肃清婆罗门教腐朽部分而发起的运动。即使没有释迦牟尼,迟早也会有其他人来推行类似的社会改革运动。和佛教几乎是同一时期出现的耆那教,作为婆罗门教的一个分支,也在试图拨乱反正。这是革新主义从婆罗门传播到刹帝利,从刹帝利传播到吠舍后取得的成果。不过,彰显佛教的强大影响力,并且让佛教成为世界宗教,都依靠的是具有伟大人格的释迦牟尼的个人力量。

释迦牟尼提倡的教义是什么呢?从当时社会革新的角度来看,至少包括两点:第一,打破阶层制度,宣扬众生平等的思想;第二,解救获得平等后的众生,让他们不再成为奴隶。为此,要消除吠舍雅利安人和维勒查雅利安人之间的差异[②]。之后,再缩小雅利安人和非雅利安人之间的巨大差异,即倡导众生平等的理论。

释迦牟尼没有无视自我,而是选择了关注自我,战胜自我。他充分了解人心。心是什么?在回答这个难题的过程中,根本佛教的精神得到了充分展现。因为心跳动不止,所以诸行无常。心之所以会跳动不止,是因为心里没有常住的支配者,即诸法无我。如果心跳动不止,并且心里没有常住的支配者,那么人就会永远缺乏自主的意识,就会感受到苦,感受到空,即"一切皆空"。这就是根本佛教推导出的理论。为了实践诸行无常、诸法无我、一切皆空的精神,释迦牟尼提出了"四圣谛"和"八正道"的说法。

在鹿野苑的初次说法[③]中,释迦牟尼就解释了什么是四圣谛。四圣谛指苦谛、集谛、灭谛、道谛。苦谛指现世所有苦痛。集谛指从这些苦痛中生出的业。

---

① 根本佛教,日本佛教学者提出的一个概念,指释迦牟尼在世期间的佛教。——译者注
② 据说,释迦牟尼是混血雅利安人,甚至是维勒查雅利安人。——原注
③ 史称"初转法轮"。——原注

灭谛指消除苦痛。道谛指消除苦痛的方法。万物皆苦。苦，源于个人贪得无厌的欲望。只有克服了欲望，人才能从充满苦痛的人生中解脱出来。因此，释迦牟尼认为，只有克服了个人的肉欲、名利欲等欲望，才能战胜自我，达到至高、至善的涅槃境界。

为了帮助世人达到涅槃境界，释迦牟尼给了世人实践方法，即八正道。修行八正道，是所有立志达到涅槃境界的人必须迈出的第一步。在整个修行过程中，必须始终贯彻八正道。

八正道包括：正见，即正确的目标；正思维，即正确的想法；正语，即正确的语言；正业，即正确的行为；正命，即正确的生活；正精进，即勤勉力行；正念，即正确的考察；正定，即忍耐专注。八正道并不是新思想，而是所有人应当遵守的基本道德规范。

第6节　传　道

在鹿野苑，释迦牟尼度化了五比丘。当天，五比丘就向释迦牟尼保证，会毕生致力于佛教的说法和传道。之后，释迦牟尼和五比丘一起在各人种的村落间游历。在五个月的时间里，他们共度化了六十个人。在说法和传道的过程中，释迦牟尼的人格和实践精神得到了完美的体现。

> 他目不转睛地看着这位身穿黄色僧衣的僧侣。乍一看，这位僧侣和其他僧侣别无二致。不过，他还是立刻就认出了这位僧侣。——此人正是释迦牟尼。……
>
> 释迦牟尼陷入沉思中，稳步前行。他的表情冷静，无喜无悲，却像在对我微笑。他那治愈人心的微笑，仿佛来自一个健康、活泼的小孩。释迦牟尼自然地迈出从容的步伐，不时地挽一挽衣袖。和自己所有弟子一样，释迦牟尼恪守严格的戒律，一步一步往前走。不过，

释迦牟尼与被度化的众弟子

他的容颜、步伐、安然低垂的眼眸、悄然垂下的手臂，甚至手上的一根根手指，都散发出一种美好、和谐的气息。释迦牟尼无欲、无求，也不效仿他人。在永恒的静谧中，在不灭的光明中，在旁人无法触及的祥和状态中，他平缓地呼吸着。

就这样，释迦牟尼为了化缘，朝着市集方向走去。①

不久，释迦牟尼和弟子来到了摩揭陀国的首都王舍城外。在城外的竹林中，释迦牟尼开始了普度众生的说法。摩揭陀国的频毗娑罗王亲自前往竹林拜访释迦牟尼。听了释迦牟尼的说法后，频毗娑罗王立刻皈依了佛教。当时，以频毗娑罗王为首的众多刹帝利都成为佛教徒。同时，频毗娑罗王布施了一座竹

频毗娑罗王拜访释迦牟尼

① 出自赫尔曼·黑塞的《悉达多》。——原注

须达多布施祇园精舍给释迦牟尼

林精舍给释迦牟尼。正是在这座竹林精舍中,释迦牟尼将佛教的教义传遍了整个印度中部。释迦牟尼的众多弟子中,还有信奉外道的婆罗门舍利弗、目犍连、摩诃迦叶等人。他们也是在这一时期,连同自己的弟子一起皈依了佛教。

在王舍城外住了几年后,释迦牟尼受日渐老迈的父亲净饭王之托,打算回一趟故乡迦毗罗卫国。途中,在拘萨罗国传道时,释迦牟尼度化了富商须达多。须达多布施了一座祇园精舍给释迦牟尼,向世间彰显了释迦牟尼的恩泽和荣耀。

释迦牟尼归国的那天,刚好赶上同父异母的弟弟难陀册封太子的仪式和结婚大典。难陀跪拜了自己的兄长后,当场决定出家。七天后,释迦牟尼的儿子罗睺罗也皈依了佛教。

这时,净饭王对释迦牟尼叹息道:"原本你出家了,还有难陀。现在,难陀出家了,罗睺罗也出家了。王室的血脉要断了,这可怎么办呢?"

佛教的教义传遍各地,发展迅速,光凭人力是无法改变的。

释迦牟尼准备离开迦毗罗卫国,重返王舍城外的竹林精舍。当天,有七个人追上释迦牟尼,希望他能收自己为徒。这七个人是释迦牟尼的堂弟阿难陀[①]、阿尼律陀、提婆达多、跋提、婆求、金毗罗、优婆离。其中,前六人是刹帝利出身,而优婆离是他们手下的理发师。明显,优婆离属于首陀罗种姓。曾经连诵读吠陀经文都不被允许的首陀罗,现在竟然可以出家。自此,人们迎来了一个新时代。在这个新时代,人们超越了彼此间种姓的隔阂,都能真切地活着。这一重大改革,让佛教的传播如虎添翼。不仅如此,净饭王驾崩后,曾是释迦牟尼养母的摩诃波阇波提和曾是太子妃的耶输陀罗都请求释迦牟尼让自己出家。刚开始,释迦牟尼没有答应她们的请求。但她们始终不改志向,紧紧追随在释迦牟

阿难陀、阿尼律陀、提婆达多、跋提、婆求、金毗罗、优婆离皈依佛教

[①] 阿难陀是释迦牟尼的父亲净饭王的弟弟白饭王的儿子,比释迦牟尼小,所以是释迦牟尼的堂弟。——译者注

摩诃波阇波提皈依佛门

尼左右。阿难陀知道她们心意已决,所以请求释迦牟尼收她们为徒。最后,释迦牟尼终于同意了。于是,除比丘①之外,世间有了比丘尼②。佛光所照之处,皆无阶层之分、男女之别。这时正值释迦牟尼成道后第五年。于是,就有了"花香不逆风,德香逆风熏"③这样的经文。

释迦牟尼和弟子走遍了整个印度中北部。连摩揭陀国的频毗娑罗王、拘萨罗国的波斯匿王等人也皈依了佛教。因此,佛教瞬间成为全印度求道者追求的目标。其中,不乏为了传道连性命都可以抛弃、秉持殉教精神来普度众生的求道者。这就是释迦牟尼十大弟子中,以"说法第一"著称的富楼那。在前往输卢那国传道前,富楼那和释迦牟尼之间有如下问答。其内容充分体现了佛教以殉教精神来普度众生的教义。

---

① 比丘,指年满二十岁、受过具足戒的男性佛教徒,俗称"和尚"。具足戒指佛教徒出家后必须遵守的戒律。——译者注
② 比丘尼,指年满二十岁、受过具足戒的女性佛教徒,俗称"尼姑"。——译者注
③ 出自《法句经》。——原注

第 4 章 佛陀时代(从公元前 700 年到公元前 400 年) ● 097

当时，富楼那对释迦牟尼说："我已经受到世尊[1]的点化。因此，我决定前往西边的输卢那国传道。"

释迦牟尼问道："西边的输卢那人凶恶、暴躁，喜欢侮辱人。如果他们侮辱你，你该怎么办呢？"

富楼那答道："世尊啊，即使输卢那人侮辱我，我也不会有你这样的想法。输卢那人贤善、有智慧。他们也许会侮辱我，但应该不会拿石头扔我。"

释迦牟尼问道："如果他们真的拿石头扔你呢？"

富楼那答道："我还是不会有你这样的想法。输卢那人贤善、有智慧。他们也许会拿石头扔我，但应该不会用刀砍我、用棒打我。"

释迦牟尼又问道："那如果他们真的用刀砍你、用棒打你呢？"

富楼那答道："我还是不会有你这样的想法。输卢那人贤善、有智慧。他们也许会用刀砍我、用棒打我，但应该不会杀我。"

释迦牟尼再次问道："如果他们真的要杀你呢？"

富楼那答道："我还是不会有你这样的想法。杀死我的方法不止一种。他们可以用绳子勒死我，也可以把我投入深坑。输卢那人贤善、有智慧。他们应该会用最没有痛苦的方式，使我脱离现在这副朽败的肉身，让我得到解脱。"

最后，释迦牟尼说道："善哉，富楼那啊。你已经学会了忍辱负重。凭借你的容忍精神，现在你已经可以住在输卢那国了。去吧，富楼那啊。度化尚未得到度化的人，抚慰内心不安的人，让无法涅槃的人都能顺利涅槃吧！"[2]

不可怨以怨，终已得休息；行忍得息怨，此名如来法。[3]

---

[1] 世尊，佛的一个称号，意思是世人敬仰的尊者。——译者注
[2] 出自《杂阿含经》。——原注
[3] 出自《法句经》。——原注

释迦牟尼在娑罗双树下涅槃

得道后,释迦牟尼开展了四十多年的传道活动。公元前485年2月15日,释迦牟尼在拘尸那揭罗城外的娑罗双树下涅槃。然而,时至今日,释迦牟尼开创的佛教依然存在,并且将继续发展下去。

第7节　四大王国

佛陀时代，印度中北部经历了十六大国的对立和瓦解，逐渐形成了四大王国鼎立的局势。摩揭陀国的频毗娑罗王、拘萨罗国的波斯匿王，分别在各自国内建立精舍，并且皈依了佛教。不仅如此，频毗娑罗王和波斯匿王还结成了姻亲。频毗娑罗王的王妃是波斯匿王的妹妹拘萨罗·提韦。据《本生谭》记载，当时，拘萨罗·提韦的嫁妆是迦尸国的一个邑。除了摩揭陀国和拘萨罗国，还有两个强国，即跋蹉国和阿槃提国。

在这四个国家的国王中，阿槃提国的国王普罗调陀最勇猛，被称为"令人生畏的人"或"执掌大军的人"。普罗调陀暗中计划率军攻打摩揭陀国。计划的第一步是，先攻打和摩揭陀国毗邻的跋蹉国，并且俘虏跋蹉国国王优填王。然而，普罗调陀的一个女儿对身为阶下囚的优填王有了爱慕之情，并且二人两情相悦。后来，普罗调陀的女儿和优填王终于找到机会成功逃回了跋蹉国。普罗调陀为了女儿的终身幸福，不得已和优填王议和了。不久，拘萨罗国派兵攻打跋蹉国。优填王逃到了边境。这时，优填王娶了摩揭陀国国王的妹妹为妃，便获得了摩揭陀国和阿槃提国的支援，成功地将拘萨罗国的军队赶出了自己的领土。

拘萨罗国的波斯匿王是一代明君。他曾说："婆伽梵①是刹帝利。我也是刹帝利。婆伽梵是拘萨罗人。我也是拘萨罗人。"于是，波斯匿王将迦尸族、释迦族、拘利族等纳入麾下。这样一来，拘萨罗国的强盛可谓指日可待。波斯匿王非常希望自己的后代能有释迦牟尼的血统，或者说能有释迦族的纯正血统。于是，波斯匿王派特使前往迦毗罗卫国求亲。对一向以纯正血统为荣的释迦族来说，波斯匿王的行为实在是有点强人所难。不过，释迦族忌惮波斯匿王强大的势力。实际上，释迦族处在拘萨罗国的统治下。因此，释迦族用了苦肉计，

---

① 婆伽梵，释迦牟尼的尊称（译者按：意思是天尊）。——原注

毗流离

将一个叫"瓦萨巴哈"的女子送到拘萨罗国。事实上,瓦萨巴哈是正统释迦族男子马哈纳马和一个奴隶女子所生。就这样,瓦萨巴哈作为正妃嫁给了拘萨罗国的波斯匿王,并且生下了王子毗流离。后来,毗流离去了生母的故乡,得知自己并非纯正的释迦族血统。回国后,毗流离将这个秘密告诉了父亲波斯匿王。波斯匿王勃然大怒,立刻剥夺了瓦萨巴哈的王妃身份和毗流离的王子身份。释迦族赶紧做好了防范波斯匿王报复的准备。不过,释迦牟尼从中调解,让毗流离恢复了王子身份,也让释迦族逃过了一劫。由此可见,波斯匿王皈依佛教的决心有多么强烈。不过，福无双至，祸不单行。波斯匿王驾崩后，毗流离即位。接到这个喜讯后，释迦族天真地以为这下终于可以高枕无忧了。没想到，手握拘萨罗国兵权的毗流离王，竟然大举进犯迦毗罗卫国。释迦族遭到了大屠杀，而下令进行大屠杀的竟是和释迦族拥有同一血统的人。不过，释迦族灭亡后，拘萨罗国也开始走向末路。内乱削弱了拘萨罗国的国力。不久，拘萨罗国就被摩揭陀国吞并了。

佛陀时代骨肉相残的悲剧，在摩揭陀国也发生了。在频毗娑罗王统治期间摩揭陀国日益强盛，吞并了位于恒河河口的富庶之国鸯伽国。频毗娑罗王虔诚地信奉佛教，建造了竹林精舍。各国前来参禅的求道者在王舍城中云集。于是，王舍城成为佛教文化的中心。不过，摩揭陀国的太子阿阇世信奉外道。这样一来，父子俩在信仰上有了冲突。再加上正妃、侧妃所生的王子经常钩心斗角。频毗娑罗王和阿阇世都深感烦恼，一直对王位继承的事感到惴惴不安。

这时，出现了一个叫"提婆达多"的人。他曾是佛教徒，后来叛教，投入耆那教门下。在提婆达多的唆使下，阿阇世谋划将父王和释迦牟尼一起杀死。高举宝剑企图弑君的阿阇世一路杀到了父王的寝殿，却因侍臣的阻挠而功亏一篑。不过，知道了这件事后，频毗娑罗王竟然答应了阿阇世的要求，将王位传给了他。然而，据说阿阇世王还是无法信任父王，便将父王软禁，并且将其活活饿死。这是发生在释迦牟尼涅槃前八年的事。

根据佛教史学家的说法，因为软禁父王并且使其饿死，阿阇世王受到了极大的良心谴责。不久，他就身患热病，身心俱疲，常因高烧而全身痉挛，最后还得了心病。为了获得内心的平静，在众人的建议下，阿阇世王诚心皈依了佛教，并且向释迦牟尼忏悔了自己犯下的所有罪行。

第8节　摩揭陀国的兴盛

阿阇世王的暴行，让太后拘萨罗·提韦每天都活在悲痛中。为争夺王位而父子相残的血淋淋的记忆让拘萨罗·提韦的死期提早来临。不久，拘萨罗·提韦就追随亡夫薨了。也许和现世的悲痛相比，死后的世界才能让她感受到更多的快乐吧。

对亲妹妹拘萨罗·提韦的死，波斯匿王深感痛心疾首。然而，之后发生了一件让波斯匿王忍无可忍的事。那就是，阿阇世王竟然私吞了作为母后嫁妆的来自迦尸国的岁入。于是，波斯匿王向阿阇世王宣战。阿阇世王年轻气盛，身强力壮，再加上他早就有扩张领土的野心，便随即应战。当时，波斯匿王已经英雄迟暮。两军的士气就跟两位国王的年龄一样，有着明显的差距。就这样，第一战以摩揭陀军的胜利告终。据说，退居并死守首都阿约提亚的拘萨罗军在祇园精舍得知了摩揭陀军的弱点。不知是否因为此事，第二战以拘萨罗军压倒性的胜利告终。阿阇世王被俘是这一场战役的最后一幕。不过，波斯匿王宅心仁厚，认为舅甥间的战争实在不是一件光彩的事。于是，波斯匿王将自己的女儿瓦吉拉许配给了阿阇世王，还将引起纠纷的迦尸国割让给了摩揭陀国。这真是一个可喜可贺的大团圆结局。

得到迦尸国后，阿阇世王开始了下一步计划。那就是进攻毗舍离国。不过，毗舍离国属于包含大国毗提诃国在内的、由八个国家组成的弗栗特共和国，国力和兵力自然不容小觑。阿阇世王用了妙计，打败了劲敌毗舍离国。事情的经过是这样的。摩揭陀国的大臣韦萨卡拉佯装受到阿阇世王的迫害，逃到毗舍离国，并且乞求能得到毗舍离国的庇护。韦萨卡拉巧妙地收买了毗舍离国的人心。之后的三年中，韦萨卡拉一直在暗中进行分裂弗栗特共和国的活动。最后，时机终于成熟。阿阇世王派出了配备战车的大军，彻底打垮了由弗栗特共和国及其邻国末罗国组成的同盟军。施行仁政的波斯匿王驾崩后，毗流离王即位。毗流离王的暴政，让拘萨罗国的势力在不知不觉中落后于不断壮大的摩揭陀国。与频毗娑罗王统治时期的版图相比，摩揭陀国的版图足足扩大了一倍，势力延伸到了位于恒河以北的喜马拉雅山脉的山脚下。好战的阿阇世王还是不满足，又将目光移到了位于印度中部的阿槃提国。然而，阿槃提国实力雄厚，绝不容许外敌侵犯。实际上，阿槃提国也对摩揭陀国虎视眈眈。就这样，过了几年，对立的阿槃提国和摩揭陀国始终未能解决边境问题。

在此期间，阿阇世王被自己的爱子优陀耶跋陀罗杀害。正如当年阿阇世王饿死了自己的父王频毗娑罗王一样，最后他也不得不忍受爱子的刀剑相向。暴虐的基因传了一代又一代。优陀耶跋陀罗统治了摩揭陀国十六年。他继承了阿阇世王的遗志，立志要攻下阿槃提国，但最终未果。不过，优陀耶跋陀罗在统治期间，将几乎统一了印度北部的摩揭陀国的首都搬到了华氏城。优陀耶跋陀罗之后即位的这位国王极其愚昧。因此，在这位国王驾崩后，就由民心所向的大臣悉输那伽即位。

最终，悉输那伽成功地打败了阿槃提国，实现了前几代国王的夙愿，将整个印度中北部纳入摩揭陀国的版图中。之后，摩揭陀国就进入了幼龙王朝时代。不过，对悉输那伽来说，也有他不敢染指的地方，那就是被波斯帝国占领的印度河对岸的北部地带。

第9节　大流士大帝的到来

大约在公元前6世纪，企图称霸世界的波斯帝国国王居鲁士大帝征服了亚洲中部。大流士大帝[①]继承了先王的遗志，进一步发展波斯帝国。大流士大帝的大军渡过了印度河，成功占领印度西部，并且在当地驻扎。大流士大帝占领的这片地区，从信德开始，横跨犍陀罗[②]、俾路支等地。

波斯帝国成功占领了肥沃的旁遮普，并且派出总督统治旁遮普。每年，波斯帝国都能从旁遮普征收到大量贡品。此外，旁遮普人口众多。每年，波斯帝国都能从旁遮普征调大量壮丁，并且将这些壮丁收编进波斯大军中。

[①] 大流士大帝（公元前550—公元前486），波斯帝国的国王，公元前522年到公元前486年在位。——译者注
[②] 犍陀罗，位于今巴基斯坦西北部和阿富汗东部。——译者注

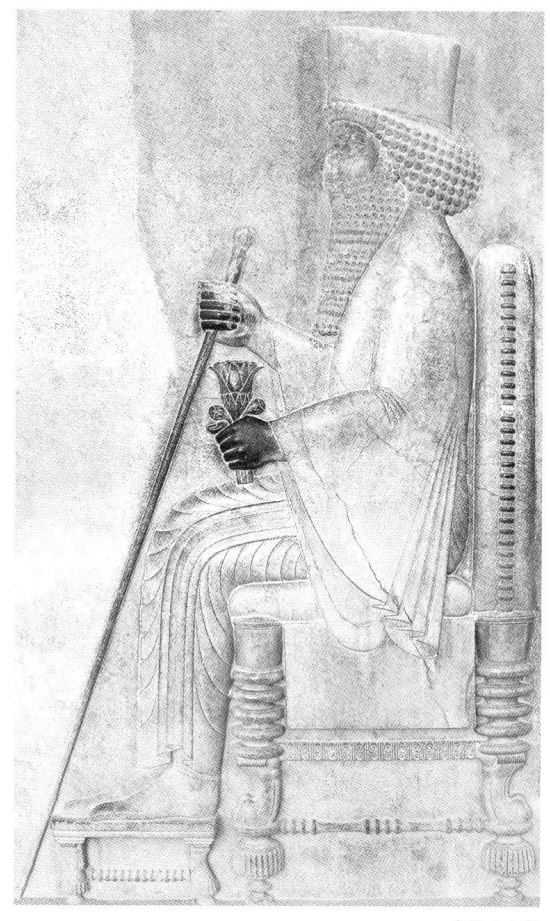

大流士大帝

在受到波斯帝国剥削的同时,旁遮普还不断受到波斯文化的渗透,因为大流士大帝非常重视文化的传播。

> 波斯帝国的国王充分地意识到,自己的使命是要做文化的统治者。这一点体现在,大流士大帝找到了常年在小亚细亚沿岸活动的船长斯奇莱克斯,并且派他到实地查看了印度河的水路。①

---

① 出自詹姆斯·亨利·布雷斯特德的《古代文化史》。——原注

大流士大帝是最早入侵印度的外敌。当时,印度还没有完全统一。以摩揭陀国为例,公元前518年是频毗娑罗王的全盛时代,也是摩揭陀国逐渐强盛的时期。总体来说,为了占领恒河流域,印度这片土地上的各个国家不停地在进行争夺战,根本无暇顾及边境问题。而要夺取边境地区,必定要调动大军,动用国库里的钱财,发动战争。对当时处于由分立向统一转变的过程中的印度各国来说,这简直就是一种奢望。

因此,波斯人轻而易举地守住了自己霸占的土地——旁遮普。在每年新年来临时,旁遮普的百姓都不得不向波斯帝国进贡大量贡品。旁遮普的年轻人都要为波斯帝国服兵役。这样的状态,几乎持续了两个世纪。

第5章

阿育王和摩揭陀帝国

（从公元前400年到公元前200年）

第1节　难陀王朝

摩揭陀国的幼龙王朝实现了前代君主的夙愿，征服了阿槃提国，完成了统一印度中部和北部的大业。此后过了二十八年，黑阿育王[①]驾崩，由十个王子组成的共和政府开始统治摩揭陀国。他们所属的王朝便是难陀王朝。实际上，在黑阿育王驾崩后，幼龙王朝就已经名存实亡了。

难陀王朝的建立者是摩诃帕德摩·难陀。他曾在黑阿育王的王宫中当理发师。从职业的角度来看，摩诃帕德摩·难陀毫无疑问属于首陀罗种姓。他才智过人，并且充满勇气。原本跨越种姓的恋爱不被允许，但不知从何时起，黑阿育王的王妃竟然喜欢上了摩诃帕德摩·难陀，并且对他非常宠爱。于是，摩诃帕德摩·难陀在宫中的势力自然不断壮大。最后，为了自己的野心和爱情，理发师出身的摩诃帕德摩·难陀杀害了黑阿育王。随后，摩诃帕德摩·难陀让十个王子以共和政治的形式统治摩揭陀国，实际上则由自己独揽大权。根据斯里兰卡的传说，这十个王子接连惨遭杀害，最终王位成为摩诃帕德摩·难陀的囊中之物。关于摩诃帕德摩·难陀的情人——黑阿育王王妃的生平始终不详。

[①] 黑阿育王，摩揭陀国幼龙王朝的第二代国王，幼龙王朝的开创者悉输那伽的儿子。——译者注

摩诃帕德摩·难陀被称为"大将军"。他拥有一万名骑兵、二十万名步兵、两千驾四头马车、三千个大象军团。出身贫贱阶层的摩诃帕德摩·难陀，唯一能够依靠的只有属于自己的军队——军队即实力。此外，他必须对抗婆罗门和刹帝利。摩诃帕德摩·难陀驾崩后，八个王子相继统治摩揭陀国，共十二年的时间。这就是难陀王朝短暂的统治史。因为难陀王朝是由创立者摩诃帕德摩·难陀及其八个王子统治的，所以也被称为"九难陀王朝"。

难陀王朝的气数已尽，因为开创孔雀王朝的旃陀罗笈多·孔雀犹如彗星般地登上了历史的舞台。难陀王朝的统治时间是从公元前345年至公元前321

旃陀罗笈多·孔雀的雕像

亚历山大大帝的头像

年,共二十四年。难陀王朝短命的内部原因是,难陀王出身于首陀罗种姓。外部原因则是亚历山大大帝的远征。当时,因为失去了军队的信任,所以难陀王朝的最后一位国王达那·难陀无法自由地调动军队。

第2节　亚历山大大帝的远征

在打败了波斯帝国的国王大流士三世后,马其顿国王亚历山大大帝随即将目光投向了印度西北部。因为他听说,丰饶的印度西北部不仅有大量财富,还有大批可以征召入伍的壮丁。

公元前327年早春，亚历山大大帝率领大军越过了兴都库什山脉，如入无人之境般一路狂奔。渡过印度河，抵达印度河南岸后，亚历山大大帝的大军就与占据在杰赫勒姆河和奇纳布河河间地的波罗斯王带领的印度军交战了。波罗斯王麾下有步兵三万人、骑兵三千人、战车五千驾。然而，波罗斯王的军队最终还是打不过有旭日东升之势的亚历山大大帝的大军。在杰赫勒姆河战役中，波罗斯王的军队被打得溃不成军。

杰赫勒姆河战役

士兵拒绝服从亚历山大大帝的命令，要求回到故乡

亚历山大大帝试图让大军挺进东面的恒河流域。然而，由马其顿士兵和希腊士兵组成的这支军队，拒绝服从亚历山大大帝的命令。经历了长期的作战后，从遥远的欧洲来到印度的士兵渴望回归故里。再加上印度的气候炎热，这些欧洲士兵的士气开始变得低落。如果不能得到军队的支持，亚历山大大帝根本无法占领任何土地。迫不得已，他放弃了继续向东挺进的计划。亚历山大大帝的大军随即顺印度河而下，沿着俾路支的海岸，踏上了归途。亚历山大大帝的大军宛如一阵疾风，来也匆匆，去也匆匆。

穿过俾路支的荒野，亚历山大的大军踏上了回家的路。因为缺少食物和水，所以有大量士兵掉队。于是，亚历山大大帝失去了大部分兵力。自亚历山大大帝从首都巴比伦出发，到再次踏上故土巴比伦，

第 5 章 阿育王和摩揭陀帝国（从公元前 400 年到公元前 200 年） ● 111

间隔了足足七年多的时间。……在印度,他很快就建立起了以希腊势力为中心的诸王国,并且通过这些王国,将希腊的艺术传入印度。今天,人们依然能在印度找到希腊艺术残存的痕迹。①

公元前323年6月,年轻的帝国建立者——亚历山大大帝驾崩了,年仅三十二岁。他曾试图将印度的五河地区和信德纳入帝国的版图。但这一大业因其英年早逝而不了了之。之后,亚历山大大帝的大片领土因失去统治者而开始分裂。旧将塞琉古获得了从印度河到小亚细亚的原本属于波斯帝国的大片土地的支配权。这个地区通常被称为塞琉古帝国。由此,塞琉古成为塞琉古一

亚历山大大帝驾崩

---

① 出自詹姆斯·亨利·布雷斯特德的《古代文化史》。——原注

塞琉古一世

世。然而，很快，塞琉古一世就不得不放弃靠近印度河流域的土地。因为代替难陀王朝的摩揭陀国的新代表者——孔雀王朝的旃陀罗笈多·孔雀登场了。

第3节　孔雀王朝

　　孔雀王朝的创始人是肤色白皙的青年旃陀罗笈多·孔雀。据说，他是难陀王朝最后一位国王达那·难陀和一个身份卑微的女子所生。也有说法认为，旃陀罗笈多·孔雀是释迦族一个分支的王子。年轻时，旃陀罗笈多·孔雀由于受到难陀王朝的逼迫，加入了亚历山大大帝的远征军。他曾怂恿亚历山大大帝征服难陀王朝。亚历山大大帝也心有所动。然而，亚历山大大帝麾下的士兵渴望回归故土，导致征服难陀王朝的计划被迫中止。在此期间，旃陀罗笈多·孔雀在亚历山大大帝的军营里学会了各种战术。

　　在亚历山大大帝的军队以退潮之势离去后，旃陀罗笈多·孔雀以五河地区为根据地，发动了起义。具体过程是，在印度人民发动了反对留守印度的希腊总督腓力的起义后，旃陀罗笈多·孔雀带着自己的军队向摩揭陀国的首都华氏城挺进。在推翻曾经压迫自己的难陀王朝时，旃陀罗笈多·孔雀借助了一个婆罗门——考底利耶的力量。

考底利耶：我的怒火烧光了难陀的嫩枝，城中居民都作鸟兽散，女人的叹息犹如黑烟遮月。我的智谋之风刮起的尘埃落下来，堆积在敌方军师的头上，让他像枯木般死去。我愤怒的力量绝不会消失，就像山火烧尽一切后才会熄灭，我的愤怒也要到那时才会平息。因为害怕暴露身份，所以我不露声色，垂下脑袋，藏起怨恨。这

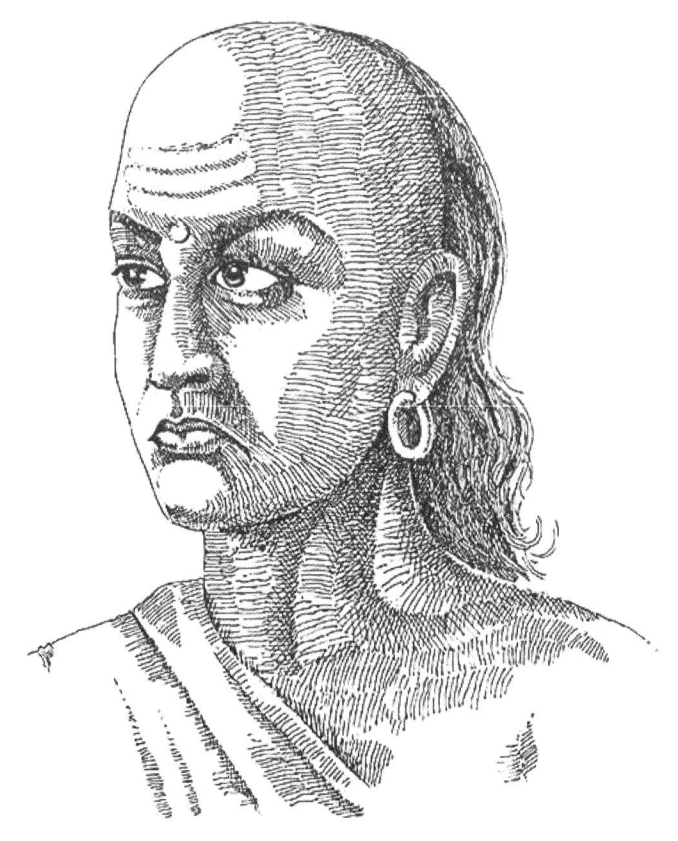

考底利耶

一切都是为了旃陀罗笈多·孔雀。旃陀罗笈多·孔雀怜惜地看着，在被难陀王剥夺职务后，我灰溜溜离去的身影。我要向旃陀罗笈多·孔雀展示，我是如何把难陀王从王位上赶下去的。就像狮子将傲慢的大象从山顶上扔下去一样。现在，我如愿以偿地完成了这项任务，并且成为宰相，佩带宝刀。我已将让各阶层人民都深恶痛绝的难陀一族连根拔起，并且将王位献给了孔雀王朝。此后，孔雀王朝就会像池中的荷花一样，延续千秋万代。如果有人让我痛苦，我也一定会让他痛苦——话虽如此，如果不能让罗刹①和我联手，即使难陀一族已经覆灭，我也不能掉以轻心。旃陀罗笈多·孔雀的大业还没有像磐石那样稳固……②

公元前322年，股肱之臣考底利耶通过政治手段统一了印度北部，以及西自印度河、东至缅甸的广大疆土。作为孔雀王朝的首代国王，旃陀罗笈多·孔雀登上了摩揭陀帝国③的王位。旃陀罗笈多·孔雀施政非常严厉，但愿意倾听臣民的陈情。旃陀罗笈多·孔雀号称拥有六十万大军。他的实战经验更是让大军如虎添翼。在完成了统一全印度的大业后，旃陀罗笈多·孔雀的第二件伟业就是和塞琉古一世的大战。

亚历山大帝国瓦解后，塞琉古一世得到了叙利亚、小亚细亚的领土。和驾崩的亚历山大大帝一样，塞琉古一世也抵挡不住印度河流域肥沃土地的诱惑。公元前305年，塞琉古一世终于下定决心，发兵大举入侵印度河流域。当时，曾是亚历山大帝国领土的印度河流域，正处于孔雀王朝旃陀罗笈多·孔雀的统治下。因此，塞琉古一世和旃陀罗笈多·孔雀之间的大战难以避免。对塞琉古一世而言，印度军是劲敌。在首战中，塞琉古一世的远征军就已经溃不成军。不

---

① 罗刹，是难陀王朝的大臣。——原注
② 出自毗舍佉达多的《指环印和罗刹》第一幕。——原注
③ 摩揭陀帝国，指孔雀王朝时期，摩揭陀国扩张形成的帝国。——译者注

得已，他选择了撤退。为了议和，希腊人塞琉古一世还签订了屈辱的条约，承认过去曾向亚历山大帝国进贡的赫拉特、坎大哈、喀布尔等地，现在均归孔雀王朝所有。不仅如此，为了让旃陀罗笈多·孔雀拥有胜利的满足感，塞琉古一世还将自己的亲生女儿献给了他。作为回报，塞琉古一世从旃陀罗笈多·孔雀那里获得了五百头大象。

之后，孔雀王朝就和塞琉古帝国建立了长久、持续的友好关系。塞琉古一世的使者麦加斯梯尼曾在前后五年的时间里，居住在孔雀王朝的都城华氏城中。根据麦加斯梯尼的记录，我们可以了解当时的状况。观察旃陀罗笈多·孔雀一段时间后，麦加斯梯尼写道："这位国王完全不怕流血，因为他每天都活在唯恐被人暗杀的恐惧中。"该记录中，还有对当时的华氏城及豪华宫廷等的描写。

华氏城，位于恒河和希拉尼亚瓦哈河的交汇处。城郭是一个长九英里、宽一点七五英里的长方形，周围被深三十英尺①、宽六百零六英尺的护城河包围着。城内备有攻防用的箭楼五百七十座。华氏城共有六十四个城门，城内的宫殿都是木质构造，华美程度自然不如波斯帝国等国家的宫殿。宫殿的柱子上贴了金箔，并且装饰着金藤蔓、金鸟儿等图案。

关于国情，麦加斯梯尼是这样记录的："印度的人民过着质朴、节俭的幸福生活。除祭祀的场合之外，他们从不喝酒。他们以大米为主食，主要吃的是加入蔬菜后煮出来的米饭。"这个传统一直延续到今天。

在旃陀罗笈多·孔雀的统治下，印度国威彰显，国家财富也与日俱增。此外，旃陀罗笈多·孔雀确立了行政制度，施行中央集权制。公元前298年，旃陀罗笈多·孔雀驾崩。即位的是宾头娑罗王。他以勇敢著称，拥有"杀敌者"的称号。在统治的二十几年时间里，宾头娑罗王共征服了十六个大城市。宾头娑罗王继承了先王的伟业，维持了国家的强盛，还扩张了领土。公元前270年，宾头娑罗王驾崩。之后，即位的就是孔雀王朝的第三代国王阿育王。阿育王是一位

---

① 英尺，长度单位，1英尺约等于0.3米。——译者注

文武双全的统治者。他统一了全印度，并且虔诚地信仰佛教。在介绍阿育王的事迹之前，有必要先说明一下阿育王统一印度前印度南部的情况。

第4节　印度南部诸国

《罗摩衍那》中提到，王子罗摩得到了猿将哈奴曼的帮助，横渡海洋，来到了楞伽岛。在史诗时代，印度南部已建立了在几个国家。这几个国家的百姓，是被雅利安人称为"被征服民族"的达罗毗荼人等原住民。在此之前，这些原住民通常都被称为"猿"或"熊"等。不过，这几个国家并非一直处于孤立的状态中。《罗摩衍那》中，罗摩一行明显渡过了哥达瓦里河，踏上了印度南部的土地。因此，公元前6世纪左右，雅利安文化开始传播到印度南部，并且和达罗毗荼文化产生了美丽的融合。

在古老的年代，印度南部的朱罗国、潘地亚国、哲罗国、喀拉拉国等国，就已经兴盛起来，并且拥有古老、灿烂的文明。在毗提诃国遮那竭王时期，迁移到印度南部的雅利安人，很快就建立起了维达尔巴哈国、阿湿波国、博哈亚国等国。在更南边的地方，出现了由非雅利安人建立的安度罗国、普林达国、穆蒂巴国、沙巴拉国等国，以及由受到排斥的混血人种建立的羯陵伽国。于是，印度南部就形成了群雄割据的局面。

> 研究印度史的学者，绝对不能忘记以下事实：泰米尔人，即达罗毗荼人，是从北部雅利安人的体系中独立出来的。不，在某些场合应该说，泰米尔人拥有比北部雅利安人更加发达的古文明。[①]

最后，上述国家仅勉强保住了印度最南端的少部分土地。其余土地都被世

[①] 出自文森特·阿瑟·史密斯的《牛津印度史》。——原注

间罕见的转轮王阿育王纳入了摩揭陀帝国的版图。有些国家还必须每年向摩揭陀帝国进贡。阿育王曾经和长久反抗摩揭陀帝国的羯陵伽国进行大战。通过此次大战，我们可以看出，阿育王是一个既英勇又富有慈悲心的国王。

第5节　阿育王

父王宾头娑罗王在位期间，阿育王作为副王，统治着邬阇衍那。邬阇衍那，原本是阿槃提国的首都，是印度中部的要冲。后来，阿育王接到了父王病危的消息，便赶回华氏城。之后，阿育王就成了摄政王。这是公元前269年的事。公元前265年，阿育王举行了即位大典。在这四年时间里，孔雀王朝可谓群龙无首。根据佛教的传说，之所以在四年后才举行即位大典，是因为在此期

阿育王的雕像

间，为了顺利即位，阿育王杀死了同父异母的九十八个兄弟。不过，这应该是为了彰显佛教的教化力量而采用的夸张说法。皈依佛教，是阿育王人生中的一个转折点。人们把成为佛教徒之前的阿育王称为"恶阿育"，把成为佛教徒后的阿育王称为"法阿育"。不过，我认为没有必要这样区分。

阿育王即位后过了八年，位于默哈讷迪河和哥达瓦里河河间地的马德拉斯[1]东岸的羯陵伽国，不服从孔雀王朝的命令。于是，阿育王决定讨伐羯陵伽国。阿育王率领大军，朝南方战线挺进。激战过后，阿育王的军队接管了羯陵伽国。这场战争，以阿育王的大军歼敌十万、俘虏十五万羯陵伽人而告终。阿育王是光荣的胜利者。然而，他始终无法感受到胜利的喜悦。不仅如此，他还因战争的残虐和悲惨而感到悲伤。于是，阿育王下定决心，绝不让战争再发生。看惯了战争惨状的阿育王，开始认同佛教提倡的和平教义。阿育王的父王宾头娑罗王是婆罗门教教徒，祖父旃陀罗笈多·孔雀则信奉耆那教。年轻时，阿育王也对外道的教义深信不疑。不过，阿育王最终领悟到，征服不应该依靠武力，而应该依靠宗教。

阿育王为羯陵伽国的战死者立了石碑，表示深深的哀悼之意。他深信："身为王者，先要能正身，后才能镇抚敌人。如果无法克制自身的欲望，怎么能征服敌人？"因此，阿育王将自己征服羯陵伽国的这场战争视为人生中打的第一场战争，也是最后一场战争。

就这样，阿育王完成了人格的转变，虔诚地皈依了佛教，并且将佛教定为孔雀王朝的国教。随着年龄的增长，阿育王对佛教的教义更加深信不疑。他还穿上了僧服，巡幸释迦牟尼的四大灵迹[2]。阿育王正式过上了佛教徒的生活。他禁止在华氏城里屠杀动物。宫廷内也禁止食肉。为了让佛教徒的法，即道德规范在全印度得到广泛传播，阿育王派人立石柱，削岩壁，并且将经文刻在石

---

[1] 马德拉斯，金奈的旧称，位于南印度东岸的一座城市。——译者注
[2] 释迦牟尼的四大灵迹，指迦毗罗卫城（释迦牟尼降生之地）、菩提伽耶（释迦牟尼成道之地）、鹿野苑（初转法轮之地）、拘尸那揭罗城（释迦牟尼涅槃之地）。——原注

柱和岩壁上。此外，阿育王还建立了寺庙，让大家都来供奉释迦牟尼。阿育王石柱已经被考古学家挖掘出来。而桑吉、帕鲁德、菩提伽耶的塔，表明古印度的美术已经发展到了很高的水平。其中，有一座塔上刻着碑文，大意如下：

国王诏曰：

必须听从父母之命。必须对生命怀有崇敬之意。必须时刻说真话。这些就是必须践行的法之诸德。

学生必须尊敬老师。亲戚之间必须遵守相应的礼节。这些就是礼仪的规范。

人人都要时刻遵守上述规则。

宣扬道德、礼仪的阿育王，在治国时将重心放在了臣民的福祉上。为了让人畜都有水喝，阿育王下令大规模地挖井。为了让臣民在炎热的骄阳下能有遮阴的地方，阿育王下令有计划地植树。阿育王还致力于栽培草药，建立公园、医院等公共设施。阿育王的仁政还体现在，在位期间一共颁布过二十六次特赦。

在传教方面，阿育王留下的功绩在佛教史上排名第一。从阿育王的祖父那一代开始，孔雀王朝就和外国有了和平往来。阿育王想到，可以派传教团到国内外开展传教活动。于是，阿育王把王子摩哂陀送到斯里兰卡岛，同时派传教团到印度最南边的国家及叙利亚、埃及、马其顿、塞浦路斯、伊庇鲁斯等地宣传佛教教义。最后，阿育王成功地完成了统一全印度的霸业。西到阿富汗，东到孟加拉，北到遥远的喜马拉雅山脉，南到印度洋沿岸的科摩林角，都成为孔雀王朝的领土。这正是拥有铁轮王[①]盛名的阿育王"实力"的最好体现。

[①] 铁轮王，转轮王中的一种。转轮王分为四种类型：统一须弥四洲的，称为金轮王，地位最高；统一须弥三洲的，称为银轮王；统一须弥两洲的，称为铜轮王；统一须弥一洲的，称为铁轮王。——原注

第6节　阿育王卖人头

阿育王施行仁政的根本精神，是源自佛教的教义。显然，阿育王曾将佛教的道德规范视为最高准则。下面举一个例子来说明。这就是《大庄严论》第三卷中记载的"阿育王卖人头"的故事。

阿育王笃信佛教。与比丘相遇时，无论长幼，阿育王都会下马跪拜。这让阿育王手下的大臣耶赊非常不满。有一天，耶赊对阿育王说道：

> 无论是谁，都可以成为比丘。其中，有些人甚至属于低贱的种姓。种草的人、织布的人、泥瓦匠甚至理发师都能成为比丘。就连地位最低下的旃陀罗①在成为比丘后，都没有人再过问其出身。为什么大王要向这些贫贱出身的人行跪拜礼呢？

对这个问题，阿育王没有回答。过了几天，阿育王召集所有大臣，说道：

> 国法规定禁止杀生。不过，取下已死动物的头不违反法律。你们就各自取不同动物的头，之后拿到市场上卖。如果有什么发现……

对耶赊，阿育王下了一道特别的命令：

> 你要卖的是自杀死掉的人的人头。

对阿育王的上述命令，所有大臣都感到诧异。不过，他们还是各自寻找不同的动物尸体，将这些动物尸体的头取下，拿到集市贩卖，并且将所得全部交

---

① 旃陀罗，印度等级最低的种姓，主要从事处理尸体等工作，被视作不可接触的贱民。——译者注

给了阿育王。只有耶赊怎么也卖不出去人头。当然，没有人会愿意买人头。不仅如此，集市里的人还破口大骂道：

> 你是卑贱的旃陀罗吗？是恐怖的夜叉[①]或罗刹[②]吗？为什么要拿着死人的头到处叫卖呢？

向阿育王复命时，耶赊心有不甘，但只能承认自己没有完成任务。于是，阿育王说道：

> 人头如果卖不出去，就白送吧。

耶赊到集市，喊道：

> 现在，这些人头白送，有人要吗？

很快，王宫里就有了如下问答。
"耶赊啊，为什么人头就是卖不出去呢？"
"回大王，因为人头被人嫌弃。"
"那么，耶赊啊，我的人头也会被人嫌弃吗？"
耶赊鼓起勇气，说出了心里的想法："即便是大王的人头，也一样会被人嫌弃的吧。"
于是，阿育王说道："耶赊啊，听好了。人头是没有贵贱之分、种姓之别的。所有人的人头都会被人嫌弃。大王的头和臣民的头，是没有区别的。然而，你自恃自己的种姓优于他人，就想阻止我跪拜比丘。你的想法是错误的……"

[①] 夜叉，印度神话中的鬼神，后来被佛教列为守护神。——译者注
[②] 罗刹，佛教中指吃人肉的恶鬼。——译者注

阿育王与佛教徒

第7节　三藏结集

阿育王的政绩中，还有一项是绝对要提的。那就是公元前249年，阿育王召集了三藏结集。自释迦牟尼涅槃，到公元前249年，佛教一共进行了两次结集。

第一次结集发生在释迦牟尼涅槃后，僧侣对佛教教义产生了不同看法的时期，具体时间是公元前477年。这次结集由摩揭陀国的阿阇世王发起，并且在他的支持下进行。为了这次结集，阿阇世王在王舍城召集了五百名僧侣。这次结集由摩诃迦叶主持。享有"持律第一人"称号的优婆离诵读戒律。其他僧侣跟着诵读。享有"多闻第一"称号的阿难陀诵读教法。其他僧侣跟着诵读。七个月后，第一次结集宣告结束。这次结集的成果是，结束了僧侣在佛教教义上的争论，使僧侣对佛教教义有了一致的认识。同时，这次结集让佛教的势力得到了扩张。不过，在阿阇世王驾崩后，幼龙王朝便一蹶不振。佛教也失去了国王这个强大的后盾。因此，佛教的发展停滞不前，只能勉强维持现状。在这样的状况中，佛教迎来了第二次结集。

大约在公元前377年，即幼龙王朝最后一位国王黑阿育王统治期间，七百名僧侣在毗舍离城聚集，举行了佛教的第二次结集。这次结集时，僧侣分为两派，一派是提倡给呈现衰败之势的佛教吹入一股新风的自由派；另一派是只想墨守释迦牟尼教义的保守派。两派之间进行了大论战。除预示着佛教教团将一分为二之外，第二次结集没有其他收获。

此后，难陀王朝转而支持耆那教。孔雀王朝的旃陀罗笈多·孔雀也支持耆那教。孔雀王朝的第二代国王宾头娑罗王支持婆罗门教。在此期间，佛教一直处于蛰伏期。

后来，终于出现了佛教徒期待已久的转轮王阿育王。他不仅将佛教定为国教，还在形式上和内容上，充实、完善了佛教教义。佛教由此恢复了昔日的繁荣。在这样的状况下，有了佛教的第三次结集。这次结集把重点放在了三藏上，即经①、律②、论③。此外，第三次结集的讨论过程是用当时的口语巴利语记录的。第三次结集让佛教有了飞跃性的发展。这次结集持续了九个月，在华氏城中参加结集的僧侣达到了一千名。

公元前222年，作为虔诚佛教徒的阿育王驾崩了④。

第8节　巽伽王朝

阿育王驾崩后，统一了全印度的摩揭陀帝国分裂。据说，这次分裂始于后宫纷争。因为王后帕德玛瓦蒂先于阿育王薨了，所以阿育王立帝舍罗叉为继任王后。晚年，阿育王退位，过上了隐居生活。这从侧面证实了摩揭陀帝国分裂始于后宫纷争的说法。

孔雀王朝的最后一位国王是巨车王。他在位期间，摩揭陀帝国已经不像阿育王治下黄金时代那样强盛。与此同时，偶像崇拜的思想渗透进了佛教中，使佛教精神沦为形式主义的拜佛精神。这样的佛教，和过去挥舞叛旗、呐喊革新的婆罗门教愈来愈相似。

边境方面，从塞琉古帝国独立出来的、由希腊人狄奥多特一世建立的希腊-巴克特里亚王国⑤的存在，对摩揭陀帝国是一个新威胁。

内忧外患接踵而来，就连各地的王公也纷纷独立。新的风波也出现了——为了解决当时的困局，巨车王的臣子竟然分裂成大臣派和武将派，势均力敌的两派不停地明争暗斗。这时，一个叫普希亚密特拉·巽伽的武将发动政变，结束了懦弱的巨车王的生命。由暗杀开始的孔雀王朝，在经历了复兴之祖阿育王的盛世后，又因暗杀而灭亡。

---

① 即佛教教义。——原注
② 即戒律。——原注
③ 即僧侣关于佛教教义的解释。——原注
④ 也有说法称阿育王是在公元前232年驾崩的。——译者注
⑤ 即大夏（译者按：希腊-巴克特里亚王国是否是大夏，目前学术界尚有一些争议。）——原注

不过，这次暗杀获得了摩揭陀帝国贵族的认可。因为普希亚密特拉·巽伽发动政变并夺得王位，是在摩揭陀帝国持续受到南北两方面的威胁、国运危殆的情况下发生的。新王朝被称为"巽伽王朝"。普希亚密特拉·巽伽即位后，被称为"华友王"。这是公元前185年的事。

第 6 章

外敌和贵霜帝国

（从公元前 200 年到公元 300 年）

第1节 大夏的米南德一世

孔雀王朝的阿育王统治时期，塞琉古一世建立的塞琉古帝国的领土上，出现了两个独立的国家：一个是领土在兴都库什山脉和阿姆河之间土的希腊-巴克特里亚王国，即大夏；另一个是位于里海东南方的帕提亚帝国。

阿育王驾崩后，印度西部出现了希腊诸王割据的局面。过去，印度西部是游陀罗笈多·孔雀从塞琉古帝国中割让出来的土地。不过，当时的孔雀王朝已经无力维持对印度西部的统治。

大夏的历代国王中，有两位国王侵略过印度——德米特里一世和米南德一世。在侵略印度时，德米特里一世占领了旁遮普及阿富汗的大部分地区。米南德一世则占领了西自喀布尔、东至马图拉的土地，还一度扩张到了印度中部。印度人称这两次侵略为"耶槃那的入侵"。耶槃那，指希腊。

公元前175年左右，米南德一世抵达奥德[①]。在这里，他碰到了劲敌——巽伽王朝的华友王。米南德一世号称是"第二位亚历山大大帝"。对征服地，他采用的是极其正义和人道的统治方法。然而，不久，米南德一世的军队就被华友王的军队击退。米南德一世宏图落空，将军队撤到了印度河北岸。米南德一

[①] 奥德，位于今印度北方邦。——译者注

米南德一世

世这次的确是打了败仗，但他并没有完全放弃。之后，米南德一世的军队和华友王的军队持续对峙了数年。而真正让米南德一世的军队在印度消失的是随后入侵印度的帕提亚帝国的军队。

第2节　帕提亚帝国的入侵和塞族人

帕提亚行省，曾是塞琉古帝国的一部分，位于波斯帝国的北方。后来，帕提亚行省从塞琉古帝国中独立出来，成为帕提亚帝国。在帕提亚帝国国王米特里达梯一世统治时期，帕提亚帝国的军队不断进攻塞琉古帝国，把兴都库什山脉到西边幼发拉底河流域的土地全部吞并。从这个时期开始，除侵略印度之外，帕提亚帝国还将势力范围扩张到塔克西拉[1]及其西北部。

---

[1] 塔克西拉，巴基斯坦的一座历史古城，位于今巴基斯坦旁遮普省，是古代佛教文化中心。——译者注

帕提亚人原本是亚洲中部众多游牧民族中的一支,是伊朗人与其他民族的混血。作为马背上的民族,与其说帕提亚人勇敢,不如说他们近乎粗暴。帕提亚人骑着数以千计的马儿,扬起沙尘,踏上了印度的土地。

之后,帕提亚人不断扩张自己的领土,还数次击败了大夏的军队。1世纪中期,从白沙瓦①到印度河下游之间的土地都被划入了帕提亚帝国的势力范围。坎大哈②则由当时已经成功入侵印度的塞族人③占有。

> 据说,公元前2世纪,有一支来自亚洲中部、过着部落生活的游牧民族,叫塞族人。塞族人南下入侵印度平原,在五河地区定居,势力范围延伸到马图拉④。塞族人还占领了卡提阿瓦半岛的苏剌侘国,并且成为这些地区的统治者。古代印度人统一用"塞"字称呼来自山那边的外族人。他们并没有详细地区分这些民族或部落。⑤

塞族人之所以会入侵印度,是因为受到了同是游牧民族的月氏族的驱赶。在月氏族的驱赶下,塞族人不得不三番两次地迁移。塞族人入侵大夏,侵扰帕提亚帝国,终于占领了从坎大哈到印度河流域的所有土地。塞族人将赫尔曼德河河畔的锡斯坦作为据点,开始蚕食印度的内陆地区。公元前100年左右,莫亚斯王统治时期,塞族人气势汹汹地席卷了旁遮普。之后,从塞族人中还独立出了一族人独占卡提阿瓦半岛。塞族人没有民族统一的概念,通常听命于各部族的酋长。因此,塞族人能够自由地以小集团的方式行动。入侵印度的塞族人,分为被称为北萨特拉普的一个集团——占据塔克西拉和马图拉,和被称为西

---

① 白沙瓦,位于今巴基斯坦西北部,贵霜帝国的迦腻色伽一世曾在此建都。——译者注
② 坎大哈,位于今阿富汗南部,是战略要地。——译者注
③ 塞族人,也称塞迦人,古代伊朗人中的一个游牧民族,历史上居住在欧亚草原的北部和东部,以及塔里木盆地。——译者注
④ 马图拉,位于今印度北方邦。——译者注
⑤ 出自爱德华·詹姆斯·拉普逊的《古代印度》。——原注

萨特拉普的一个集团——占据摩腊婆①。后者其实是由二十个部族共同组成的。"萨特拉普"在古波斯语中的意思是"总督"。

塞族人迁移，是为了躲避月氏族的驱赶。因此，月氏族入侵印度后，塞族人只好再次逃跑了。

第3节 甘婆王朝

公元前149年，巽伽王朝的华友王因疲于应付外敌的接连入侵而驾崩。

华友王生前利用婆罗门教振奋了国民精神。华友王禁止传播佛教的事，在佛教史上非常有名。在印度河河畔击退了大夏米南德一世的大军后，华友王举行了中断已久的马祭。华友王的威武气势勉强镇住了印度南部诸国。在和羯陵伽国大军的战斗中，华友王的军队也获胜了。

华友王

---

① 摩腊婆，印度历史上的一个地理区域，位于今印度中央邦。——译者注

华友王之后，即位的是火友王。火友王才能平庸，一心只想守住自己的王位，几乎没有留下任何政绩。唯一值得一提的是，在火友王的鼓励下，印度戏剧有了一定的发展。因为当时一直有外敌侵犯印度西北边境，所以印度西北边境地区总是不停地出现纷争。摩揭陀帝国的国威也一落千丈。不久，就到了巽伽王朝第十代国王提婆菩提王统治时期。大臣都认为提婆菩提王没有做国王的资格，便废除了他的王位[①]。取代提婆菩提王继承王位的是一个叫"婆薮提婆·甘婆"的婆罗门。于是，甘婆王朝就此诞生了。但甘婆王朝是一个短命的王朝。婆薮提婆·甘婆在位九年。他的儿子菩弥密多罗王在位十四年。第三代国王那罗衍那王在位十二年。第四代国王是最后一代国王，即苏沙尔曼王，在位十年。苏沙尔曼王在位的最后一年，甘婆王朝被印度南部兴起的百乘王朝征服。在摩揭陀帝国的系谱中，甘婆王朝只维持了四十五年。

公元前27年，百乘王朝时任国王室伐底王推翻了甘婆王朝。在印度南部等待时机的百乘一族，终于伺机刺杀了甘婆王朝的苏沙尔曼王，奏响了凯歌。此外，他们还诛杀了巽伽王朝的后裔。至此，曾经称霸全印度的摩揭陀帝国，沦落到了后继无人的地步。在不断有外敌入侵的时代，处处暗藏杀机。所谓的霸道，就是比谁的本事大。无论是谁，只要能击退外敌，就是英雄，就有称王的资格。传统、血统等言论，已经丧失了权威。在人们谈论传统和血统的时候，大片土地已经赫然成为外国的殖民地，如大夏、帕提亚帝国等国。当时，印度人最无法忍受的就是外国侵略者在自己面前耀武扬威。不久，能够帮印度人一泄心头之恨的人就登上了历史的舞台。

第4节　百乘王朝和印度南部的局势

在阿育王试图征服全印度时，非雅利安人建立的百乘王朝早已占据印度

---

① 有观点认为提婆菩提王被谋杀了。——原注

的最南端。因为未受到印度中部和西北部战乱的影响，所以百乘王朝的国力日渐强盛。百乘王朝逐渐将兵力集中到哥达瓦里河附近，成功地占领了东海岸[①]，就连西海岸也一并纳入了自己的版图。

与此同时，在摩揭陀帝国的土地上，巽伽王朝和甘婆王朝还在进行血腥的王位争夺战。如前所述，突破了国境的外敌，已经将印度的土地视为自己的领土，并且在印度的土地上横行无忌。在百乘王朝的创建者西穆卡王统治时期，摩揭陀帝国彻底衰落。这就给了百乘王朝迅速发展壮大的可乘之机。

百乘王朝的百姓信奉佛教。阿育王时期就开始负责在百姓中传道的僧人大天，将传道的根据地设在了克里希纳河河畔。之后，百乘王朝的百姓几乎都成了佛教徒。值得一提的是，百乘王朝历代国王都是佛教拥护者。百乘王朝的第六代国王娑多迦罗尼二世，在佛教美术领域颇有建树，就连素有"古代印度艺术结晶"之称的桑吉大塔的塔门上都刻有娑多迦罗尼二世的名字。

历史赋予百乘王朝的任务就是镇守印度南部，防止外敌入侵。正因如此，百乘王朝必须经常和前文所述的外敌进行战斗。2世纪初，卡提阿瓦半岛的塞族人入侵印度南部德干高原。当时，百乘王朝在乔达密补特罗·萨陀迦罗尼王的统治下。他动用全国的兵力与入侵印度的塞族人进行战斗，终于将塞族人击退。因此，乔达密补特罗·萨陀迦罗尼王成为臣民的英雄。他还进一步将古吉拉特[②]、拉贾斯坦[③]等地纳入了百乘王朝的版图内。乔达密补特罗·萨陀迦罗尼王在位二十五年。他驾崩后，133年，王子伐色湿底布陀罗·普鲁摩夷即位。

百乘王朝的英雄死了，轮到塞族人的英雄出场了。这就是西萨特拉普的楼陀罗达曼一世[④]。楼陀罗达曼一世继承前代遗志，再次试图征服德干高原。当时，指挥作战的长官通常是国王或总督。因此，两军交战时胜负的关键在于指

---

① 原文只有东海岸这三个字，无法判断是否指印度次大陆的东海岸。后面的"西海岸"也是如此。——译者注
② 古吉拉特，位于今印度西部。——译者注
③ 拉贾斯坦，位于今印度北部。——译者注
④ 在位时间为130年到150年。——原注

挥官的素质。在楼陀罗达曼一世的带领下，第二次入侵印度的塞族人军队终于成功深入德干高原。对百乘王朝来说，这无疑是一种威胁。应战还是议和，二者必选其一。最后，伐色湿底布陀罗·普鲁摩夷王选择了议和。他和楼陀罗达曼一世的女儿结婚，通过联姻维持了百乘王朝一时的和平。

位于印度最南端的朱罗国、潘地亚国等小国，对扩张领土毫无兴趣。这些国家孕育了自己独有的文化。作为临海国，这些国家同时吸收了异国文化。1世纪，在了解了印度洋信风的特点后，这些国家和外国的通商开始频繁起来。来自埃及、波斯、希腊、罗马等地的商船，抵达朱罗国、潘地亚国等国家的港口。然后，来自埃及、波斯、希腊、罗马等地的商船将从朱罗国、潘地亚国等国家买来的宝石、香料、丝绸，以及当时制作工艺已经非常纯熟的棉织品等物品运送回去。由于通商的关系，印度南方文化多少受到了希腊文化的影响。然而，绝对不能说是印度人特意引进了希腊文化。因为当时印度文化的发展程度已经远远高于波斯文化、美索不达米亚文化、埃及文化等文化。相反，波斯文化、美索不达米亚文化、埃及文化等更多地受到了印度文化的影响。当时，印度南部诸国还把希腊士兵当作宫廷的仪仗兵来使用，因为希腊士兵确实具有某种装饰价值。

第5节　大月氏的来袭及贵霜帝国

外敌接踵而来。这次是大月氏[①]开始了征服印度北部的计划。

拥有突厥血统的月氏族，最初是活跃在天山山脉周围的游牧民族。因为被当时横扫亚洲中部的匈奴族驱赶，所以月氏族向西迁移，并且击败了伊犁河流域的塞族人。溃不成军的塞族人随即逃往南方。之后，月氏族受到乌孙族[②]的压迫，继续向西迁移，向喜马拉雅山脉的方向前进。公元前128年，在征服了大夏后，月氏族在阿姆河北部地区建立了大月氏国。

---

① 有一种说法是，月氏族源于中国的西藏族。——原注
② 乌孙族，汉朝时西域的一个游牧民族。——译者注

在建立国家、定都后,月氏族就放弃了原先的游牧生活,开始定居在城郭中。大月氏国采用的不是君主立宪制,而是由几个部落共同组成的联邦共和制。大约从公元前70年开始,大月氏国过渡到了由五翕侯①分别统治各自领地的状态。

五翕侯中,贵霜翕侯丘就却的势力最强大。1世纪左右,贵霜翕侯丘就却带领其他四翕侯,创立了贵霜帝国。贵霜帝国的疆域非常辽阔。

> 成就如此大业的国王是丘就却。他侵入了西边帕提亚帝国的领土。在南边,他越过了兴都库什山脉,征服了喀布尔河流域。他的儿子阎膏珍将大月氏国的疆域拓展到了旁遮普。②

丘就却

---

① 桑原隲藏、羽田亨两位博士认为,五翕侯和月氏族毫无关系,应该是大夏的小王侯。我也认同他们的说法。不过,现在的定论是五翕侯属于大月氏国。——原注
② 出自松田寿男的《中亚史》。——原注

阎膏珍

阎膏珍的军队赶走了入侵印度的大夏人和帕提亚人，还一度攻到了印度中部的安拉阿巴德①附近。阎膏珍之后，就出现了统一印度西北部的迦腻色伽一世。

第6节　迦腻色伽一世

迦腻色伽一世即位后，定都富楼沙②。印度人称所有外国人为"塞"。因此，印度人自然也称贵霜帝国的月氏人为"塞"。

迦腻色伽一世原本的意图也许就是要征服全印度。在统治期间，迦腻色伽一世对印度北部实行了帝国主义的统治；迦腻色伽一世还皈依了佛教，并且

---

① 安拉阿巴德，意思是"安拉的城市"，位于今印度北方邦。——译者注
② 今白沙瓦。——原注

迦腻色伽一世

在贵霜帝国举行了自阿育王以来的第四次结集。这两个事迹让迦腻色伽一世名垂青史。尽管迦腻色伽一世希望能统一全印度，但中亚的局势比印度更加紧迫。因此，迦腻色伽一世没有向印度南部扩张，而是着重经略中亚。迦腻色伽一世远征期间，其子婆湿色伽镇守印度。最后，迦腻色伽一世实现了自己的宏图伟业，把从遥远的帕米尔高原到恒河流域的大片土地都纳入了贵霜帝国的版图中。

举行佛教的第四次结集时，迦腻色伽一世在迦湿弥罗国[①]召集了五百个僧侣。这次结集，统一了经、律、论中的各种说法。整个议事过程，用梵语记录下来，并且刻在了铜板上。为了防止污损和丢失，这些铜板被保存在了新建的宝塔中。正因如此，一时衰败的佛教又恢复了往日的兴盛，甚至超越了从前。佛教

---

① 迦湿弥罗国，印度古代的一个国家，位于今克什米尔。——译者注

的信众和僧侣的数量也持续增加。由于获得了百姓的支持，佛教逐渐向印度北方传播，之后就衍生出了大乘佛教。而依旧固守南方的佛教被称为上座部佛教。自此，佛教一分为二。迦腻色伽一世虽然信奉佛教，但依然容许其他宗教如婆罗门教、耆那教存在。

　　迦腻色伽一世的后继者婆湿色伽，乃至婆湿色伽的后继者胡毗色伽，毕生都信奉佛教。特别是婆湿色伽，在马图拉等地建立了寺庙，还鼓励引进由希腊制作的犍陀罗佛像。因此，在衰败之前，印度佛教散发出了最后的光芒。

迦腻色伽一世参拜佛像

值得注意的是，贵霜帝国是印度史上第一个由外族人建立的国家。月氏族不属于雅利安人，也不是达罗毗荼人，而是一个在宗教、风俗方面都有自身特点的民族。不仅如此，在月氏族统治期间，还出现了迦腻色伽一世这样的明君。当时，宫廷里聚集了天下英才，学术界和艺术界堪称百家争鸣、百花齐放。贵霜帝国的始祖丘就却在晚年成为佛教徒，其子阎膏珍则是虔诚的湿婆[①]崇拜者，迦腻色伽一世及之后的国王都皈依了佛教。这就是外族人被印度文化同化的最好体现。

可以说，月氏族凭借武力成功入主印度，结果却被灿烂的印度文化所征服。想必这就是印度文化的魅力所在。外族人先是为印度文化的力与美所倾倒。之后，外族人就开始吸收印度文化，并且逐渐被印度文化同化。

迦腻色伽一世的学苑里，有大乘佛教的倡导者马鸣、印度医学大家恰拉卡、数学造诣颇深的科学家玛塔哈拉。对迦腻色伽一世来说，他们都是世间难得的伙伴。就这样，经历了丘就却统治时期繁荣盛世的贵霜帝国，在迦腻色伽一世之后，继续统治印度长达约一个世纪。4世纪初，随着笈多王朝的建立，贵霜帝国的国势渐衰，领土也被逐渐蚕食。被彻底打垮的月氏人，最后回到了自己的故乡中亚。

第7节　佛教美术

要介绍古代印度美术，就不得不提佛教美术。追溯古代印度美术时，必定要到和佛教有关的雕刻和建筑中探寻。现今留存的古代印度美术的代表文物有阿育王石柱、帕鲁德佛塔的塔门、菩提伽耶的栏杆、桑吉大塔、阿旃陀石窟和埃洛拉石窟等。

根据上述文物推算，古代印度美术能够追溯到公元前3世纪。不过，要将

[①] 湿婆，印度教的三位主神之一，毁灭之神。——译者注

湿婆

阿育王石柱的柱头

阿育王石柱的整个上半部雕刻成活灵活现的狮子模样，绝不是一朝一夕就能完成的事。可惜，对阿育王之前的古代印度文明，我们已无从知晓。因为在阿育王之前的年代，雕刻和建筑使用的材料都是木头[①]。随着材料的腐败、分解，我们找不到任何历史残存物。

年代久远的阿育王石柱的制作过程是这样的：先从砂岩里削切下一根圆

---

① 恐怕之后的年代也是如此。——原注

柱,并且将圆柱的一端稍微磨尖。然后将整根柱体打磨光滑,在靠近顶部的一端放上一个刻有倒置莲花花瓣的大钟模样的石质柱头,再在上面放上由整块石头雕刻出的狮子、大象、牛等动物的石雕。阿育王石柱,有的高达五十英尺。作为印度美术史开篇必定会提到的内容,美丽的阿育王石柱凭借独特的创意和成熟的雕工,让世人不由得啧啧称奇。

建筑方面,必须提的是被称为窣堵坡①的塔。塔,原本是为了封藏佛舍利而兴建的建筑。后来,塔还被用来纪念佛教圣地。阿育王建造的塔,多达八万四千座。据说,桑吉大塔是阿育王时期八万四千座塔中唯一留存至今的塔。桑吉大塔虽然经过后人的修缮,但仍然是最古老的塔。当时,塔的构造是,在圆形台上一层层地往上堆叠大小相同的类似倒扣着的钵的塔身,再在上面搭上几层叫相轮②的圆环起支撑作用。塔内部堆砌着约为塔的半径大小的、被称为阿育砖的砖头。之后,再在上面盖上巽伽王朝时期砌成砖形的石头。

据说,菩提伽耶的大塔也是阿育王建造的。不过,菩提伽耶的大塔明显有后世改造、扩建的痕迹。其中,某些特点还具有典型的印度教色彩。菩提伽耶的大塔共有九层,高一百八十英尺,基部呈矩形状。

在佛教伽蓝③中,支捉和毗诃罗比较有特点。支捉也可译作塔庙,是小型的礼佛堂。毗诃罗则被某些人称为精舍,显然是指僧院。不过,残存的伽蓝都保存在阿旃陀等地的石窟中。想要看看昔日独立存在的伽蓝的壮观景象,已经是不可能的了。

精美的雕刻,则几乎完好无损地保存在了桑吉大塔的塔门、菩提伽耶和帕鲁德佛塔的栏杆上。通过这些精美的雕刻,人们可以感受到古代印度美术的风貌。桑吉大塔的塔门上留存的碑文,显示该塔门建于百乘王朝时期。公元前2世纪中期帕鲁德佛塔的栏杆,以及年代稍晚一点的菩提伽耶的栏杆上,雕刻

---

① 窣堵坡,梵语的音译,指佛塔。——译者注
② 相轮,塔刹的主要构造之一。——译者注
③ 伽蓝,指佛教寺庙。——译者注

着巽伽王朝时期的钱币图案。通过这些钱币图案，我们可以清楚地确定这些塔门和栏杆的建造年代。这些塔门和栏杆上，密布着浮雕。这些浮雕是用石材雕刻而成的。浮雕的内容包括法轮、菩提树、《本生谭》的佛传、莲花、女子像，以及少数几种动物等。这些浮雕就像象牙雕一样，将一个精细、微妙的世界展现在了世人的眼前。这些浮雕的深远意义，在于其具有独创性。将绘画的表现手法、优美的线条和卓绝的构图融为一体后，这些浮雕展现出了独特的风格。从这种风格中，人们可以感受到原始的质朴气息。

古代佛教美术中，还有一点值得关注，那就是"不表现释迦牟尼形象"的做法。叙述释迦牟尼传记的雕刻中，绝对不会出现释迦牟尼的形象。取而代之的是方座[①]、圣树、释迦牟尼的足迹和行经的地点、塔等象征物。

释迦牟尼的形象为什么没有出现在任何雕刻中呢？要回答这个问题，实际上并不容易。总体来说，有以下几点可供参考。

第一，在表现释迦牟尼形象时，人们更倾向于能象征释迦牟尼精神的事物，而不是用作为人的释迦牟尼的形象。

第二，描绘神圣的释迦牟尼这件事本身就是对释迦牟尼的亵渎。

第三，随着时代的推移，作为人的释迦牟尼已经成为超脱世俗的人，升华为三十二相[②]、八十随好[③]。因此，已经无法描绘其形象。

第四，当时还处于古代的遗物崇拜时代。人们并没有产生通过释迦牟尼的形象来纪念释迦牟尼的想法。

一言以蔽之，因为原始佛教依然受到婆罗门教的强烈影响，所以即使世人崇拜经过神化的释迦牟尼，也不可能达到偶像崇拜的程度。

不过，如前文所述，印度多次受到了外族人的侵袭。这些外族人投入印度

---

① 方座，佛像的台座，仅为一块方板。——译者注
② 三十二相，佛教术语，指佛的三十二种外貌特征。——译者注
③ 八十随好，佛教术语，又称八十种好，指佛的应身（即化身）具有的八十种身体特征，和三十二相合称"庄严相好"。——译者注

文明的怀抱后，很快就被逐步同化，并且过上了和印度人一样的生活。大夏人和帕提亚人都皈依了佛教。塞族人、月氏族也受到了释迦牟尼的点化。后来，印度人自然就产生了要模仿希腊神像雕刻出释迦牟尼佛像的想法。

所谓的犍陀罗佛像，就是在这样的背景下创造出来的。因此，释迦牟尼的表情像光明之神阿波罗，梵天的外形模仿的是使徒彼得，夜叉的形象酷似冥王哈得斯，多闻天王[①]的形象酷似智慧女神和战争女神雅典娜。佛像的出现，对佛教的传播起到了巨大的推动作用。人们不仅可以瞻仰释迦牟尼的神像，还可以日夜跪拜。偶像崇拜带给人的法悦[②]，让佛教再次兴盛起来。如今还残留在印度北部的犍陀罗佛像，是佛教在贵霜帝国的迦腻色伽一世时期得到显著发展的最好证明。

关于印度的原始绘画，我们几乎一无所知。这种确实存在过的绘画艺术，如今已经无法一探究竟了。绘画使用的材料不易保存，如果在经历了五千年文化变迁的今天，我们还奢望能找到原始时代遗留下来的绘画作品，那就真的是太不切实际了。即使是世人熟知的阿旃陀壁画，存放在第九窟和第十窟中最古老的作品，其年代也已经是1世纪、2世纪。第九窟中的曼乔拉本生图[③]采用浮线表达出的柔和画调，和第十窟中的六牙象本生图采用粗犷的描线表现出的大胆画调，完全就是两种截然不同的美术表现形式。

古代印度的原始绘画没有保存下来。不过，通过绘画理论中的描述，我们能够感受到古代印度绘画的美。例如，在描绘神和国王时，一定要把他们的形象描绘得比一般平民高大；在描绘年轻女性时，一定要注意展现女性身体的匀称，以及女性的端庄姿态；在描绘一般平民时，要注意保持整体的统一性等理论。从现代的观点来看，这些理论也许并不成熟。不过，这些理论体现出了作为美的起源的印度美术的古老性和准确性。

---

① 多闻天王，佛教护法四大天王中的首领。——译者注
② 法悦，指从佛法中获得的喜悦。——译者注
③ 本生图，描绘的是释迦牟尼生前的事迹。——译者注

此外，被认为是创作于3世纪的印度学者伐蹉衍那的《欲经》中，有被称为谢丹伽[①]的绘画六支[②]。其内容如下。

第一，形别——关于形像、山水、建筑等客观形状的知识。

第二，诸量——对对象的大小及结构有正确的认识。

第三，情——对对象外形的感觉表现。

第四，美——表现美丽典雅的方法。

第五，似——与对象的相似性。

第六，笔墨——关于用笔、着色等实际操作的方法。

号称"世界之冠"的古代印度美术，肯定无法只通过这些理论就能得到完美的体现。艺术所表现的美，往往难以用文字来表达。因此，关于美术的部分，我们就蜻蜓点水地带过。下面就让我们进入第七章吧。

---

① 谢丹伽，梵语sadanga的音译，可解释为六个要素。——译者注
② 绘画六支，即六条绘画法则。——译者注

第 7 章

笈多王朝和往世书时代

（从 300 年到 700 年）

第1节　笈多纪元

　　4世纪，曾作为摩揭陀帝国的都城——用金银装饰得极其奢华的华氏城中，出现了一位叫室利笈多的权贵。自称是孔雀王朝后裔的室利笈多，很快就自立为王，统治华氏城。原本只是一个统治弹丸之地的小国，最终却完成了自孔雀王朝以来第二次统一印度的大业。这完全依靠的是笈多王朝第三代国王旃陀罗·笈多一世及其之后的历代国王的不懈努力。

　　320年即位的国王旃陀罗·笈多一世，打着孔雀王朝创始者旃陀罗笈多·孔雀的名号，策划施行了贵族政治，并且试图振兴婆罗门教。明显，旃陀罗·笈多一世将旃陀罗笈多·孔雀当作自己学习的榜样。旃陀罗·笈多一世和毗舍离的公主库马拉黛薇结婚，也是效仿了旃陀罗笈多·孔雀和塞琉古一世之女结婚的做法。这次联姻确实让笈多王朝的国势壮大了不少。最初只不过是统治华氏城的一城之主旃陀罗·笈多一世，很快就将周边的酋长收入麾下。笈多王朝在恒河沿岸稳步发展。旃陀罗·笈多一世晚年时，笈多王朝已经拥有了包括安拉阿巴德在内的大片土地。将旃陀罗笈多·孔雀当作榜样的旃陀罗·笈多一世，凭借自身的才能，成功地展现出了成熟的王者风范。

　　于是，以旃陀罗·笈多一世即位的320年作为元年的笈多纪元就此诞生了。

第2节　沙摩陀罗·笈多和超日王

旃陀罗·笈多一世驾崩后，王位自然就传给了王子沙摩陀罗·笈多。沙摩陀罗·笈多即位后，励精图治，试图让笈多王朝取得长足发展，并且承诺要统一印度。

据说，沙摩陀罗·笈多文武双全。作为武夫，他是英雄；作为文人，他是学者、诗人和音乐家。在统治方面，他依靠的是作为武夫的蛮力。年轻时，沙摩陀罗·笈多就立志要征服印度北部。他将孟加拉、阿萨姆[①]、尼泊尔等地的小国全部纳入了笈多王朝的管辖范围内。之后，沙摩陀罗·笈多将矛头指向了帕提亚

沙摩陀罗·笈多

---

① 阿萨姆，位于今印度东北部。——译者注

人和塞族等民族，以及分布在阿富汗和古吉拉特的贵霜帝国的后裔。这是先祖留给他的使命。更准确地说，应该是作为印度人的自豪感和血液中流淌的印度精神使沙摩陀罗·笈多有了此次征讨大计。这是长期忍受外敌入侵带来的压力后，印度民族精神的一次爆发。印度人终于扬眉吐气，一雪前耻。最后，沙摩陀罗·笈多完成了征讨大计。在他统治期间，印度终于恢复了以前的平静。

此后，沙摩陀罗·笈多挥兵南下。这次，沙摩陀罗·笈多让横跨奥里萨平原的羯陵伽国俯首称臣。沙摩陀罗·笈多的大军渡过哥达瓦里河，穿过印度东海岸，最终抵达南端的科摩林角。沙摩陀罗·笈多的大军以势如破竹之势横扫了印度洋上的各个岛国。这些国家中的大部分都发誓会向笈多王朝进贡。沙摩陀罗·笈多征服南方的计划也成功了。不过，他并没有占领印度南方的土地，并且让这些土地成为笈多王朝的永久领土。因为这些国家答应会向笈多王朝进贡，沙摩陀罗·笈多对此心满意足。

此次征服，沙摩陀罗·笈多获得了价值不菲的战利品——很多黄金。沙摩陀罗·笈多回到华氏城后，举行了马祭。当时，笈多王朝的疆域，东从胡格利河到萨特莱杰河[①]，西到昌巴尔河，北到喜马拉雅山脉的倾斜地，南到讷尔默达河，非常辽阔。来自僧伽罗国[②]等附属国的贡品，充实了笈多王朝的国库。成就霸业的沙摩陀罗·笈多，有了优雅弹奏印度琵琶的时间。这预示笈多王朝进入了全盛时期。由此可见，沙摩陀罗·笈多并非只是一个武夫，还是一个心胸宽广、内心充实的人。沙摩陀罗·笈多信奉婆罗门教，曾计划复兴梵语。不过，他宽容地答应了僧伽罗王的请求，在菩提伽耶建立了佛教寺庙。

沙摩陀罗·笈多驾崩后，其子旃陀罗·笈多二世即位。智勇双全的旃陀罗·笈多二世，继承了父亲的遗业。这两代国王都对笈多王朝的建设做出了突出的贡献。

[①] 萨特莱杰河，印度河中游的一个主要支流，发源于喜马拉雅山脉北麓冰川，上游是中国的朗钦藏布江，即象泉河。——译者注
[②] 僧伽罗国，又称"狮子国"，即斯里兰卡的古国。——译者注

旃陀罗·笈多二世

　　旃陀罗·笈多二世即位后，首先要做的事就是挫一挫信德和摩腊婆的西萨特拉普的威风。于是，旃陀罗·笈多二世派出远征军前往印度西北部。好不容易才守住居住地的塞族人，根本无力抵抗士气旺盛的笈多王朝大军。最后，笈多王朝成功扩大了版图。作为印度中部的文化中心，繁荣一时的邬阇衍那回到了印度人的手里。至此，笈多王朝达到了鼎盛时期。印度再次统一。为了纪念获得的大片领土，旃陀罗·笈多二世迁都阿约提亚。

　　为了歌颂旃陀罗·笈多二世的功绩，人们称他为"超日王"。超日王施行仁政，推崇文化。在婆罗门教教徒超日王的统治下，佛教分派的创立者世亲[①]出

[①] 世亲，4世纪到5世纪的僧人，印度大乘佛教瑜伽行派创始人之一。——译者注

现了。中国僧侣法显游历印度时，正值超日王统治时期。由此可见，当时的人享有信仰自由。不仅如此，据说超日王经常聆听高僧宣讲佛教教义。

　　超日王的宫廷里，有九个学者、诗人、哲学家等能人，被称为"九宝"。他们都是超日王的挚友。梵语文学作品描述并歌颂了笈多王朝时期美丽的印度。

法显游历印度期间，参观阿育王宫殿遗址

沙摩陀罗·笈多和超日王统治时期,是笈多王朝的黄金时期。这一时期被称为"文艺复兴期",印度文明的精华在各个领域都结出了丰硕的果实。

第3节 文艺复兴期

印度古典文学瑰宝《沙恭达罗》的作者迦梨陀娑,是否就是超日王身边"九宝"中的一位,学者还没有定论。不过,可以肯定的是,迦梨陀娑进行创作活动的时间是5世纪。

迦梨陀娑既是诗人,又是非凡的剧作家。他的抒情诗《云使》,向世人充分展现了印度人的高尚情操。《云使》的大意是,被贬到罗摩山上的小夜叉,要

迦梨陀娑

俱毗罗

在山上住满一年。当雨季来临时,小夜叉看到满天乌云飘向远方。于是,他把自己的依恋之情寄托在一片云里,让这片云飘向住在冈仁波齐峰山顶俱毗罗[①]天神神都里、因思念自己而日渐憔悴的爱妻那里,给爱妻慰藉。迦梨陀娑的叙事诗《罗怙世系》和《鸠摩罗出世》,向世人充分展现了印度神话的精髓。《罗怙世系》描写了英雄罗摩王子的故事。《鸠摩罗出世》则描写了湿婆和女神乌玛的故事。因此,迦梨陀娑有"不朽诗圣"的美名。迦梨陀娑的戏剧《沙恭达罗》

---

① 俱毗罗,印度神话中的财神。——译者注

让约翰·沃尔夫冈·冯·歌德[1]叹为观止。约翰·沃尔夫冈·冯·歌德还作诗赞颂道：

> 春华瑰丽，亦扬其芬。
> 秋实盈衍，亦蕴其珍。
> 悠悠天隅，恢恢地轮。
> 彼美一人，沙恭达罗。

在印度古典梵剧中，《沙恭达罗》中表达哀愁的悲曲可谓首屈一指。因此，迦梨陀娑又有"不朽剧圣"的美名。

在狩猎途中，豆扇陀王在一位隐居于森林的婆罗门那里，结识了绰约多姿的少女沙恭达罗。在返回王宫时，豆扇陀王主动将自己的指环交给沙恭达罗，作为定情信物。之后，思君情切的沙恭达罗准备前往王宫，却因为一个婆罗门的诅咒，无意中弄丢了指环。因此，豆扇陀王的记忆就被抹除了。即使和豆扇陀王面对面，沙恭达罗也只是被当作一个骗子，甚至被赶出了王宫。后来，沙恭达罗在隐居的地方生下了一个儿子。在经历了一段伤痛欲绝的日子后，一个渔夫找到了指环。诅咒随即解除，沙恭达罗终于成为豆扇陀王的正妃。

以上就是共七幕的戏剧《沙恭达罗》的梗概。迦梨陀娑堪称一个让印度文学绽放出灿烂光芒的奇才。天才迦梨陀娑向世人展现了诗的美，并且提高了戏剧的地位。我就不再叙述其他诗人和散文作家了，因为迦梨陀娑已经是世间无人能及的了。

美术领域，无论是笈多王朝的绘画还是雕刻和建筑，都完全融合了从波斯和希腊等地传来的异域风格和手法。在此基础上，人们开始尝试恢复印度传统的艺术表现手法。高涨的文艺复兴精神让整个印度的艺术都得到了升华。

---

[1] 约翰·沃尔夫冈·冯·歌德（1749—1832），德国著名的思想家、作家和科学家。——译者注

思君情切的沙恭达罗被一个婆罗门诅咒

佛像就是最典型的例子。前期犍陀罗佛像具有的希腊风格完全无法让印度人感到满意。作为替代品,笈多王朝的雕刻师雕刻了具有印度风格的佛像。笈多王朝时期的佛像,全身裹着薄衣,但因为薄衣非常贴身,所以有一种用极细的线条勾画出的裸体的自然美。外观圆润的佛像,其悲天悯人的表情也十分动人。佛像背后的光圈上还刻有美丽的莲花等花草模样的浮雕。施无畏印[①]的站立佛像体现出力与美的完美结合,散发出一种清新脱俗的韵味。这样的佛像才是印度人理想的释迦牟尼形象。

阿旃陀壁画中,第十六窟、第十七窟、第十九窟中的壁画属于第二期的作品,均出自笈多王朝的文艺复兴期。像第十七窟前廊壁画《奏乐图》那样,众多

阿旃陀壁画

---

① 施无畏印,佛教手印之一,右手前臂举到胸前,与身体略成直角,手指自然向上,掌心向外。据说,施无畏印代表佛普度众生的大慈大悲,能使众生心安、消除恐惧,由此得名。——译者注

乐师围绕着腾云而来的菩萨,情不自禁地拿起乐器不停弹奏的构图,是文艺复兴期作品的典型代表。人体描绘方面的进步,体现在所使用的线条极具写实的笔致和张力。这实际上是对之前采用的注重情趣的典雅印象派画法的一种反抗。作为笈多王朝时期的绘画作品,斯里兰卡岛的锡吉里耶壁画中采用的大胆运笔方式,实在是令人难忘。

建筑方面,除菩提伽耶的大塔之外,还有埃洛拉石窟、科纳尔克的寺庙[①]等美轮美奂的建筑留存于世。不幸的是,一些被认为是最重要的建筑物,在11世纪初穆斯林入侵印度的过程中,已经遭到破坏。

第4节　古代科学

在古代印度,科学的发展完全归功于宗教。几乎所有学科都源自对《吠陀》的研究,就像《吠陀》的附录部分一样。

最先发展起来的是天文学。因为人们必须确定举行祭祀的时间,所以就需要进行天文观测。祭司夜以继日地观察天空。白天,祭司观察到太阳东升、西落,循环往复。夜间,他们观察到月亮穿越漫天繁星。就这样,他们领悟到了一年可以分为十二个月。为了消除阴历和阳历之间的误差,需要每五年增加一个闰月。祭司还给月亮经过的二十八个星宿分别取了名字。祭司观察到太阳会经过赤道,便确定了夏至和冬至的太阳直射点。以上就是人们在吠陀时代已经从事的天文工作。有学者还推算出了人类最早观测到夏至和冬至太阳直射点的时间是公元前1181年。据说,佛陀时代出现了以波罗奢罗和伽里伽的著作为代表的十八种天文著作。苏里亚的天文著作共十四章,讲述了行星的位置、太阳和月亮的运行轨迹、天文观测的仪器、时间的计算方法等知识。这部著作的出现,让天文学的研究变得更加科学。笈多王朝时期,印度天文学的研究可谓走

---

① 指科纳尔克的太阳神庙。——译者注

在了世界最前列。因为当时出现了阿耶波多[①]和瓦拉哈米希拉[②]这两位天才级别的天文学家。

476年,阿耶波多在华氏城出生。6世纪初,他提出了地球绕着地轴旋转的理论。他的著作《阿耶波多历书》中,有这样的论述:"如果人坐船往前移动,那么不动的东西看起来就像是在向后移动。星辰不动,却好像每天都在动,也是同样的道理。"据说,阿耶波多还解释了日食和月食的原理。

505年,瓦拉哈米希拉在邬阇衍那出生。他留有综合性巨著《占星术全集》。这本书不仅论述了太阳、月亮、地球、行星等天体,还提及佛像、寺庙、动植物、矿物及宝石等内容。

由观测天文发展而来的学科是数学。众所周知,作为印度计数法代表的十进制,今天依然在全世界通用。十进制建立在符号"0"的基础上。"0"的发现是印度数学最值得夸耀的一件事。之后,印度数学就经阿拉伯人传遍了世界。7世纪初,数学家婆罗摩笈多[③]的著作中,记载着两条规则:一是任何数乘以零,结果都为零;二是任何数和零相加减,都不会改变其数值。

因为祭祀过程中会用到几何知识,所以几何学得到了发展。《夜柔吠陀》中记载了祭坛的形状,同时标注了相应的面积。祭坛有车形、圆形、瓶形、方形、龟甲形等形状,多达十六种,并且每种形状的面积必须保持一致。因此,在建造祭坛的过程中,需要用到大量几何学知识。

文法和语言学的发展同样和《吠陀》有关。雅利安人认为,读错《吠陀》颂词或祭词中的一个字,就会触犯神。因此,正确的发音和文法必不可少。现存年代最古老的梵语语法书,是犍陀罗出土的《帕尼尼语法》。《帕尼尼语法》就是为了教导人们《吠陀》的正确发音和文法而编纂出来的。一般认为,帕尼尼生活的时间是公元前6世纪到公元前5世纪,最早不会早于佛陀时代。

[①] 阿耶波多,5世纪末印度的著名天文学家、数学家。——译者注
[②] 瓦拉哈米希拉(505—587),印度古代数学家、天文学家。——译者注
[③] 婆罗摩笈多(598—668),印度古代数学家、天文学家。——译者注

医学的起源，最早可以追溯到《阿闼婆吠陀》中关于药草和诅咒的记载。公元前4世纪左右，来到印度的希腊人尼阿库斯①发现，希腊医师治不好的毒蛇咬伤，印度医师竟然能治好。不过，印度医学真正确立的时间是遮罗迦②和妙闻③生活的时代。

妙闻

---

① 尼阿库斯（前360—前300），亚历山大大帝手下的海军将领，在亚历山大大帝远征印度后，因从印度河航行到波斯湾而出名。——译者注
② 遮罗迦，古印度著名医学家，著有医学书籍《遮罗迦本集》。——译者注
③ 妙闻，古印度外科医生，据说是第一个在活人身上做整形外科手术的医生，著有《妙闻本集》。——译者注

遮罗迦的《遮罗迦本集》由八篇构成，分别是药剂、疾病、疫病、灵魂的性质、器官机能、催吐药、泻药、解毒剂，重点论述了药剂。遮罗迦是贵霜帝国迦腻色伽一世时期的人，迦腻色伽一世对他有知遇之恩。

妙闻的《妙闻本集》分为六篇，主要记述了外科方面的内容，同时论述了外科术、疾病的症候、身体的构造、青春期、负伤、溃疡、骨折、产科、解毒等方面的内容。

妙闻给病人诊治

印度位于热带，植物种类繁多。其中，很多植物可以作为药草使用。英国植物学家约翰·福布斯·罗伊尔根据遮罗迦的著作和妙闻的著作，推断古代印度人会在药剂中添加金属："他们已经掌握了酸化物[①]、硫化物[②]、硫酸盐类[③]及铁和铅等碳酸盐类的知识。"这说明印度医学已经发展到了很高的水平。

第5节　印度教的诞生

佛教勃兴以来，婆罗门教的势力受到了极大的冲击。不过，婆罗门教还是得到了广泛传播。据说，从孔雀王朝开始，到笈多王朝为止，百姓一直有信教的自由，佛教和婆罗门教也是并存的。后来，入侵印度的一系列外族都信奉佛教。因此，佛教传遍了印度。以收复失地和振兴古印度文明为目标的笈多王朝刚建立不久，雅利安人各部族就开始反对佛教，支持婆罗门教。佛教是外敌信奉的宗教，而婆罗门教是雅利安人自古信奉的宗教。再加上笈多王朝自创立以来信奉的就是婆罗门教。因此，婆罗门教的复兴可谓具备了天时、地利、人和。

然而，经历过佛教洗礼的宗教界不可能让故步自封的婆罗门教复兴。于是，改头换面的婆罗门教，即后期婆罗门教应运而生。换个角度来看，也可以说是一个全新的宗教——印度教诞生了。新生的印度教，显然在各个方面都受到了佛教的影响。

在信仰的形式上，印度教采用了和佛教类似的圣地巡礼和偶像崇拜方式。过去的信仰方式比较朴素，主要是设祭坛、燃圣火、献祭品。取而代之的是，宏伟、壮丽的宗教建筑拔地而起。各地纷纷兴建用于祭拜的寺庙。人们甚至坚信，只要用圣河水亦即恒河水沐浴，就能洗去身心的污秽。偶像崇拜方面，寺庙里供奉了印度众神，跪拜神像的习俗也随即形成。

---
① 如铜、铁、锡、铅。——原注
② 如铁、铜、锑、汞、砷石。——原注
③ 如铜、锌、铁。——原注

在信仰的对象上，印度教也受到了佛教的影响。这主要是指神格[①]的变化。过去作为吠陀时代印度众神代表的因陀罗、阿耆尼、苏利耶等自然神，逐渐失去了地位。取而代之的是模仿佛教三宝[②]的三位一体神，即梵天、毗湿奴和湿婆。印度教的基本教义是"梵天创造世界，毗湿奴守护世界，湿婆破坏世

苏利耶

---

① 神格，指神的地位。——译者注
② 佛教三宝，指佛、法、僧。——原注

梵天

界"的三位一体说。因此,占据最高神位的是创造神梵天、守护神毗湿奴和破坏神湿婆。最高神下面还设有火神阿耆尼、天空之神伐楼拿、太阳神苏利耶、风神伐由等小神。下面这则神话就提及了上述神的关系。

　　由于魔神阿修罗作怪,阿耆尼、伐楼拿、苏利耶、伐由等神被赶出了天国。阿耆尼等神随即向大神梵天求救。然而,阿修罗是梵天创造出来的。因此，梵天不愿意救此伤彼。于是，梵天说道："只有湿婆的后代才能打败阿修罗。"

当时，湿婆还未成婚，在喜马拉雅山中静心修行。山神之女乌玛在他身旁侍候。众神希望湿婆能爱上乌玛，这样乌玛就有望产下一子。因此，众神派出了爱神。

爱神看准时机，在湿婆累的时候，向他射出了爱之箭。就像静谧的海上升起了一轮明月，爱从湿婆的心中喷涌而出。他随即把目光转

乌玛

湿婆与乌玛

向了乌玛那如熟透柿子般的朱唇。就像受到春风的吹拂植物的种子便会发芽一样，乌玛也心跳加速、浑身颤抖地等待湿婆向自己展开爱的攻势。

然而，湿婆克制住内心的冲动，平息了心中刮起的这场怪异的爱之旋风。怒火中烧的湿婆，从眼中射出了光芒，让爱神瞬间化为死灰。乌玛也被湿婆逐出了喜马拉雅山。

随后，乌玛进入森林中潜心苦修。很快，几个月就过去了。一天，一位隐者来到乌玛身边，问乌玛为什么要在豆蔻年华时就在林中苦修，并且嘲笑了乌玛深爱的湿婆。

愤怒的乌玛掀起巨浪，横扫了林中的树木。就在她准备离去时，这位隐者现出了真身。原来，他就是英勇威猛的湿婆。湿婆被乌玛的诚意打动，和乌玛结婚了。之后，乌玛诞下一子。这便是湿婆之子鸠摩罗。后来，在鸠摩罗的帮助下，被赶出天国的众神打败了阿修罗，收复了天国。[1]

印度人对三位一体说中三位大神的崇拜，很快就演变成了对其中一位大神的崇拜。不知从何时起，梵天的神格开始降低。后来，印度教就分裂成了两大教派，即毗湿奴派和湿婆派。

3世纪和4世纪时，印度北部的刹帝利支持本土文化，并且试图让印度人从外来诸族的桎梏中解脱出来。据说，当时他们祈求的就是毗湿奴的庇护。于是，毗湿奴派应运而生。毗湿奴象征温和、慈爱和友善。一般认为，《薄伽梵歌》中的奎师那就是毗湿奴的化身。因此，毗湿奴一直是印度人的精神支柱。

统一印度后，为了满足百姓的宗教需求，笈多王朝创立了湿婆派。[2] 湿婆派崇拜象征苦行、破坏和恐怖的湿婆，宣扬悲观、否定现实的教义。前身是暴风神楼陀罗的湿婆，住在喜马拉雅山脉的雪山上。他的形象是四面、十臂、三

---

[1] 这则神话取材于迦梨陀娑的叙事诗《鸠摩罗出世》。——原注
[2] 印度教受到了佛教的影响。同样地，佛教不可避免地受到了印度教的影响。佛教的诸天中，有梵天、大自在天（湿婆）、那罗延天（奎师那），甚至还有帝释天（因陀罗）。这说明，印度教和佛教已经不是对立，而是并存的关系了。——原注

鸠摩罗

眼、黑颈，头上有一个半月。身披虎皮的湿婆，和女神乌玛一起骑在白牛上，以弓、矛、斧、戟作为武器。

值得一提的是湿婆派对湿婆的男根崇拜。男根崇拜是达罗毗荼人的民间信仰，目的是祈求风调雨顺。由此可见，男根崇拜被笈多王朝时期的印度教所吸收。

第6节　十八部往世书

新的印度教成立，就需要新的圣典文学。随之应运而生的，是被称为"十八部往世书"的神话和系谱的文学。往世就是"传说"的意思。为了与婆罗门教的吠陀文学区别开来，人们把印度教的往世书称为"印度教的通俗吠陀"或"第五吠陀"。往世书的内容主要是关于神的。它以神话为经，以传说为纬。其中，还记载了太阳王朝和月亮王朝[①]的系谱。往事书和《摩奴法典》有密切关系。可以肯定的是，作为《摩诃婆罗多》附录的《诃利世系》也是一部往世书。

一般认为，十八部往世书完成的时间，是从超日王统治的5世纪开始，到穆斯林第一次入侵印度的8世纪为止。该时代被称为"印度教时代"或"往世书时代"。不过，严格来说，往世书的原始版本均未留存于世。往世书，只是作为圣典文学的名字被保存了下来。

第7节　笈多王朝和白匈奴的斗争

413年，超日王驾崩[②]。随后，他的儿子鸠摩罗·笈多一世即位。鸠摩罗·笈多一世的统治时间长达四十多年。据说，宅心仁厚的他，自从听了世亲的唯识

[①]　太阳王朝和月亮王朝，是印度神话中的两个王朝。——译者注
[②]　还有观点认为，超日王驾崩的时间是415年。——译者注

湿婆与乌玛骑在白牛上

说^①,就有了虔诚的信佛之心。鸠摩罗·笈多一世沿袭了超日王的宗教政策,推崇印度教。不过,在鸠摩罗·笈多一世统治期间,佛教还是吸引到了很多信徒。据说,著名的佛教学术中心那烂陀寺就是在此期间动工兴建的。

在鸠摩罗·笈多一世晚年时,印度内忧外患严重。首先,白匈奴^②入侵印度。白匈奴又被称为"嚈哒人",是一支来自亚洲中部、彪悍无比的游牧民族。其次,将领梅特腊卡高举叛旗,建立了新的伐腊毗国^③。后来,太子塞建陀·笈多率领大军,前去平定叛乱,却遭到伐腊毗国大军的袭击,最终无功而返。

那烂陀寺遗址

① 唯识说,是大乘佛教瑜伽行派的基本理论。——译者注
② 白匈奴,又名"嚈哒人",与曾让欧洲人闻风丧胆的匈奴人不同。一般认为,白匈奴属于长躯、白皙的突厥族。不过,该说法是否正确还未有定论。519年前往白匈奴领土的北魏僧人宋云的记录中,有这样的记载:"南至牒罗,北抵敕勒,东含于阗,西及波斯,来朝贡的国家就有四十多个。"由此可见,印度南部的朱罗国也在白匈奴的统治下。我认为,这里的朱罗国应该是指犍陀罗。——原注
③ 据说,伐腊毗国称霸印度西北部,包含索拉什特拉及西部地区。其统治的时间截至770年,共有十九代国王。伐腊毗国保护了宗教文学。——原注

455年，鸠摩罗·笈多一世的儿子塞建陀·笈多即位。在塞建陀·笈多统治期间，笈多王朝始终处于和白匈奴的斗争中。塞建陀·笈多改铸了钱币，获得了军费。他还挡住了善战的白匈奴军队南下的步伐。因此，和祖父旃陀罗·笈多二世一样，塞建陀·笈多也被世人称为超日王。

随后，补罗·笈多即位。他是塞建陀·笈多同父异母的哥哥。补罗·笈多在位的时间很短。他的后继者那罗僧诃·笈多[①]，又称幼日王，也为白匈奴问题感到非常烦恼，因为白匈奴不断地越过喜马拉雅山脉，入侵印度河流域。495年，白匈奴的头罗曼统治的王国占领了旁遮普、拉贾斯坦和摩腊婆。头罗曼学习雅利安人的传统，施行爱民如子的仁政。头罗曼驾崩后，他的儿子密希拉古拉即位。不久，密希拉古拉便因十分残暴而失去了民心。

头罗曼

---

① 还有资料记载，补罗·笈多之后即位的是鸠摩罗·笈多二世、觉护王，然后才是那罗僧诃·笈多。——译者注

这时，幼日王联合摩腊婆的王公及其他雅利安人的部族，打败了密希拉古拉。密希拉古拉随即逃往克什米尔。在克什米尔，密希拉古拉发起反攻，率领军队打到了曾是贵霜帝国中心的犍陀罗。他下令虐杀了贵霜帝国的王族后裔，以及包括老弱妇孺在内的所有平民，还掠劫了城市、村落，烧毁了寺庙。犍陀罗在一夜之间沦为废墟。530年，由于患猩红热，密希拉古拉驾崩。之后，白匈奴的势力开始衰落。

幼日王打败密希拉古拉

不久，笈多王朝开始衰落。笈多王朝昔日的雄威早已荡然无存。最后，既无兵力，又无财力的笈多王朝，沦为一个地方小国。

第8节　曲女城的戒日王

6世纪末，一股强大的势力在坦尼沙①盘踞。这是发生在笈多王朝衰落后，印度又变为由各小王国分而治之时的事。坦尼沙王国②的始祖，叫那罗伐弹那。他是吠舍出身，其他事迹不明。在波罗帕羯罗伐弹那统治时期，坦尼沙王国占领了印度西北部的旁遮普及摩腊婆。后来，在讨伐白匈奴残存势力时，波罗帕羯罗伐弹那死在了阵地中。王子罗伽伐弹那立刻即位。然而，他中了一个白匈奴酋长的奸计，最后死于暗杀。于是，在大家的推选下，罗伽伐弹那的弟弟曷利沙伐弹那在阵地中即位。为了替兄长报仇，曷利沙伐弹那率大军挺进摩腊婆，最后平定了印度北部。曷利沙伐弹那，又被称为"尸罗阿迭多二世"。根据佛书的记载，曷利沙伐弹那就是戒日王。戒日王用了六年时间招兵买马，扩充远征军。之后，他就把首都从坦尼沙迁到了恒河河岸的曲女城。五年后，戒日王立志征服印度南部，派大军前往讷尔默达河河畔。然而，印度南部遮娄其王朝③正值明君补罗稽舍二世在位。很快，戒日王的大军就溃不成军。因此，戒日王放弃了征服印度南部的计划，专心治理印度北部。

戒日王是佛教的虔诚信徒。中国僧侣玄奘就是在戒日王统治时期远赴印度的。根据玄奘的《大唐西域记》中的记载，戒日王非常重视民治。他游历各地，考察民情，严惩贪官污吏；禁止杀生，将救济贫民视为己任；甚至打开国库，进行布施。

---
① 坦尼沙，位于今印度北部哈里亚纳邦塔内萨尔。——译者注
② 坦尼沙王国，指6世纪到7世纪的普西亚布蒂王朝，最初定都坦尼沙，后来迁都曲女城。——译者注
③ 遮娄其王朝，6世纪到12世纪，统治印度中部和南部大部分地区的王朝。——译者注

戒日王招揽了一批爱好哲学、诗和绘画的文人在身边。不仅如此，戒日王还会作诗、奏乐。据说，戏曲《龙喜记》和《清容妇人》就是他创作的。在戒日王宫廷中供职的诗人波那跋吒，写了一首叙事诗《戒日王传》，讴歌了戒日王南征北战的丰功伟绩。

一次，戒日王碰巧听说了玄奘描述的大唐盛世。于是，641年，戒日王派使者前往唐朝示好。647年，唐太宗派王玄策前往印度。然而，当时戒日王已经驾

戒日王向佛致敬

玄奘

崩了。戒日王在位时，过于保护佛教。这引起了婆罗门教教徒的不满。当时，很多人都不希望印度和唐朝有任何往来。于是，一个叫阿罗那顺的大臣自立为王。更糟的是，印度再次面临局势混乱的危机。可以说，戒日王驾崩后，在大约五个世纪的时间里，印度一直处于黑暗中。因为在此期间，印度一直处于群雄割据的状态。

第 7 章 笈多王朝和往世书时代（从 300 年到 700 年） ● 173

第9节 拉杰普特时期

戒日王驾崩后,印度又陷入分裂的状态中。这种分裂状态大约持续了五个世纪。一直到11世纪穆斯林征服印度并且建立伊斯兰王国为止。在此期间,印度各地出现了很多新兴国家。这些国家都处于拉杰普特人的统治下。因此,该时期被称为"拉杰普特时期"。

拉杰普特人指被印度文明同化的外族人。在前文中,我们已经介绍了一些入侵印度的外族人。这些外族人和印度女子结婚并繁衍后代。经历两三代的繁衍后,这些混血的外族人的子孙在不知不觉中,被印度文明同化,甚至被赋予了不同的种姓。他们既不是外族人,也不是原住民。如果是王族或贵族出身,就会被归类到刹帝利种姓;如果是庶民出身,就会被归类到吠舍种姓或首陀罗种姓。

总之,几乎所有人都信奉了印度教。希腊人、波斯人、月氏人、塞族人、白匈奴都建立了各自的小王国。在这些小王国时而斗争、时而联合的过程中,漫长的岁月就这样流逝了。当时,拉杰普特人统治的区域,甚至包括今天的阿格拉[①]和奥德的部分地区。

其他地区也出现了数个小王国。设赏迦王驾崩后,孟加拉出现了英雄瞿波罗。瞿波罗建立了波罗王朝。波罗王朝的最后一代国王达摩波罗[②]是名留青史明君。阿萨姆出现了迦摩缕波王国[③]。统治克什米尔的卡尔科塔王朝的拉利塔迭多·穆克塔毗达王,废除了古代雅利安人的行政制度,效仿突厥人,实行中央集权制。曲女城的耶输跋摩王被称为盖世英雄,却因急于扩张领土而遭到拉利塔迭多·穆克塔毗达王的谋害。瞿折罗人[④]在印度中部焦特布尔建立了瞿

[①] 阿格拉,位于今印度北方邦亚穆纳河河畔。——译者注
[②] 达摩波罗,780年到815年在位。——原注
[③] 迦摩缕波王国,印度阿萨姆历史上的第一个王国,存在时间是350年到1140年。——译者注
[④] 瞿折罗人,又译古吉拉人,起源尚有争论,可能是拉杰普特人的一支。——译者注

折罗-波罗提诃罗王朝,并且不断壮大。印度南部,曾打败戒日王的遮娄其王朝的国势不断增强。不过,进入7世纪后,遮娄其王朝就被朱罗王朝吞并。朱罗王朝出现了英雄罗阇罗阇一世。他曾伺机打败了以德干高原为根据地、耀武扬威的罗湿陀罗拘陀王朝。后来,罗湿陀罗拘陀王朝被迫迁移到了印度北边。然而,随着伟大、具有非凡才能的罗阇罗阇一世的驾崩,朱罗王朝的国力开始出现衰败的趋势。

接下来,在印度的土地上,出现了更加强有力的外族人。那就是训练有素的穆斯林。在穆斯林入侵印度之前,印度三大国,即北部的波罗王朝、中部的瞿折罗-波罗提诃罗王朝、南部的罗湿陀罗拘陀王朝,因争夺统治权而展开了大规模的战争。

第10节 《薄伽梵歌》

在复兴古印度精神的运动中,笈多王朝创立了印度教。随着印度教的创立,印度哲学得到了飞速发展。自《奥义书》以来,众多哲学家相继尝试以印度人特有的思考方式来解决各种哲学问题。于是,代表印度哲学基础的《薄伽梵歌》应运而生。

《薄伽梵歌》被放在《摩诃婆罗多》的第六章,是从第二十五节到第四十二节的一首短篇哲学诗。其中,包含般度族三王子阿周那和军师奎师那的十八次对话。在天下一分为二,即将开始大战的前夜,阿周那说道:"为了获得王位和国土,为了获得荣华和富贵,我与同族人战斗,结果杀死了祖父、叔伯、堂兄弟等人。我是罪人,我违反了自古流传下来的'不杀生道'。"为了遵守不杀生的道义,阿周那开始宣扬"不战论"。奎师那则主张"圣战论",提倡智行思想,宣扬无我的行为。他认为,为了正义,必须拿起手中的剑。

《薄伽梵歌》涵盖了印度绝大部分哲学思潮,论述了数论派、瑜伽派、吠檀多派等学派的理论。在综合各学派理论的基础上,《薄伽梵歌》中有了"有神观"①的说法。针对阿周那的世俗观,奎师那提出了第一义谛②。奎师那的目的是阻止阿周那因奉行世俗观而陷入遁世主义,并且说服阿周那奉行积极的入世主义:

啊,般度族的王子啊!无论何时,只要正义消失,邪恶滋生,我都会化作人形出现在世人面前,打动人心,拯救善人,铲除恶人,拯救日渐沦丧的道德。

这就是"奎师那的呐喊"。自此,"奎师那的呐喊"就回荡在印度人的心中。灵魂是不死的,用剑也伤不到,用火也烧不着。也就是说,杀戮只能毁灭肉身,灵魂却不会消亡。失去肉身的灵魂可以再次寻找新的归宿。所谓"不杀生"的思想就源自《薄伽梵歌》。

《薄伽梵歌》的创作年代,被推定为公元前3世纪到公元3世纪,最晚不会晚于公元3世纪。后来,《薄伽梵歌》中包含的丰富的数论思想和瑜伽思想,各自独立发展,成为接下来要论述的印度六派哲学的基础。

第11节 印度六派哲学

一般来说,印度六派哲学指数论派、瑜伽派、胜论派、正理派、弥曼差派和吠檀多派。

一言以蔽之,印度哲学就是关于解脱的哲学。什么是解脱?解脱的本质、过程、方法是什么?解脱和宇宙的关系是什么?印度哲学就是回答上述问题的实践哲学,同时是宗教哲学。

从宗教思想的角度来看,六派哲学或多或少都和以《吠陀》作为本源的婆

---

① "有神观",指《薄伽梵歌》中记载的神的言论。——译者注
② 第一义谛,又名真谛、圣谛等,指深妙的真理。——译者注

罗门思想有关联。其中,弥曼差派的宗旨就是践行《吠陀》的祭祀理论。吠檀多派则从哲学的角度阐明了由《奥义书》发展而来的婆罗门思想。可以说,弥曼差派和吠檀多派都继承了正统婆罗门思想。以自然哲学为教义的胜论派和以逻辑学为教义的正理派,则属于婆罗门思想的旁系。以研究理论为主的数论派和主张以实践为主的瑜伽派,通常被认为是同根同源的哲学学派。其中,数论派的思想肯定不是起源于婆罗门思想。

印度哲学的"哲学"二字,取的是字面的意思,指通过内省和禅定等方式思考的一系列哲学体系。因此,印度哲学和西欧所谓的哲学有本质的区别。印度哲学对外宣扬的仅仅是以获得解脱为最高理想的观点。了解了作为印度思想基础的六派哲学,也就了解了印度人的思考方式。以下是印度六派哲学的主要观点。

第一,数论派。该派的鼻祖是迦毗罗仙人。从他生活的年代[①]来看,数论派的思想是六派中最古老的。数论派提倡现世多苦观和众生皆平等的思想,并且认为吠陀文化有缺陷。从这一点来看,数论派肯定不是起源于婆罗门思想。

数论派主张自性和神我的二元论。自性即"物";神我即"心"。自性再往下细分,又可分为喜性、忧性和黯性。世间万物是由喜性所生的五惟、忧性所生的十三根、黯性所生的五大,即二十三谛组成的。神我主司观察。只要心的作用,即智、情、意的作用在发生变化,那么就不能把神我看作一种物质。

如果这里的神我独立存在,那么万物就达到了解脱的境界。自性就是为了让神我获得解脱才存在的。数论派的特点是提倡"二实有论",即作为解脱体的神我和作为宇宙本源的自性都是实有的。5世纪左右,作为数论派经典的《数论颂》[②]问世。这象征着数论派哲学体系的完全确立。

第二,瑜伽派。瑜伽指内心统一,即消除内心的作用,远离外界的污染,保持内心的专注与平静。这就是瑜伽派提倡的内省的修行方法。瑜伽修行的典型

---

① 公元前4世纪左右。——原注
② 据说,《数论颂》的作者是自在黑。——原注

方法有八种：禁制[①]、劝制[②]、坐法[③]、调息[④]、制根[⑤]、总持[⑥]、禅定[⑦]和三昧[⑧]。总持、禅定、三昧这三种方法被统称为总制。如果能完成总持、禅定和三昧这三种修行，就能获得神通，摆脱生死的束缚。这就是瑜伽派的理论。

简而言之，瑜伽派的理论就是数论派思想的延续，即在实践数论派思想的过程中发展出来的理论。流传至今的《瑜伽经》，被认为是出自瑜伽派鼻祖波颠阇利之手。《瑜伽经》完成的时间，大约是5世纪到6世纪。

第三，胜论派。该派属于自然哲学学派，提出了极微的概念。世间万物都由极微构成。极微无穷无尽、永恒存在。胜论派还进一步提出了实、德、业、同、异、和合的六句义。实，指通过观察万物，从具体的物质中分离出性质、运动、状态等要素，再重新组成实体或主观概念。实共分为九种：地、水、火、风、空、时间、方向、"我"和意。通过研究六句义，胜论派将轮回的因看作法非法，即不可见法则。消除了轮回的因，也就将"我"从其他事物中分离出来，使"我"成为独立的存在。这就是所谓的解脱。

据说，胜论派的鼻祖是迦那陀。胜论派的经典，创作始于公元前2世纪，直到5世纪或6世纪才完成，并且保留至今。

第四，正理派。该派以研究逻辑学为主。"正理"二字指研究主题的奥义，即"分析"的意思。正理派的鼻祖是阿克沙巴德·乔达摩。正理派是从研究正智[⑨]，也就是从寻求解脱的智慧中发展出来的一种特殊的逻辑理论。

---

① 禁制，指瑜伽修行者必须遵守的戒律，共有五条：不杀生、诚实、不偷盗、净行、不贪。——译者注
② 劝制，指瑜伽修行者应该奉行的道德准则，共有五条：清净、满足、苦行、学习与诵读、敬神。——译者注
③ 坐法，指瑜伽修行者在修行时，保持身体平稳，姿态轻松。——译者注
④ 调息，指调节和控制呼吸。——译者注
⑤ 制根，指控制身体的感觉器官。——译者注
⑥ 总持，指心专注在一个点上。——原注
⑦ 禅定，指自己和作为表象的对象融为一体。——原注
⑧ 三昧，指心专注于一处的安定状态。——原注
⑨ 正智，指逻辑。——原注

在获取知识时，量论或者说认识论阐明的是认识事物的不同方法。正理派还进一步利用论式，推导出了新的结论。正理派建立的论式为五段论[①]，即宗、因、喻、合、结。下面就举一个例子说明。

宗：对面山上有火。

因：对面山上有烟。

喻：冒烟的东西都有火，就像灶。

合：如前所述，对面山上有烟。

结：所以对面山上必定有火。

如果将上面的五段论中的前两项或后两项删掉，就和古希腊哲学家亚里士多德的三段论完全一致了。

第五，弥曼差派。该派把《吠陀》当作天启，主张祭祀万能。弥曼差派的鼻祖阁弥尼提倡《吠陀》是亘古不变的存在。因此，《吠陀》肯定不是人类的产物。《吠陀》就是来自古代圣人的启示。雅利安人通过声音来传达《吠陀》。因为《吠陀》是永恒的，所以作为《吠陀》载体的声音也是永恒的。由这个观点发展而来的就是"声常住论"[②]。

印度思想界曾就"声常住论"和"声无常论"进行过激烈的辩论。支持"声常住论"的人列举的理由如下：其一，如果声音是瞬间消失的，即无常，那么声音就无法传递意思；其二，声音可以指代同种事物；其三，声音是无穷的；其四，凡是无常的东西都无法避免生死，但这一条规则不适用于声音；其五，《吠陀》认为，风也是一种声音，但和人类的声音不同；其六，《吠陀》中记载着"存在永恒不变的声音"这句话。简而言之，对声音有两种不同的理解。一种是作为观念的声音，另一种是作为音声、音响的声音。前者是常住的，后者是无常的。

第六，吠檀多派。"吠檀多"是"吠陀的完结"的意思。吠檀多派的鼻祖是

---

① 五段论，又叫五支作法，是佛教因明学的理论。"五支"即五部分，包括宗（论题）、因（论据）、喻（例证）、合（应用）、结（结论）。——译者注

② "声常住论"，指声音永恒不变的理论。——译者注

跋陀罗衍那。吠檀多派的哲学是最正统的婆罗门哲学。梵，作为纯粹的精神存在，是宇宙生灭的原因。吠檀多派的思想就是源于这一定义。

吠檀多派的哲学，本来是为了统一《奥义书》的思想才提出的。其内容参考了《薄伽梵歌》等经典。六派哲学的经典，无一不是采用了简练的表达方式。其缺点就是太过简练。《吠檀多经》更是如此。因此，阅读《吠檀多经》时，需要参考8世纪的阿迪·商羯罗[①]和11世纪的罗摩奴阇[②]写的注释书。

阿迪·商羯罗的理论是绝对不二论。他认为，只有最高梵才是唯一的存在。最高梵，和作为我们本性的最高我，本质是相同的。

罗摩奴阇的理论是被限定的不二论。在承认梵是宇宙本源的同时，罗摩奴阇把梵看作自在神。在此基础上，罗摩奴阇融合了自我和物质这两个概念，提出了三原理的理论。他认为，世间万物都包含在梵的一元世界里，但作为梵的表象的自我和物质依然维持着实在性。因为梵要受到自我和物质的限定，所以罗摩奴阇的理论被称为"被限定的不二论"。

阿迪·商羯罗主张的梵我一如的理论与罗摩奴阇发展起来的有神论，使吠檀多派的思想完全成为一神教思想。

---

① 阿迪·商羯罗（788—820），印度古代哲学家、神学家。——译者注
② 罗摩奴阇（1017—1127），印度古代哲学家、神学家、社会改革家。——译者注

第 8 章

穆斯林入侵印度的时代

(从 700 年到 1200 年)

第1节　穆斯林第一次入侵印度

最初，阿拉伯人以水手和商人的身份与印度人有了来往。在波斯建立了强大的伊斯兰教[①]政府后，阿拉伯人就开始对印度虎视眈眈。阿拉伯人从过去数次入侵印度的波斯人和希腊人那里了解到，印度拥有无穷的财宝和丰富的人力资源。于是，阿拉伯人策划了对印度的第一次远征。

阿拉伯人派出的第一次远征军由六千名穆斯林组成，由年仅二十岁的穆罕默德·本·卡西姆[②]带队。这支远征军入侵印度的借口是，为了向印度申请赔偿，因为阿拉伯船在阿拉伯海遭遇了海盗的掠劫。这六千名穆斯林士兵进入信德的时间是711年。单凭这么少的兵力，这支远征军就占领了信德——具体来说，是从印度河河口到克什米尔为止的地区。实际上，当时穆斯林的海军军力并不强。印度军队因为在组织和联络方面出现了重大失误，所以才会输给穆斯

[①] 伊斯兰这个词，是阿拉伯语音译。创始人穆罕默德在获得了神启后，成了预言者。伊斯兰教是一神教，信仰的神是安拉，反对偶像崇拜。因此，穆斯林进入印度后，就开始破坏佛像。穆斯林中不存在等级差别。印度穆斯林激增就是因为伊斯兰教中没有烦人的种姓制度。直接以创始人穆罕默德的名字将伊斯兰教命名为穆罕默德教，是不正确的做法。伊斯兰教的信众被称为穆斯林，称穆斯林为穆罕默德教徒是不正确的。——原注

[②] 穆罕默德·本·卡西姆（695—715），倭马亚王朝的将军，曾任波斯总督。——译者注

穆罕默德·本·卡西姆

林的这支远征军。如果印度军队进行大规模反攻，穆罕默德·本·卡西姆的军队肯定会在瞬间溃不成军。

换言之，这支远征军在穆罕默德·本·卡西姆的卓越指挥下才打了胜仗。在确立了统治权的地区，穆罕默德·本·卡西姆分别任用了新的行政长官。这些地区实行的政治制度，比穆罕默德·本·卡西姆到来之前腐朽、杂乱无序的政治制度更加优越。"要表现出让你的敌人从内心服从你的亲切感，然后慰藉他们。"这就是穆罕默德·本·卡西姆的信条。他的部下忠实地履行了该信条。因此，长期受外族人虐待的印度人，纷纷改变信仰，加入了伊斯兰教。特别是首陀罗出生的劳苦大众。在种姓制度下，他们甚至连大口呼吸的权利都没有。而在伊斯兰教中，不存在像种姓制度这样与生俱来的区别身份的制度。

就这样，穆罕默德·本·卡西姆的远征，埋下了成功的种子，开花结果更是指日可待。然而，不幸的是，715年，这位仁慈的统治者英年早逝。因此，穆斯林第一次入侵印度，最终宣告失败。

第2节　加兹尼王朝

阿拉伯帝国只有一个哈里发[①]，其下设立多个总督，分别统治着亚洲西南部的广阔领土。首次踏上印度土地的穆罕默德·本·卡西姆，就是倭马亚王朝[②]的波斯总督。不久，倭马亚王朝开始衰落。9世纪，波斯出现了新的伊斯兰教国家——萨曼王朝。10世纪，萨曼王朝国王的势力也衰落到了只能勉强守住王位的地步。结果，驻屯各地的总督就成为实际的掌权者。最后，这些总督纷纷自立为王。

坎大哈和喀布尔中间有一个部落，里面住的是突厥人。就在穆斯林入侵印度的时代，突厥人在苏莱曼山的丘陵地区建立了一个小国。962年，侍奉过萨曼王朝君主的突厥裔奴隶阿尔普-特金开创了加兹尼王朝。之后，继承王位的是阿尔普-特金的儿子伊沙克·伊本·阿尔普-特金。再往后，则由伊沙克·伊本·阿尔普-特金的养子瑙锡鲁丁·索卜克塔琴即位[③]。和养父一样，瑙锡鲁丁·索卜克塔琴也是突厥裔奴隶。在瑙锡鲁丁·索卜克塔琴的统治下，加兹尼王朝成为阿富汗一带首屈一指的大国。不仅如此，通过将伊斯兰教势力扩张到旁遮普，加兹尼王朝威名远扬。和加兹尼王朝毗邻的沙希亚王朝[④]的国王阁耶波罗的部分领土也被加兹尼王朝侵占。

[①] 哈里发，伊斯兰教最高宗教领袖及最高世俗统治者的称号。——译者注
[②] 倭马亚王朝，又称"白衣大食"，史上第一个世袭制的伊斯兰教国家，统治的时间是661年到750年。——译者注
[③] 976年到997年在位。——原注
[④] 沙希亚王朝，850年到1026年统治喀布尔山谷、犍陀罗和印度西北部的一个印度教王朝。——译者注

阇耶波罗无比羡慕日益兴盛的加兹尼王朝。他除了想收复失地，还希望能消灭加兹尼王朝。

977年，阇耶波罗率领大军挺进苏莱曼山，越过开伯尔山口，向加兹尼王朝发动攻击。

迎击阇耶波罗大军的是瑙锡鲁丁·索卜克塔琴麾下适应了当地气候的精锐部队。虽然阇耶波罗大军越过山岭，一举攻入喀布尔，但其退路被堵住。因此，阇耶波罗大军陷入进退两难的境地。适逢电闪雷鸣，狂风肆虐。这更是沉重打击了阇耶波罗大军的士气。更加不利的是，打突围战时，阇耶波罗失去了大部分兵力。因此，阇耶波罗不得不选择议和。

议和的结果是，瑙锡鲁丁·索卜克塔琴将获得作为战利品的五十头大象和一百万德拉姆[①]的赔款。阇耶波罗则带着残兵败将踏上了归途。回国之后，阇耶波罗意识到支付赔款于事无补。况且身边的婆罗门绝不会同意将数额如此巨大的赔款付给异族。于是，阇耶波罗决定拒绝支付议和时谈好的赔款。

最后，瑙锡鲁丁·索卜克塔琴派出了远征军。见识过加兹尼大军可怕实力的阇耶波罗，联合根瑙杰[②]和卡兰贾尔的诸王，组成了十万同盟军。991年，印度大军和加兹尼大军发生了激战。结果，印度大军再次败北。这次还是在自己的土地上失败的。加兹尼士兵个个虎背熊腰，骁勇善战。此外，他们拥有共同的宗教信仰。以上就是加兹尼大军获胜的主要原因。实际上，当时处于鼎盛时期的印度人，早就忘记了外敌的存在。由于平时疏于操练，印度士兵的实力早已大不如前。这也是加兹尼大军获胜的一个原因。

瑙锡鲁丁·索卜克塔琴并没有因为胜利骄傲自满。在拿到了约定好的战利品后，他立刻班师回朝。由此可见，当时入侵印度的穆斯林完全没有企图霸占印度领土的野心。

---

① 德拉姆，亚美尼亚的货币单位，1德拉姆等于100卢马。——译者注
② 根瑙杰，即古籍中的"曲女城"，位于今印度北方邦。——译者注

第3节　加兹尼的马哈茂德征服印度

997年，瑙锡鲁丁·索卜克塔琴驾崩，后继者是他的庶子加兹尼的马哈茂德①。加兹尼的马哈茂德和嫡出的弟弟加兹尼的伊斯梅尔争夺王位，最后获得了胜利。就像当初争夺王位一样，加兹尼的马哈茂德的一生充满了各种争斗。二十八岁的加兹尼的马哈茂德登基之后，就背负着整个加兹尼王朝的命运。此外，他还是首位自称苏丹②的国王。

加兹尼的马哈茂德

---

① 998年到1030年在位。——原注
② 苏丹，伊斯兰国家的贵族头衔，有时也指伊斯兰国家的君主。——译者注

成为"穆斯林之王"的条件是要"右手拿着剑,左手捧着《古兰经》[①]"。加兹尼的马哈茂德俨然就是符合该条件的人。在父王瑙锡鲁丁·索卜克塔琴统治时期,加兹尼的马哈茂德就清楚地意识到加兹尼王朝和印度之间存在纷争。对加兹尼的马哈茂德而言,印度除了有敌对势力,还是一个有异教徒的地方、一个盛行偶像崇拜的地方。他认为,印度正是自己的宗教之敌。

为了征服印度,加兹尼的马哈茂德花了四年时间做准备。在此期间,他操练了手下的士兵,并且让他们坚信,接下来和印度的战争是一场圣战。这振奋了精悍的穆斯林士兵的精神。1001年,加兹尼的马哈茂德庄严地做出如下宣誓:为了破坏印度的偶像崇拜,获得印度的财宝,征服异教徒,要每年进行一次圣战。加兹尼的马哈茂德宣誓后,数万名身穿白衣的骑兵就出发了。要在短时间进行风暴式的掠劫,行动迅速是成功的关键。因此,加兹尼的马哈茂德将骑兵作为军队主力。

加兹尼的马哈茂德的军队如风暴般地穿过了狭窄的开伯尔山口,疾风扫落叶般地席卷了拉合尔的街市。加兹尼的马哈茂德的军队所到之处,无论是佛教遗迹,还是印度教寺庙,所有和宗教有关的建筑全部遭到破坏。加兹尼的马哈茂德的军队中,还有专门负责掠夺金银珠宝的队伍。反抗的人要么被杀,要么被俘。加兹尼的马哈茂德的军队烧杀抢夺,直到感到心满意足后,才像小孩玩腻了手中的玩具似的,头也不回地如风般离去。被俘虏的人,当然就跟随加兹尼的马哈茂德的军队,被带到加兹尼王朝的首都,并且成为奴隶。能搬动的佛像也都被带回了加兹尼王朝的首都。后来,这些佛像就成为某些清真寺的铺路石,被前往清真寺朝拜的穆斯林踩在脚下。

在白沙瓦,第二次入侵印度的加兹尼的马哈茂德的军队,与之前交过手的阇耶波罗的军队狭路相逢。当然,一次都没有战胜过加兹尼的马哈茂德的军队

[①] 毫无疑问,《古兰经》就是伊斯兰教的圣典。据说,《古兰经》如实记载了神对穆罕默德说的话。《古兰经》是一部长篇巨作。第三代哈里发奥斯曼·伊本·阿凡统一了全书用语,形成了今天我们看到的《古兰经》。在阿拉伯语中,"古兰"这两个字是"阅读"的意思。——原注

南那波罗的军队在开于伯尔山口遇到暴风雪

的阁耶波罗，再次战败了，并且是彻彻底底战败了。阁耶波罗连同家人全部被俘虏，并且跟着加兹尼的马哈茂德的军队，越过开伯尔山口，踏上了异国的土地。后来，得到加兹尼的马哈茂德的宽恕，阁耶波罗才回到自己的国家。不过，按照印度的传统，一个国王如果连续两次败给同一个敌人，就应退位。于是，阁耶波罗跳入火中，结束了命运多舛的一生。王位随即由阁耶波罗的儿子阿南达帕拉继承。然而，当时，白沙瓦早已成为加兹尼的马哈茂德的领土。

加兹尼的马哈茂德第四次远征印度的目的是占领木尔坦[①]。这次远征从1005年年末开始，一直持续到1006年。和以前一样，加兹尼的马哈茂德的骑兵就像进入无人之境一样，席卷了木尔坦。阿南达帕拉惊恐万分。他说道："希望身处避难所的我可以躲过这场充满掠夺和杀戮的战争。"由此可见，阿南达帕拉只是一味地寻求逃难的方法。

第4节　反击和掠劫

阿南达帕拉冒着生命危险，历尽千辛万苦，才从木尔坦逃了出来。他深深地意识到，单凭一己之力无法与加兹尼的马哈茂德的军队抗衡。于是，阿南达帕拉发布檄文，成功说服了印度中部和西部的诸王，结成了抵御加兹尼王朝入侵的同盟军。从邬阇衍那、瓜廖尔、卡兰贾尔、德里、阿杰梅尔等地选拔出来的精锐大军，做好了迎击定期远征印度的加兹尼的马哈茂德大军的准备。

加兹尼的马哈茂德的第六次远征[②]就是在这样的局势下进行的。在白沙瓦，加兹尼的马哈茂德的军队没能再往前挺进一步。得知加兹尼的马哈茂德的军队必定会经过白沙瓦，印度大军早就做好了阻击的准备。加兹尼的马哈茂德的军队和印度大军对峙了长达四十天的时间。

[①]　木尔坦，位于今巴基斯坦旁遮普省。——译者注
[②]　这次远征的时间是1008年到1009年。——原注

在此期间,支援印度大军的后援部队不断抵达白沙瓦。罗阁帕拉①率领麾下的军队加入了这场战争。以勇猛著称的霍哈尔族②的三万大军也前来支援。这支部队可以说是最有力的援兵了。当时,所有印度人都将歼灭加兹尼的马哈茂德的军队希望寄托在这场战争中。贵妇变卖了宝石、首饰,给印度大军捐款。贫穷妇女用织的布来筹措军费。就这样,全印度上下一心,将军费和粮食不断送往前线。由此可见,加兹尼的马哈茂德的军队之前的多次入侵,给印度人带来了巨大的伤害。

与此相反,因为没有后援部队,整个局势对加兹尼的马哈茂德的军队十分不利。加兹尼的马哈茂德的军队不得不修筑战壕,拼命防守。经过几次小规模交锋后,决一死战的日子终于到来了。当时,从喜马拉雅山上吹下来的凛冽寒风在战场上肆虐。

印度一方先发动攻势,派出了霍哈尔族的三万大军打头阵。然后,印度大军和加兹尼的马哈茂德的军队在战场上进行短兵相接的肉搏战。加兹尼的马哈茂德的军队受到猛烈攻击,有将近三万名士兵倒在了血泊中。加兹尼的马哈茂德深感此次战争已无望获胜。可以说,印度大军已经胜利在望了。

然而,也许是因为大象的一时任性,不知怎的,阿南达帕拉乘坐的大象突然掉头就跑。印度大军虽然胜利在望,但看着掉头就跑的阿南达帕拉,便以为是撤退的意思。于是,印度大军立刻军心大乱。加兹尼的马哈茂德想不到印度大军竟然会溃不成军地开始撤退,便花了两天两夜的时间带领军队追击。在这次战争中,加兹尼的马哈茂德的军队杀死了八千名印度士兵,活捉了三十头大象。在获得决定性的胜利后,加兹尼的马哈茂德的军队占领了纳加尔科特③的要塞。

---

① 罗阁帕拉,瞿折罗-波罗提诃罗王朝后期的国王,960年到1018年在位。——译者注
② 霍哈尔族,印度旁遮普的原住民。——译者注
③ 纳加尔科特,位于今尼泊尔加德满都以东三十多千米处。——译者注

在获得的战利品中，最珍贵的是模仿当时富豪宅邸制作而成的纯银房子模型。这个模型横宽三十码④，进深十五码，是一种可以自由组合的装置。⑤

1014年，加兹尼的马哈茂德率军攻入塔内萨尔⑥。获得了作为战利品的巨额财富和二十万个俘虏后，加兹尼的马哈茂德班师回朝。1015年，加兹尼的马哈茂德将远征目标定为克什米尔。在向克什米尔进发时，加兹尼的马哈茂德的军队竟然意外地遭到了克什米尔王公的顽强抵抗。加兹尼的马哈茂德早就听说克什米尔王公骁勇善战。但令他倍感意外的是，克什米尔王公的抵抗最后竟然演变成了反攻。这是加兹尼的马哈茂德引以为傲的常胜军唯一一次败北。于是，加兹尼的马哈茂德放弃了继续掠夺的念头，引兵撤退。对归途中能否顺利穿越敌人的阵营，加兹尼的马哈茂德一点把握都没有。据说，在历尽千辛万苦后，加兹尼的马哈茂德的军队才得以全身而退。

1018年10月，在第十二次远征印度时，加兹尼的马哈茂德将目标定为印度教圣城马图拉和人称"北印帝都"的根瑙杰。在离开加兹尼王朝的领土后，加兹尼的马哈茂德的军队迅速地徒涉了旁遮普的各条河流，并且早于原定计划，于1018年12月2日横渡了亚穆纳河。加兹尼的马哈茂德绕过喜马拉雅山脉的作战计划取得成功。作为印度教圣城的马图拉，就这样被加兹尼的马哈茂德的军队烧毁："苏丹有令：一定要泼油、放火，将所有寺庙烧成一片灰烬。"

于是，士兵完全遵照了加兹尼的马哈茂德的这一指示。随后，加兹尼的马哈茂德带领大军向东边的根瑙杰挺进。据说，这次他获得了数十万个俘虏。得知这个消息后，亚洲中部和西南部的奴隶商人纷纷来到加兹尼。

在加兹尼的马哈茂德的所有远征中，最惊险的一次是1023年12月开始的

---

④ 码，英制长度单位，1码等于0.9144米。——译者注
⑤ 出自文森特·阿瑟·史密斯的《牛津印度史》。——原注
⑥ 塔内萨尔，位于今印度北部的哈里亚纳邦。——译者注

以掠劫索姆纳特[①]为目的的远征。索姆纳特城内有印度教湿婆派的寺庙。寺庙里有高耸入云的雄伟殿堂。本次远征，湿婆派的寺庙成了目标。加兹尼的马哈茂德带领三万名骑兵前往印度河中游的木尔坦。在那里，三万名骑兵摇身一变，成为三万人的骆驼队。然后，这支队伍横穿了塔尔沙漠。沙漠行军，就是一场与口渴和饥饿进行的生死战。1024年3月，经过了长达四个月的苦行军，加兹尼的马哈茂德的军队终于抵达目的地。

当时，印度教教徒正在索姆纳特寺庙中举行虔诚的祈祷仪式。孩子都前往寺庙参加祈祷仪式，并且在院子里举行歌舞表演。和平的一天就这样开始了。这时，就像海啸般汹涌而来的加兹尼的马哈茂德的军队洗劫了整座城市。加兹尼的马哈茂德的军队所到之处生灵涂炭。两天后，索姆纳特就成了一座死城。和以前一样，加兹尼的马哈茂德的军队在城内烧杀抢夺。神圣的寺庙完全倒塌。寺庙中的珍宝都被加兹尼的马哈茂德带回了加兹尼。

加兹尼的马哈茂德最后一次远征印度，发生在1027年。当时，他的军队攻击了贾特人[②]的军队。据说，这次战斗发生在印度河上。1030年4月，加兹尼的马哈茂德驾崩，留下了远征印度十七次、与印度大军交战二十五次的记录。加兹尼的马哈茂德是忠于伊斯兰教的君主，也是成功完成了掠夺和破坏印度大业的骁勇善战的军队指挥官，堪称"自公没后，不见其比"。

第5节　加兹尼的马哈茂德的性格

根据多数史书的记载，加兹尼的马哈茂德自负、贪婪、嗜血、喜欢搞破坏，可以说是毫无可取之处。不过，这种说法只是史学家的空想，应该和史实存在很大差距。加兹尼的马哈茂德自称是伊斯兰教的士兵。破坏偶像正是他充满宗教热情的最好体现。为了鼓舞士气，加兹尼的马哈茂德向士兵讲述了自己做过

---

① 索姆纳特，位于印度西部的卡提亚瓦半岛。——译者注
② 贾特人，印度次大陆的一个民族，主要分布在今印度西北部和巴基斯坦。——译者注

的一个梦。他讲述梦境的每一句话都让粗鲁、大胆的士兵刻骨铭心。这个梦的内容如下。

在梦中,先知穆罕默德出现了,并且说道:"作为善报,我将把加兹尼王朝交给你。"穆罕默德还说道:"你不仅要积累自身的德行,还要尽全力为人类谋福祉。"

加兹尼的马哈茂德虽然没有满足贪婪的波斯大诗人菲尔多西的愿望,但非常爱护自己宫廷里的学者。加兹尼的马哈茂德花了大笔国帑,在首都加兹尼建起了图书馆、博物馆及无数清真寺等公共建筑。他还将掠夺回来的战利品都展示给臣民,并且将其中的大部分都分发给了他们。

关于加兹尼的马哈茂德处事公平的逸事有很多,下面就是其中一例。

有个男子向加兹尼的马哈茂德控诉道,加兹尼的马哈茂德的侄子非法闯进自己家里并做了坏事。这个男子还补充说,官差碍于犯人的身份,不敢将其逮捕。加兹尼的马哈茂德听了之后大怒,向该男子保证一定会秉公处理,绝不徇私。

加兹尼的马哈茂德命人将侄子押到自己面前。在灭灯后,加兹尼的马哈茂德立即把侄子杀了。之后,他大声命人快端一杯水来。

对这个有些奇怪的举动,加兹尼的马哈茂德是这样解释的:"我深爱自己的侄子。在履行我应尽的职责时,为了避免自己因心生怜悯而心慈手软,我便先灭灯。此外,自从听了那个男子的控诉,我就向神起誓,到犯人接受应有的惩罚之前,我都不吃不喝。"因此,当时加兹尼的马哈茂德口渴难耐。[1]

---

[1] 出自阿卜杜拉·约素福·阿里的《印度的建设》。——原注

显然，加兹尼的马哈茂德是一个虔诚的穆斯林统治者。因为在入侵印度时，他完全没有占领印度领土的野心。旁遮普和印度河下游沿岸之所以会成为加兹尼的马哈茂德的领土，是因为这些地区的百姓信奉了伊斯兰教，成为虔诚的穆斯林。加兹尼的马哈茂德让自己的军队在开伯尔山口的东边驻守，也仅仅是出于防守的目的。实际上，加兹尼的马哈茂德被印度文化深深吸引。有时，他也会折服于自己不喜欢的佛像，以及具有艺术气息的雕刻。加兹尼美轮美奂的布局，就是模仿了规模宏大的印度教寺庙的设计。

第6节　加兹尼的马哈茂德之后的加兹尼王朝

加兹尼的马哈茂德驾崩后，加兹尼王朝就由马德斯一世统治。因为国内出现动乱，所以之后的统治者中，已经无人能继承加兹尼的马哈茂德的雄心壮志。他们只关心如何维持现有的喀布尔的加兹尼王朝。旁遮普一带的土地、塔内萨尔和纳加尔科特等父辈辛苦打下来的疆土，都被德里的王公夺了回去。最后，在印度的土地上，只有拉合尔属于加兹尼王朝的领土。

考虑到读者可能会对加兹尼王朝的系谱感兴趣，我将其罗列如下。[①]

加兹尼的马哈茂德的后继者是马德斯一世，在位仅八年。1038年，莫兹德即位。之后，即位的是马德斯二世、阿里。1049年，他们先后即位。1052年，拉希德即位。1053年，法鲁赫朝德即位。1059年，易卜拉欣一世即位。1098年，马德斯三世即位。1115年，希尔扎德即位。1118年，阿尔萨朗即位。1151年，第十四代苏丹巴赫朗姆即位。至此，自建国以来，加兹尼王朝经历了将近两个世纪的时间。与此同时，阿拉伯帝国的局势逐渐发生了变化。阿富汗被突厥人占领。古尔城的酋长则在赫拉特东南方向的山谷中建立了据点，并且不断向外扩张。巴赫朗姆在位仅一年。因为无法抵挡古尔城的酋长的攻势，所以加兹尼王朝最终走

---

① 因为原文的加兹尼王朝系谱中，苏丹和年代与其他史书中的说法不一致，无法确定对应人物的全名，所以尊重原文，人名均采用音译。——译者注

上了末路。1152年，第十五代苏丹霍斯鲁一世即位。在位八年后，他因无法忍受古尔城的酋长的压迫而逃到了拉合尔。于是，王位传给了加兹尼王朝最后一位苏丹霍斯鲁二世。霍斯鲁二世天生孱弱，只知道吃喝玩乐。不久，古尔英雄穆厄佐丁·穆罕默德就征服了加兹尼王朝。霍斯鲁二世的命运是，在拉合尔过了十五年的软禁生活，之后被杀。霍斯鲁二世在位的时间是1159年到1186年。977年建立的加兹尼王朝，终于在1186年退出了印度的历史舞台。

第7节　古尔王朝的穆厄佐丁·穆罕默德

据说，古尔王朝的始祖是赛伊夫丁·苏里·本·马立克·艾佐丁·侯赛因。他的儿子阿劳乌丁·侯赛因·贾杭苏兹推翻了加兹尼王朝的统治，并且占领了由加兹尼的马哈茂德的战利品装饰而成、号称世界最美城市的加兹尼。之后，经过了两代苏丹的统治。接下来，继位的是穆厄佐丁·穆罕默德。"穆厄佐丁"是"宗教之火"的意思。

1175年，穆厄佐丁·穆罕默德开始征服印度。他先率军攻占了位于古尔王朝边境的木尔坦，接着占领了旁遮普的乌奇。接连的胜利让穆厄佐丁·穆罕默德有了一鼓作气攻下古吉拉特的打算。然而，在和阿尼什瓦拉[①]王公的军队的遭遇战中，穆厄佐丁·穆罕默德的军队意外地输得很惨。穆厄佐丁·穆罕默德的军队乱作一团，士兵四处逃散，甚至被阿尼什瓦拉王公的军队追击了三十英里。因此，穆厄佐丁·穆罕默德的计划只能暂时作罢。和膺惩异教徒、掠夺珍宝相比，穆厄佐丁·穆罕默德明显表现出了想要侵占印度丰饶土地的野心。因此，对穆厄佐丁·穆罕默德来说，此次败北是一个巨大的打击。他自我安慰道，先确保对信德的统治权，然后重整旗鼓，伺机卷土重来。穆厄佐丁·穆罕默德采取了十分谨慎、周密的进攻策略。

---

① 阿尼什瓦拉，位于今印度古吉拉特邦。——译者注

没过几年，机会就来了。1192年，穆厄佐丁·穆罕默德再次率军入侵印度。为了抵抗穆厄佐丁·穆罕默德大军的进攻，印度诸王公再次组织了联军。然而，因为德里王公布里蒂比亚西和根瑙杰王公拉托尔早有不和，所以印度联军无法默契合作，犹如一盘散沙。就这样，在塔拉韦里的原野，印度联军和穆厄佐丁·穆罕默德大军进行了殊死较量。在布里蒂比亚西娴熟的指挥下，印度联军越战越勇。穆厄佐丁·穆罕默德的手臂被印度士兵射出的箭刺伤了。不过，他麾下一万两千名精锐的白衣骑兵并不好对付。在骑兵的突袭下，穆厄佐丁·穆罕默德成功俘虏了印度联军的指挥官布里蒂比亚西。结果，德里和阿杰梅尔都成为穆厄佐丁·穆罕默德的领土。战败的印度士兵，要么被杀，要么成为待售的奴隶。布里蒂比亚西则被处死。在把统治和守护新征服的领土的任务交给手下的将领库特卜·阿尔-丁·艾巴克后，穆厄佐丁·穆罕默德就班师回朝了。

1193年，日理万机的穆厄佐丁·穆罕默德第三次率领大军征服印度。这次，穆厄佐丁·穆罕默德大军席卷了印度北部从根瑙杰到瓦拉纳西的各个中心城市。在印度教圣城瓦拉纳西，穆厄佐丁·穆罕默德大军甚至升起了伊斯兰教的新月旗。对当时的印度人来说，这意味着苦难的日子恐怕要持续很长一段时间。因为留在印度的军政长官是自己非常信任的将领库特卜·阿尔-丁·艾巴克，所以穆厄佐丁·穆罕默德心满意足地回到了加兹尼。回到加兹尼后，穆厄佐丁·穆罕默德继承了王位，成为古尔王朝的苏丹。

1205年冬，旁遮普势力庞大的霍哈尔族发动了叛乱。因此，穆厄佐丁·穆罕默德不得不第四次远征印度。这是穆厄佐丁·穆罕默德的最后一次远征。穆厄佐丁·穆罕默德大军所到之处，血流成河。很快，霍哈尔族的叛军就溃不成军。不久，穆厄佐丁·穆罕默德平定了霍哈尔族的叛乱。在当时的印度，由精悍的阿富汗人组成的军队，可谓所向无敌。

平定叛乱后，穆厄佐丁·穆罕默德踏上了归途。1206年3月，穆厄佐丁·穆罕默德被人暗杀。穆斯林史官是这样记录的："在返回加兹尼的途中，停留在达姆亚克的驿站时，突然发生了暗杀穆厄佐丁·穆罕默德的事件。"

穆厄佐丁·穆罕默德驾崩后，古尔王朝经历了吉亚斯·阿尔-丁·马哈茂德、巴哈·阿尔-丁·萨姆三世、阿拉·阿尔-丁·阿西兹、阿拉·阿尔-丁·阿里的统治。实际上，可以认为古尔王朝在1206年就灭亡了。在曾激起穆厄佐丁·穆罕默德强烈占有欲的印度土地上，库特卜·阿尔-丁·艾巴克的势力不断壮大。最后，库特卜·阿尔-丁·艾巴克成为一个新王朝的创始人。

第 9 章

德里苏丹国的诸王朝

（从 1200 年到 1500 年）

第1节　奴隶王朝

对德里的军政长官库特卜·阿尔-丁·艾巴克来说，古尔王朝的苏丹穆厄佐丁·穆罕默德驾崩无疑是一件天大的喜事。群龙无首的古尔士兵，拥护勇敢、能干的库特卜·阿尔-丁·艾巴克。于是，库特卜·阿尔-丁·艾巴克就从原来的古尔王朝中独立出来，成为国王。1206年，在印度的土地上，出现了以库特卜·阿尔-丁·艾巴克为始祖的伊斯兰教国家。这个国家被称为奴隶王朝。库特卜·阿尔-丁·艾巴克出身于突厥族，曾作为奴隶被穆厄佐丁·穆罕默德买走。不过，才能出众的库特卜·阿尔-丁·艾巴克不甘心一直做奴隶。在穆厄佐丁·穆罕默德征服印度时，库特卜·阿尔-丁·艾巴克已经成为一方首领。在昌德瓦尔的激战中，根瑙杰的王公柴昌德被射中眼睛，并且战死。在这场战斗中，立下了赫赫战功的正是库特卜·阿尔-丁·艾巴克率领的冲锋军。也许是人们忘不了他的出身，在称呼他"苏丹"的同时，还不忘给他统治的王朝冠以"奴隶王朝"的名号。就这样，奴隶王朝这个名字就出现在了历史的卷宗里。

库特卜·阿尔-丁·艾巴克采用了联姻政策。无论在哪个年代，女性总能在关键时刻派上用场。特别是对当时一夫多妻制的穆斯林来说，在拉拢反对派时，或者在祈求权势者的庇护时，互相赠送"女人"是一件常事。因此，库特卜·阿尔-丁·艾巴克娶了和自己实力不相上下的将军塔基-乌德-丁的女儿为妃，并且将自己的妹妹嫁给了镇守信德的总督纳西尔-乌德-丁。库特卜·阿尔-丁·艾巴克还将自己的女儿嫁给了驻守比哈尔、年轻有为的阿尔坦西。就这样，库特卜·阿尔-丁·艾巴克维持了印度北部的稳定。

当时，穆斯林军队通常以十八个骑兵为一队。孟加拉犀那王朝[1]老迈的国王拉克什曼那·犀那，却被这样的骑兵队震慑住了，竟然放弃了首都，逃往德干高原。这一事件大约发生在奴隶王朝建立前七年。从那以后，孟加拉就由穆斯林军队控制。奴隶王朝建立后，孟加拉自然就成了其领土。

在被积雪覆盖的喜马拉雅山麓，还有几个信奉印度教的国家。库特卜·阿尔-丁·艾巴克企图征服这些国家。奉其旨意的将军巴尔卡哈尔率领大军攻打了阿萨姆和尼泊尔的两个国家。在此次战役中，打山岳战是不可避免的。不擅长打山岳战的穆斯林大军，在大吉岭附近的战斗中败下阵来。后来，巴尔卡哈尔带着残余的兵力逃回了奴隶王朝。库特卜·阿尔-丁·艾巴克认为，这次战败是伊斯兰教的奇耻大辱。据说，他一直对这次战败耿耿于怀。1210年，库特卜·阿尔-丁·艾巴克在抑郁中驾崩。穆斯林军队的士气也因这次战败而大受打击。不过，库特卜·阿尔-丁·艾巴克最终得到了人们的谅解。作为奴隶王朝的创始人，库特卜·阿尔-丁·艾巴克的名字还被刻在了德里近郊的顾特卜塔[2]上。这是他的女婿伊杜米思为了祭奠他而建造的塔。

之后，库特卜·阿尔-丁·艾巴克的儿子阿拉姆沙即位。阿拉姆沙是一个无能的君主，1211年便退位。随后，库特卜·阿尔-丁·艾巴克的女婿伊杜米思即位。挡在伊杜米思面前的是，当年他的岳父，即库特卜·阿尔-丁·艾巴克采用联姻政策时多出来的"纠缠不休的亲戚"。伊杜米思不得不与塔基-乌德-丁和纳西尔-乌德-丁打了一场大战。通过此次大战，伊杜米思成功地将比哈尔、信德、

---

[1] 犀那王朝，1070年到1230年统治孟加拉的王朝。——译者注
[2] 顾特卜塔，世界文化遗产，世界上用砖建造的最高的宣礼塔，位于今德里近郊。——译者注

顾特卜塔

摩腊婆等地纳入自己的势力范围，并且成为独裁统治者。当时，奴隶王朝已经统一了温迪亚山脉以北的整个印度北部。这是继笈多王朝以来印度北部再次统一。

这时，势力强大的蒙古族出现了。拥有"成吉思汗"的称号、叫铁木真的年轻蒙古酋长，成为蒙古帝国的皇帝，在亚洲中部掀起了规模庞大的征服运动。

1221年到1222年，成吉思汗带领勇猛的蒙古兵远征阿富汗。转眼间，成吉思汗的大军就占领了加兹尼、赫拉特和白沙瓦。伊杜米思的领土眼看就要遭到蒙古兵的蹂躏。

成吉思汗

蒙古兵

然而，摆在蒙古兵面前的是又宽又长的印度河。对属于北方民族的蒙古兵而言，印度的酷暑实在是难以忍受。

不知什么原因，成吉思汗突然改变了当初的计划，带领军队撤退了。如果不是这样，恐怕印度早就处于蒙古族的统治下了。这样一来，伊杜米思侥幸躲过了一劫。但此后，伊杜米思及其后继者就必须小心提防蒙古兵侵袭印度北方边境。

1236年5月，伊杜米思驾崩。继位者是他的儿子鲁克努丁·菲鲁兹。鲁克努丁·菲鲁兹平庸无能，经常做非常滑稽的事，并且生活放纵奢侈，荒淫无度。恣意妄为的鲁克努丁·菲鲁兹实在是不适合做统治者。他在位仅七个月，便因为百姓怨声载道，很快成为众矢之的，不久就被废除了。

第2节　苏丹娜[①]拉齐娅

鲁克努丁·菲鲁兹退位后，他的妹妹拉齐娅登上了王位。女性作为伊斯兰国家的统治者还是比较特别的。在漫长的印度历史中，拉齐娅是第一个，也是唯一一个苏丹娜。[②]

与哥哥不同，拉齐娅是一个十分有才华的人。通晓《古兰经》的她，勤于政事，伸张正义，采用和平的政策治理国家。"凡是作为一个国王该有的天赋，上天一个不少地全部给了她。"拉齐娅唯一的缺点，就是并非男儿身。这也是她的一个弱点。拉齐娅十分宠爱一个来自埃塞俄比亚的养马人。这让一部分阿富汗将领怀恨于心。在位三年后，拉齐娅失去了兵权，并且被废黜。1240年10月，她和那个养马人被杀。

接下来的两代苏丹分别是穆兹乌德·丁·巴赫拉姆和阿拉·乌德·丁·马苏德。他们都没有留下任何政绩。他们在位的时间，合计六年。再往后的第八代苏丹，是伊杜米思的小儿子纳希尔丁·马哈茂德[③]。在奴隶出身的大臣吉亚斯·乌德·丁·巴尔班的辅佐下，纳希尔丁·马哈茂德竟然罕见地统治了奴隶王朝长达二十二年。说罕见，是因为在伊斯兰国家，只要在位的国王不是最佳人选，人们就能轻易废除该王的王位。吉亚斯·乌德·丁·巴尔班还成功地让自己的女儿成为王妃。可以说，他的势力已经凌驾于纳希尔丁·马哈茂德之上了。后来，吉亚斯·乌德·丁·巴尔班选择了谋朝篡位。他把纳希尔丁·马哈茂德赶下台后，自立为王。

登上王位的吉亚斯·乌德·丁·巴尔班，在生活上毫无变化，只不过多了个苏丹的称号。即位那年，吉亚斯·乌德·丁·巴尔班已经六十多岁了。他顽

[①]　苏丹娜，即女性苏丹。——译者注
[②]　印度沦为英国殖民地时，正值维多利亚女王统治时期。对身处遥远伦敦的英国国王也是女性这件事，当时的印度人应该不会感到惊讶。——原注
[③]　1246年到1267年在位。——原注

吉亚斯·乌德·丁·巴尔班

固、残忍、暴虐成性。这就是历史对他的简单评价。即便如此，吉亚斯·乌德·丁·巴尔班在位的时间依然很长。除了因为他很长寿，还因为在蒙古骑兵以迅雷不及掩耳之势席卷亚洲中部时，为了寻求庇护，来自阿富汗的诸王、僧侣和文人都逃难到了德里。因此，在性情乖僻的吉亚斯·乌德·丁·巴尔班的统治下，文化领域百花齐放。

然而，强权政治一旦开始瓦解，就会变得一发不可收拾。吉亚斯·乌德·丁·巴尔班驾崩后，奴隶王朝的最后一位苏丹——吉亚斯·乌德·丁·巴尔班的孙子穆伊兹·乌德·丁·凯库巴德即位。穆伊兹·乌德·丁·凯库巴德的治国方式，遭到了摩腊婆和拉贾斯坦的王公及恒河流域的总督的鄙视，因为穆伊兹·乌德·丁·凯库巴德只不过是一个碌碌无为的败家子。

贾拉勒-乌德-丁·卡尔吉

后来，一个将领发动了叛乱。1290年，穆伊兹·乌德·丁·凯库巴德被贾拉勒-乌德-丁·卡尔吉毒杀。就这样，在经历了十代苏丹、八十四年的统治后，奴隶王朝最终灭亡。

第3节　卡尔吉王朝

建立了以自己名字命名的卡尔吉王朝时，贾拉勒-乌德-丁·卡尔吉已经七十岁了。他是突厥族出身的将军。为了提防蒙古骑兵的侵袭，有半个世纪的时间他都在旁遮普驻守。坐上王位的贾拉勒-乌德-丁·卡尔吉年事已高，无法领兵打仗。因此,他将女儿许配给了侄子①阿拉丁·卡尔吉,并且把兵权交给了他。不久,兵权在握的青年将军阿拉丁·卡尔吉就想挑战一下自己的命运。于是,他开始计划征服印度南部。对卡尔吉王朝来说,印度南部是一块处女地,有数之不尽的金银财宝,还有异教徒的佛像。这些佛像应该正等着阿拉丁·卡尔吉去毁坏。这大概就是当时印度南部吸引阿拉丁·卡尔吉的原因。

于是,在取得了叔父贾拉勒-乌德-丁·卡尔吉的同意后,阿拉丁·卡尔吉决定征服印度南部。1294年,阿拉丁·卡尔吉带着精选的八千名士兵踏上了征服印度南部的路途。他带领军队越过了温迪亚山脉,来到德干高原。途中,阿拉丁·卡尔吉心生一计,四处散布谣言,说自己因与贾拉勒-乌德-丁·卡尔吉不和而被逐出王宫,要前往印度南方寻求援助。因此,在行军途中,阿拉丁·卡尔吉的军队没有遭遇太大的阻挠。摩腊婆的王公还给了阿拉丁·卡尔吉的军队一些

阿拉丁·卡尔吉

---

① 阿拉丁·卡尔吉的父亲谢哈布丁·马苏德是贾拉勒-乌德-丁·卡尔吉的哥哥。因此,阿拉丁·卡尔吉是贾拉勒-乌德-丁·卡尔吉的侄子。——译者注

粮草，犒劳他们。最后，阿拉丁·卡尔吉的军队就像进入无人之境一样越过了德干高原。后来，印度南部诸王得知这是阿拉丁·卡尔吉的诡计。然而，为时已晚，阿拉丁·卡尔吉的军队已经兵临城下。阿拉丁·卡尔吉的军队打到了雅达瓦王朝[①]的首都德瓦吉里，破坏了这座毫无防备的城市。阿拉丁·卡尔吉的军队还在城中进行了大屠杀。雅达瓦王朝的国王罗摩旃陀罗逃到了城外林中的避难所，最终还是被俘。在答应献给卡尔吉王朝大量财宝并发誓每年向卡尔吉王朝进贡后，罗摩旃陀罗才捡回了一条命。

就这样，卡尔吉王朝耗时一年，取得了远征印度南部的胜利，并且获得了巨额的战利品。当时，印度南部的钱币是用纯金铸造的金币。因此，仅掠夺到的金币就是一笔巨额的财富。凯旋的阿拉丁·卡尔吉在德里获得了嘉奖。之后，他就开始对自己只能做副王感到不满。同时，阿拉丁·卡尔吉和自己的妻子，即贾拉勒-乌德-丁的女儿并非情投意合。1296年7月，贾拉勒-乌德-丁·卡尔吉应邀前往阿拉丁·卡尔吉位于安拉阿巴德的卡拉别府。在这里，贾拉勒-乌德-丁·卡尔吉被自己的侄子阿拉丁·卡尔吉杀害。

继承了卡尔吉王朝的王位后，1297年，阿拉丁·卡尔吉萌生了新的征服欲望，即进一步南下、深入印度最南端海岸线。作为本次征服的第一步，阿拉丁·卡尔吉先率军席卷了古吉拉特。然后，阿拉丁·卡尔吉的军队占领了拉贾斯坦、奇挞等地。在这次征服战争中，阿拉丁·卡尔吉提拔了拉贾斯坦的马利克·卡富尔做指挥官。马利克·卡富尔原本是印度人，但早就改信了伊斯兰教。

之后，马利克·卡富尔代替阿拉丁·卡尔吉，率军继续南下，占领了卡卡提亚王朝[②]的首都奥鲁加路[③]和潘地亚国的旧都马杜赖。就连雅达瓦王朝、曷萨拉王朝[④]，也惨遭马利克·卡富尔铁蹄的蹂躏。奥鲁加路、马杜赖等城市全部

[①] 雅达瓦王朝，1187年到1317年统治印度德干高原的一个印度教王朝。——译者注
[②] 卡卡提亚王朝，1163年到1323年统治德干高原东部大部分区域的一个王朝。——译者注
[③] 奥鲁加路，即今印度南部的瓦朗加尔。——译者注
[④] 曷萨拉王朝，1187年到1343年位于印度南部的一个王朝。——译者注

被洗劫一空。1311年,马利克·卡富尔率领的军队抵达乌木海岸,完成了阿拉丁·卡尔吉期望已久的征服印度南部的大业。这次远征耗时十多年。在此期间,印度北部不时地遭到蒙古骑兵的侵袭。

阿拉丁·卡尔吉采用的是一种叫"恐怖政治"的统治方法。他的信条是"万事不问是非曲直。为了国家,为了应对非常状况,如果有必要,可以不分善恶、对错,无所不用其极"。阿拉丁·卡尔吉征服印度南部的战线横跨印度南北。因此,扩充军备十分必要。阿拉丁·卡尔吉麾下有四十七万五千名正规骑兵。为了补给这支军队,阿拉丁·卡尔吉征收重税,统一粮食买卖,规定了所有商品的法定价格。这些政策的施行都需要臣民无条件的服从。因此,阿拉丁·卡尔吉布了一张极其严密的谍报网。有人如果胆敢非议他的治国政策,就会被毫不留情地以叛乱罪论处。刑罚也是极其残忍的,比如商人如果卖出的商品缺斤少两,就要把自己臀部的肉切下来补足短缺的分量。

阿拉丁·卡尔吉是一个文盲。他唯一可取之处,就是雷厉风行的实干精神。在了解了饮酒的坏处后,他打碎了王宫里所有酒器。阿拉丁·卡尔吉的信条是,无论做什么事都要坚持到底。傲慢的阿拉丁·卡尔吉希望自己能成为"第二个亚历山大大帝"。他发行的钱币上就刻有这样的文字。不过,这么做并没有带给他和亚历山大大帝同等的声望。阿拉丁·卡尔吉不得人心的证据就是,1316年1月,他被自己宠信的大臣马利克·卡富尔毒杀。

接下来即位的是谢哈布丁·奥马尔,但还没满一年就被废黜了。接替谢哈布丁·奥马尔即位的是库特卜丁·穆巴拉克·沙阿。库特卜丁·穆巴拉克·沙阿是阿拉丁·卡尔吉的三儿子。库特卜丁·穆巴拉克·沙阿任用了出身贫贱、改信伊斯兰教的印度人库斯劳·汗,并且将军政大权交给了他。然而,库斯劳·汗改信伊斯兰教是假的。1320年,库斯劳·汗杀害了库特卜丁·穆巴拉克·沙阿,自立为王,并且称自己为"纳西尔丁·库斯劳·汗"。库特卜丁·穆巴拉克·沙阿手下的将士当然不能容忍库斯劳·汗篡位。最后,库斯劳·汗自作自受,落了一个和库特卜丁·穆巴拉克·沙阿一样的下场。自此,卡尔吉王朝彻底覆灭了。

第4节　图格鲁克王朝

卡尔吉王朝的最后一位苏丹被杀后，首都德里一片混乱。要扭转这样的局势，就需要一个有权有势的统治者出来主持大局。在得知德里的情况后，曾任旁遮普总督的吉亚斯·阿尔-丁·图格鲁克率兵进驻德里。没过多久，他就平定了动乱。吉亚斯·阿尔-丁·图格鲁克德高望重，深受百姓敬仰。因此，在建立图格鲁克王朝时，他没有遭到百姓的反对。吉亚斯·阿尔-丁·图格鲁克出身于突厥族的奴隶。他的父亲是突厥人，他的母亲是一个叫亚特的印度妇人。1320年，吉亚斯·阿尔-丁·图格鲁克即位。

德里长期是德里苏丹国[①]的首都。当时，德里的人心已经腐败、堕落到了非常严重的程度。在长期驻守旁遮普的吉亚斯·阿尔-丁·图格鲁克看来，德里的人心腐败、堕落尤其突出。因此，铁骨铮铮的吉亚斯·阿尔-丁·图格鲁克坚信，政治改革的第一步就是迁都。于是，他下令将首都迁到了德里东面四英里的地方，并且称该地为图格拉卡巴德。不久，南方德干高原出现叛乱。吉亚斯·阿尔-丁·图格鲁克亲自带兵前去平叛。战后，吉亚斯·阿尔-丁·图格鲁克凯旋。之后，在儿子穆罕默德·本·图格鲁克建造的宫殿里，吉亚斯·阿尔-丁·图格鲁克因屋顶坍塌而被砸死。据说，这完全就是一场谋杀。从穆罕默德·本·图格鲁克残忍的性格，以及他后来施行的暴政来看，这种说法也有一定道理。

继吉亚斯·阿尔-丁·图格鲁克之后登上王位的，就是穆罕默德·本·图格鲁克[②]。穆罕默德·本·图格鲁克是一个虔诚的穆斯林。他很有学问，精通语言学。他还为文学、哲学、医学、天文学等学科的发展做出了贡献。不过，穆罕默德·本·图格鲁克十分任性，甚至有些疯狂。在感叹德瓦吉里的美景后，他立刻下令迁都德瓦吉里，并且将德瓦吉里改名为道拉塔巴德。这件事充分体

[①] 德里苏丹国，1206年到1526年，以德里为中心、相继统治印度北部的五个伊斯兰王朝的总称，包括奴隶王朝、卡尔吉王朝、图格鲁克王朝、赛义德王朝和洛迪王朝。——译者注
[②] 在位时间为1325年到1351年。——原注

现了穆罕默德·本·图格鲁克的任性。迁都的命令几乎是强制执行的。不管情愿与否，德里的百姓都花了十天时间，拖家带口地搬到了新首都道拉塔巴德。最后，德里变成了一座"连猫狗都不剩"的荒凉空城。不过，百姓依然对德里恋恋不舍。百姓对德里恋恋不舍的消息传进了穆罕默德·本·图格鲁克的耳中，使他觉得新首都其实并没有想象中那么好。于是，穆罕默德·本·图格鲁克下令将首都迁回了德里。回到德里后，穆罕默德·本·图格鲁克又意识到，一国之君竟然对百姓言听计从，实在是有损自己的威望。事已至此，穆罕默德·本·图格鲁克只能坚持原来的决定，再次下令将首都迁到道拉塔巴德。这次有人如果不听从命令，就会被处死。不过，不知道是幸运还是不幸，这次迁都因遇到大饥荒而不了了之。

穆罕默德·本·图格鲁克草率的行事作风是一个大问题。一次，他一时兴起，便有了征服中国的想法。于是，他立刻组织了一支远征中国的军队。十万大军前行，本该翻过绵延的喜马拉雅山脉，结果却在沙漠中迷失方向。历尽千辛万苦回到德里的数百名士兵，被震怒的穆罕默德·本·图格鲁克处斩。

为了挽回颜面，穆罕默德·本·图格鲁克组织了一支远征波斯的大军。然而，国库已经入不敷出。穆罕默德·本·图格鲁克根本无力支付这支大军所需的全部费用。结果，这支远征军非但没有远征波斯，反倒在国内任意妄为，四处抢劫。这两个远征的事例就是穆罕默德·本·图格鲁克有些疯狂的最好体现。

不久，国家的财政陷入危机中。于是，穆罕默德·本·图格鲁克实行了自己"天才般的计划"——改铸钱币。他下令用黄铜替代了银本位制中使用的白银，并且让铜币和银币以同样的价格流通。铜币上还刻有"服从苏丹的人，才是真正遵从安拉的旨意之人"的字样。作为穆斯林，穆罕默德·本·图格鲁克的臣民显然没有"真正遵从安拉的旨意"。他们也没有听从穆罕默德·本·图格鲁克的命令。据说，穆罕默德·本·图格鲁克下令改铸的铜币最后堆积如山，变得一文不值。

接下来，穆罕默德·本·图格鲁克理所当然地选择了增加赋税的方法。恒

穆罕默德·本·图格鲁克下令用铜币兑换银币

河流域的地租直接增加到原来的二十倍。因此，一看到收税官员，农民就立刻逃到山林中。后来，农民中的一部分人就做了强盗。国内完全乱了秩序。于是，穆罕默德·本·图格鲁克派出军队讨伐强盗。处于军队包围圈内的农民，无论善恶，都被杀了。这应该算是一种"猎人"的行为吧。通过残杀农民，暴戾的穆罕默德·本·图格鲁克获得了某种心理上的快感。

以这样的方式来治理一个国家，当然不可能长治久安。叛乱无处不在。信德、摩腊婆、旁遮普、孟加拉、乌木海岸——整个印度接二连三地爆发了叛乱。为了镇压各地叛乱,穆罕默德·本·图格鲁克晚年东征西讨,过着永无宁日的军营生活。1351年3月,为了镇压信德的叛乱,穆罕默德·本·图格鲁克风尘仆仆地赶往信德。途中,"博学却不近人情,信仰虔诚却有些疯狂"的穆罕默德·本·图格鲁克因病而驾崩。

暴君穆罕默德·本·图格鲁克驾崩后,即位的是他的堂弟菲鲁兹·沙阿·图格鲁克[①]。菲鲁兹·沙阿·图格鲁克是图格鲁克王朝的始祖吉亚斯·阿尔-丁·图

菲鲁兹·沙阿·图格鲁克

---
① 1351年到1388年在位。——原注

格鲁克的弟弟马利克·拉杰卜和印度贵族之女比比·娜伊拉生的混血儿。菲鲁兹·沙阿·图格鲁克接受了母亲雅利安式的教育。当初,为了解救陷入危机的村子,比比·娜伊拉牺牲自己,嫁给了马利克·拉杰卜。从菲鲁兹·沙阿·图格鲁克小时候开始,母亲比比·娜伊拉就给他灌输不要压迫印度人和印度教的思想。

菲鲁兹·沙阿·图格鲁克遵从了母亲的教诲,致力于促使不同信仰的百姓和平共处。菲鲁兹·沙阿·图格鲁克最大的优点就是温柔敦厚、待人宽容。说到舞刀弄枪、带兵打仗,他完全是不得要领。因此,在菲鲁兹·沙阿·图格鲁克统治期间,真正由他管辖的领土只有从孟加拉到旁遮普之间的土地。在印度中南部,先是阿拉·乌德·丁在德干高原自立为王,后来古吉拉特和摩腊婆宣布独立。迫不得已,菲鲁兹·沙阿·图格鲁克默许了这些地区的独立。

不过,菲鲁兹·沙阿·图格鲁克在国内治理方面卓有成效。他废除了人头税。人头税是除穆斯林之外的所有人必须缴纳的一种税。他还大力支持伊斯兰教的逊尼派[①]。菲鲁兹·沙阿·图格鲁克振兴农业,救济贫民。此外,他还特别喜欢大兴土木,由此救助了一大批失业者。在公共事业方面,菲鲁兹·沙阿·图格鲁克鼓励开凿运河。他开凿的运河连接了亚穆纳河和萨特莱杰河。1388年9月,在经历了三十八年相对和平的统治后,菲鲁兹·沙阿·图格鲁克驾崩,享年七十九岁。

菲鲁兹·沙阿·图格鲁克驾崩后,宫廷中开始了一如既往的王位争夺战。即位仅一年,第四代苏丹图格鲁克·汗就被阿布·贝克尔·沙阿取代。1389年,阿布·贝克尔·沙阿刚即位,就被后来的第六代苏丹纳西尔·乌德·丁·穆罕默德·沙阿三世赶下了台。纳西尔·乌德·丁·穆罕默德·沙阿三世在位五年。在统治期间,他承认了印度北部一个以江布尔为首都的国家的独立。这时,图格鲁克王朝逐渐衰败。第八代苏丹纳西尔-乌德-丁·马哈茂德·沙阿·图格鲁克在位仅一年。接下来的纳西尔-乌德-丁·努斯拉特·沙阿·图格鲁克统治了四年。之

---

① 逊尼派,伊斯兰教的最大教派,全世界约百分之九十的穆斯林都属于逊尼派。——译者注

后，纳西尔-乌德-丁·马哈茂德·沙阿·图格鲁克再次登上王位。然而，就在这个时候，令人生畏的帖木儿出现在了印度的土地上。这仿佛宣告了图格鲁克王朝即将灭亡的命运。

第5节　帖木儿风暴

1398年年末，帖木儿的大军宛如一阵旋风，从中亚席卷到了德里。德里经历了暗无天日的五天五夜。帖木儿的绰号是"跛足"。这是因为他小时

帖木儿

候腿受过伤。另外,"帖木儿"这三个字是"铁"的意思。本应该称其为"跛足的帖木儿[①]",结果却因为西欧人口音的关系,"跛足的帖木儿"被念成了"Tamerlane"。因此,大部分史书中称"Tamerlane的帖木儿",是错的。

帖木儿之所以入侵德里,原因之一是他听说身在印度的穆斯林国王受到了身为臣民的印度人的百般折磨。因此,帖木儿的目的就是让异教徒全部改信伊斯兰教。

另一个原因是,占据在木尔坦的国王萨朗贾·汗,对曾任喀布尔总督的帖木儿的孙子毕尔·穆罕默德的最后通牒置若罔闻。这让帖木儿感到受到了冒犯。帖木儿决定攻打木尔坦。于是,他派出了自己的孙子毕尔·穆罕默德。1398年,渡过了印度河的毕尔·穆罕默德大军攻占了乌奇的要塞,包围了木尔坦。然而,毕尔·穆罕默德大军遭到了木尔坦军队的顽强抵抗。因此,毕尔·穆罕默德不得不向帖木儿求援。于是,帖木儿带领三万大军前去支援毕尔·穆罕默德。1398年春,帖木儿大军离开首都撒马尔罕,越过了险峻的兴都库什山脉。1398年9月中旬,帖木儿大军抵达印度河上游。

最后,木尔坦沦陷,遭到掠夺和屠杀。接着,帖木儿大军向德里挺进。途经巴特尼尔和萨尔马纳时,帖木儿大军杀光了所有男子。妇女和小孩全部成为奴隶,并且跟随帖木儿大军前进。当时,帖木儿大军离德里还有很长一段距离。尽管如此,帖木儿大军还是在沿途抓了许多俘虏。俘虏的数量愈来愈多,这对兵贵神速的帖木儿大军来说,无疑是一个不小的包袱。于是,帖木儿下令屠杀了除妇女和有一技之长的人之外的所有俘虏。德里近郊有一座由菲鲁兹·沙阿·图格鲁克建立的美丽的伊斯兰教城市菲鲁兹巴德。在这里,帖木儿重整了军队,并且将大军分成了数个小分队。这些小分队很快就进入作战模式,战略目标就是包围德里。这次行动在瞬间就完成了。帖木儿手下的勇士,以迅雷不及掩耳之势,如海啸般从四面八方涌向了德里的街市。

[①] 波斯语为Tīmūr-iLang。——译者注

大屠杀持续了五天五夜。有人说，死于这次大屠杀的人有五万。有人说，有十万。总之，就是死了很多人。据说，德里遍地死尸，尸体甚至堵塞了交通。在大屠杀期间，帖木儿依然满不在乎地大摆宴席，庆祝胜利。五天后，帖木儿大军渡过了恒河，向密拉特挺进。

图格鲁克王朝的末代苏丹纳西尔-乌德-丁·马哈茂德·沙阿·图格鲁克早就逃到了古吉拉特。为了阻止他重返德里，帖木儿命令阿富汗人赛义德·希兹尔·汗率军在德里驻守。因此，纳西尔-乌德-丁·马哈茂德·沙阿·图格鲁克"完全成为影子一样的存在"。据说，纳西尔-乌德-丁·马哈茂德·沙阿·图格鲁克最后活到了1413年2月。

之后，德里变成了一座死城，饥馑和瘟疫频发，城中居民不断死去。不出两个月，德里就荒芜到了飞鸟绝迹的境地。

第6节　赛义德王朝和洛迪王朝

图格鲁克王朝灭亡后，真正支配德里的赛义德·希兹尔·汗成为统治者，但他不称自己为苏丹，而称自己为总督。无论采用哪种叫法，他实际上都是当时德里的统治者。1421年，赛义德·希兹尔·汗驾崩。接下来，经历了两代苏丹的统治。之后，赛义德王朝最后一位苏丹阿拉姆·沙阿即位。1451年，阿拉姆·沙阿退位。他退位的原因是阿富汗人巴赫鲁尔·洛迪取得了旁遮普的统治权，并且成功占领了德里。于是，阿拉姆·沙阿将王位让给了巴赫鲁尔·洛迪。并非武夫出身的阿拉姆·沙阿觉得自己更适合过隐居的生活。因此，他准备前往布顿，专心过自己的隐居生活。

巴赫鲁尔·洛迪作为洛迪王朝的始祖登上王位时，辉煌一时的德里苏丹国已经衰落到了回天乏术的地步。为了挽回衰落的局势，巴赫鲁尔·洛迪派大军远征木尔坦。没想到，江布尔的沙基王从背面乘虚而入。于是，巴赫鲁尔·洛迪的大军只好放弃了远征木尔坦的计划，和江布尔的大军开战。在长达二十六

巴赫鲁尔·洛迪

年的时间里，巴赫鲁尔·洛迪的大军和江布尔的大军数次交战。1478年，巴赫鲁尔·洛迪打败了江布尔的大军。1484年，法图拉·伊巴德-乌尔-穆尔克①在贝拉尔创建了新的王朝。1489年，比贾普尔的优素福·阿迪勒·沙阿②宣布独立。1489年7月，意识到过去的国威早已荡然无存的巴赫鲁尔·洛迪驾崩。巴赫鲁尔·洛迪是一个非常厉害的人物。他是虔诚的穆斯林，又是勇敢的将军，还是豪迈的统治者。他的一生充满了传奇色彩。

巴赫鲁尔·洛迪将王位传给了儿子西坎达尔·洛迪[③]。第三代苏丹则是易卜拉欣·洛迪[④]。在他统治期间，莫卧儿人开始入侵印度。

---

① 法图拉·伊巴德-乌尔-穆尔克，伊马德·沙希王朝的创立者。——译者注
② 优素福·阿迪勒·沙阿，阿迪勒·沙希王朝的创立者。——译者注
③ 1489年到1517年在位。——原注
④ 1517年到1526年在位。——译者注

第7节　瓦斯科·达·伽马抵达印度

自从红海被阿拉伯人占领后，欧洲和印度之间自古以来的少数贸易往来也被切断了。于是，欧洲人，特别是葡萄牙人，开始尝试开拓绕过非洲直达印度的新航线。然而，因为航线过长，会受季风的干扰，所以始终未能成功。

1498年5月20日，在马拉巴尔海岸的科泽科德，出现了三艘陌生的船。这的确是一件大事。从船上下来的是一个白人。他就是葡萄牙人瓦斯科·达·伽马[①]。他是绕过好望角抵达印度的第一个白人。

瓦斯科·达·伽马

[①] 瓦斯科·达·伽马(1469—1524)，葡萄牙著名航海家、探险家，欧洲第一个通过海路抵达印度的人，他的远洋探险活动为后来葡萄牙王国的殖民扩张奠定了基础。——译者注

在摆脱了阿拉伯商人的一些阻挠后，瓦斯科·达·伽马终于可以晋见扎莫林王[1]。瓦斯科·达·伽马的目的是促成葡萄牙人和印度人通商。他在马拉巴尔海岸停留了六个月左右。在此期间，他四处收集奇珍异宝。最后，瓦斯科·达·伽马的船，满载着印度商品返回里斯本[2]。

就这样，因为葡萄牙人的关系，所以印度无限的财宝为世人所知。葡萄牙国王组建了通商远征队，并且不停地将这些远征队派往印度。1500年，葡萄牙人在坎纳诺尔和科钦设立了葡萄牙商行。五年后，葡萄牙人发现了斯里兰卡岛。

1510年，葡萄牙王国派出阿丰索·德·阿尔布开克[3]，成功占领了果阿。1511年，葡萄牙人占领了马来半岛的马六甲。对葡萄牙人来说，果阿和马六甲都是完美的据点。1515年，葡萄牙人攻陷了迪尤。

葡萄牙国王曼努埃尔一世渴望获得"征服埃塞俄比亚、阿拉伯、波斯、印度的航海和商业之王"的称号。为此，他不断派人前往葡萄牙王国在印度的领地和租借地。果阿的城市中出现了成排的欧式风格房子和用于散步的道路。除葡萄牙人之外，欧洲其他国家的人也纷纷来到印度。就这样，掌握印度贸易实权的葡萄牙人的势力逐渐壮大。

不久，荷兰人来了。丹麦人、法兰西人也来了。最后，英国人也来了。不过，在叙述这一段历史之前，我们必须先介绍一下印度的最后一个伊斯兰帝国，也就是由入侵印度的蒙古人建立的莫卧儿帝国。以下是莫卧儿帝国皇帝世系[4]。

帖木儿

米兰·沙阿[5]

---

[1] 扎莫林王，统治科泽科德的印度王公。——译者注
[2] 里斯本，葡萄牙王国的首都。——译者注
[3] 阿丰索·德·阿尔布开克（1453—1515），葡萄牙贵族、海军将领、政治家，曾任葡萄牙王国在印度的总督。——译者注
[4] 莫卧儿帝国的开国皇帝是巴布尔，但为了突出历史的连续性，作者从帖木儿开始罗列。此外，原书省略了在位时间非常短暂的四位皇帝拉菲·乌德–达拉加特、沙·贾汗二世、沙·贾汗三世和马哈茂德·沙·巴哈杜尔。——译者注
[5] 米兰·沙阿（1366—1408），帖木儿的第三个儿子，巴布尔的祖先。——译者注

瓦斯科·达·伽马抵达印度海岸

穆罕默德·米尔扎①

阿布·赛义德·米尔扎②

奥马尔·谢赫·米尔扎二世

巴布尔（1526年到1530年在位）

胡马雍（1530年到1556年在位）

阿克巴（1556年到1605年在位）

贾汉吉尔（1605年到1627年在位）

沙·贾汗（1628年到1658年在位）

奥朗则布（1658年到1707年在位）

巴哈杜尔·沙一世（1707年到1712年在位）

贾汗达尔·沙（1712年在位）

法鲁赫西亚尔（1712年到1718年在位）

穆罕默德·沙（1719年到1748年在位）

艾哈迈德·沙·巴哈杜尔（1748年到1754年在位）

阿拉姆吉尔二世（1754年到1759年在位）

沙·阿拉姆二世（1759年到1806年在位）

阿克巴二世（1806年到1837年在位）

巴哈杜尔·沙二世（1837年到1857年在位）

---

① 穆罕默德·米尔扎，米兰·沙阿的儿子、帖木儿的孙子、巴布尔的曾祖父。——译者注
② 阿布·赛义德·米尔扎，穆罕默德·米尔扎的儿子、巴布尔的祖父。——译者注

第 10 章

巴布尔和胡马雍入侵印度

（从 1500 年到 1550 年）

第1节　喀布尔的巴布尔

巴布尔有父王奥马尔·谢赫·米尔扎二世来自帖木儿的血统，同时有母后忽都鲁·尼格尔·哈努姆[①]来自成吉思汗的血统。十一岁时，巴布尔继承了父王奥马尔·谢赫·米尔扎二世的王位。奥马尔·谢赫·米尔扎二世是亚洲中部费尔干纳[②]一个小国的国王。巴布尔年幼丧父，摆在他面前的是一条充满阴谋、侵略和压迫的荆棘之路。不久，巴布尔就被乌兹别克人赶出了祖祖辈辈统治的国家。面对这一切，一个十几岁的少年，既无反抗之力，又无反抗之智。不过，二十八岁时，巴布尔终于成功夺回了故乡的土地。在此之前，巴布尔一直致力于磨炼武艺，学习掌控人心的方法。对巴布尔来说，这十多年的生活既辛酸又痛苦。后来，巴布尔占领了喀布尔，印度近在咫尺。于是，巴布尔萌生了重建当年先祖建立的帖木儿帝国的想法……

当时，印度正处于洛迪王朝末期。1517年，西坎达尔·洛迪驾崩后，王位由其子易卜拉欣·洛迪继承。与其说易卜拉欣·洛迪是一个平庸的苏丹，不如说他

[①] 忽都鲁·尼格尔·哈努姆（1475—1492），成吉思汗的直系后裔东察合台汗国羽奴思汗的女儿。——译者注
[②] 费尔干纳，今乌兹别克斯坦东部的一座城市，费尔干纳州首府。——译者注

是一个愚昧的人。他从来没有想过要让臣子臣服于自己。因此，易卜拉欣·洛迪和臣子各执己见。这成为内乱产生的根本原因。更糟的是，拉合尔的总督道拉特·汗·洛迪对易卜拉欣·洛迪全无好感。

碰巧此时，巴布尔第二次征服印度。巴布尔第一次征服印度是1505年。当时，他占领了从喀布尔到加兹尼的土地，进而沿着印度河进军。处事谨慎的巴布尔，放弃了横渡印度河的计划。有了第一次征服印度的经验，巴布尔可以说是信心倍增。再加上巴布尔曾经借助火炮的威力，轻而易举地打败了印度军队。火炮是上一代蒙古军传承下来的宝贵武器。过去，成吉思汗的后继者建立的帝国，势力延伸到了波兰，几乎席卷了整个欧洲。他们除了依靠效率极高的

巴布尔

巴布尔与他的大军

军队，还依靠了"使用中国人发明的火药制作而成的小型野炮"[1]。巴布尔继承了这一传统，在军中保留了炮兵兵种。为冲锋陷阵的骑兵队做掩护的，正是从遥远的后方射出的让敌军瞬间倒下的炮弹。借助火炮的威力，巴布尔曾让德里苏丹国军队输得一败涂地。

第二次征服印度时，巴布尔亲自带领大军渡过了印度河。这次，他有了十足的把握。于是，他随即派兵前往旁遮普。

道拉特·汗·洛迪想借助巴布尔征服印度的力量，趁机推翻德里的洛迪王朝。道拉特·汗·洛迪认为这是一个绝好的时机。于是，他派使者前往巴布尔

---

[1] 出自赫伯特·乔治·威尔斯的《世界文化史大系》。——原注

的阵营游说。然而，巴布尔早就看穿了狡猾的道拉特·汗·洛迪的诡计。在攻打了旁遮普的部分地区后，巴布尔就带兵返回了喀布尔。

即使没有巴布尔的援助，朽木般的洛迪王朝也已经陷入叛乱四起的困境。叛军中，有一个叫阿拉·乌德·丁[①]的人以战败为由投奔了身在喀布尔的巴布尔。巴布尔给他提供军队，让他回德里推翻洛迪王朝。然而，胜败好像宿命般早就注定了似的，阿拉·乌德·丁的军队还是以惨败告终。对身为叛乱者的阿拉·乌德·丁来说，自己只不过是打了两次败战。然而，对巴布尔来说，是自己的坐视不理导致最信任的部下惨死。

最后，巴布尔终于下定决心攻打洛迪王朝。在经历了阿拉·乌德·丁的事情后，巴布尔认为时机已经成熟。天时、地利、人和都已具备。于是，巴布尔下达了进攻的命令。

1525年12月，离开喀布尔的巴布尔大军，一鼓作气赶往印度。

第2节　第一次帕尼帕特战役

得知巴布尔入侵的消息后，洛迪王朝的末代苏丹易卜拉欣·洛迪吓得浑身颤抖。不过，事已至此，只有硬着头皮打一仗了。老实巴交的易卜拉欣·洛迪，不知道应该反攻，而是一味地进行首都的防卫战。想采用以多胜少战术的易卜拉欣·洛迪，胡乱集结了一支大军。

在德里近郊埋伏的洛迪王朝大军有二十万人左右。大小村落，大街小巷，都被士兵、马、象、炮占据。看着这支大军，易卜拉欣·洛迪开始变得从容起来。最后，这份从容竟转化成了自信。易卜拉欣·洛迪开始相信自己能够轻而易举地打败巴布尔的大军。这是因为，根据可靠情报，巴布尔大军人数少得惊人。

这个情报确实没错，巴布尔只带了一万两千名士兵。但这些士兵都是精挑

---

① 和第9章出现的在德干高原自立为王的阿拉·乌德·丁，应该是同一个人。——译者注

第一次帕尼帕特战役

细选的。他们都是高个子,脸颊泛红,留着大胡子,背上扛着大刀,身穿皮裤,脚踩马靴。巴布尔站在队伍的最前面,亲自指挥这支勇猛的大军。巴布尔大军和洛迪王朝大军的距离越来越近。

1526年4月21日,在德里北面的帕尼帕特,巴布尔大军和洛迪王朝大军踏着清晨的露珠,进入了交战状态。洛迪王朝大军的作战方式依然是以象军为

巴布尔大军用大炮轰击洛迪王朝的象军

主,并且把象军放在了队伍的最前面。而借助火炮的威力、善于打游击战的巴布尔骑兵,利用自身移动迅速的优势,采用了迂回作战方式。听到身后传来巴布尔骑兵的马蹄声,洛迪王朝大军的军心开始动摇。因为过于轻敌,所以拥有巴布尔大军几十倍兵力的洛迪王朝大军最终惨败。不到中午,易卜拉欣·洛迪连同麾下一万五千名士兵就如朝露般消失得无影无踪。

胜负已定。洛迪王朝大军溃不成军,四处逃窜。这对善于追击的巴布尔骑兵十分有利。1526年4月22日,巴布尔大军就攻入德里。巴布尔的儿子胡马雍则带着另一支军队攻打阿格拉,并且成功地令阿格拉的守军开城投降。

这样一来,经过第一次帕尼帕特战役,"喀布尔的巴布尔"就变成了德里或者印度的巴布尔。此后数世纪,在帕尼帕特还发生了多次大战。可以说,帕尼帕特是兵家必争之地。每一次发生在帕尼帕特的大战都攸关国家存亡。在人们的记忆中,帕尼帕特宿命般地成为印度的古战场。

一周后,巴布尔在阿格拉宣布自己成为新的统治者。于是,本想带着战利品返回故乡喀布尔的将士选择在当地驻守，因为蒙古族绝对服从自己信赖的首领的命令。日后出现的能够号令全印度的莫卧儿帝国的建国基础，就是这些愿意服从命令留下来的将士奠定的。

印度地域辽阔，企图反抗巴布尔的人非常多。因此，接下来巴布尔打了两场大仗。第一场大仗在离阿格拉二十英里处，也就是在西格里附近的坎瓦进行的，即坎瓦战役。第二场大仗则发生在加格拉河和恒河的交汇处，即加格拉河战役。

据说，一路反抗巴布尔的拉杰普特人，拥护洛迪王朝的王子，并且伺机复辟洛迪王朝。当时，拉杰普特人的首领既是吉多尔格尔[①]要塞的指挥官，又是梅瓦尔[②]的首领——人称"拉那·桑伽"[③]的勇猛士兵。"拉那"是"全身是疤"

拉那·桑伽

[①] 吉多尔格尔，今印度拉贾斯坦邦的一个城镇。——译者注
[②] 梅瓦尔，今印度拉贾斯坦邦的一个城镇。——译者注
[③] 原名是桑格拉姆·辛格。——译者注

的意思,因为拉那·桑伽全身有八十多道伤疤。剽悍的拉那·桑伽率领着号称二十万人的大军前来进攻巴布尔大军。对巴布尔来说,拉那·桑伽是一个劲敌。从兵力来看,巴布尔大军这次依然处于敌众我寡的劣势。

坎瓦战役从清晨开始,持续了一整天。对巴布尔大军而言,夜深人静时,是进攻敌人的最有利时机。通过采用火炮进攻和迂回作战的混合作战策略,巴布尔大军打败了拉那·桑伽大军。之后,1527年3月16日,巴布尔正式确立了自己的霸权地位。

1529年5月,加格拉河战役爆发。这次,巴布尔的对手是试图扶持易卜拉欣·洛迪的弟弟马哈茂德·洛迪登基的比哈尔兼孟加拉总督。这次战役依然以巴布尔大军的胜利告终。同时,这次战役是巴布尔一生中的最后一次战役。在自己的手记中,巴布尔写道:

> 在六七年的时间里,我在印度一共指挥了五场战争,每次我都站在队伍的最前面。在第五次战争中,我完全是因为得到了安拉的庇

坎瓦战役

易卜拉欣·洛迪

护,才能彻底打败劲敌易卜拉欣·洛迪,使洛迪王朝覆灭。同样,因为得到了安拉的庇护,我才能成为印度的征服者和支配者。

回到阿格拉后,巴布尔致力于国内治理。他不仅修建了道路,建造了清真寺,还兴建了壮丽的宫殿。总体来看,巴布尔实施的统治政策卓有成效。

第3节　巴布尔驾崩

巴布尔是一个老练的士兵,也是一个出色的领导者。同时,他身上还有一种高雅的学者气质,一种虔诚地敬仰安拉的气息。对家人和部下来说,巴布尔是一位好家长和一位好领导。在他身上,完全看不到独裁统治者常有的残忍个性。对敌人,巴布尔也非常宽容。

巴布尔唯一的缺点是酗酒。因为经常喝烈酒,所以巴布尔看起来比实际年纪大。不过,巴布尔总是充满了年轻人的活力:

> 我一时兴起,想游到恒河对岸。手臂用力划了三十三次,想换气时,我却发现自己还在河的这一边。我游泳横渡了人生中遇到的所有河流,除了恒河……

以上是巴布尔在1529年3月月末写的手记。当时,巴布尔四十七岁,已经是英雄迟暮。他人生的辉煌时期,是必须和剽悍的拉那·桑伽作战的时期。为了迎击这个劲敌,巴布尔连自己喜欢的酒都戒掉了。巴布尔曾坦言道:"自从下定决心戒酒以来,我就像发了疯似的心绪不宁。"在历尽千辛万苦后,巴布尔才获得了最后的胜利和荣耀。

然而,这样的好日子没有持续多久。1530年,巴布尔的爱子胡马雍因患热病而处在生死边缘。不用说,巴布尔是多么痛心疾首。作为虔诚的安拉的仆人,巴布尔在自己的手记中是这样祈祷的:

> 我走进儿子的房间,来到他的身旁。我一边祈祷道:"安拉啊,请把我儿子承受的一切病痛和苦楚,全部加在我身上吧!"一边绕着儿子的病床走了三圈。

不知道是不是安拉听到了巴布尔的祈祷,没过多久,胡马雍就痊愈了。然而,巴布尔突然命在旦夕。1530年,莫卧儿帝国的开国皇帝巴布尔驾崩了,享年四十八岁。

巴仑尔驾崩

第4节 胡马雍的危机

巴布尔的长子胡马雍,在二十二岁时即位。胡马雍的弟弟卡姆兰·米尔扎则成为喀布尔和旁遮普的统治者。这说明,胡马雍是一个性情温和的人。因为胡马雍不愿意兄弟相残,所以在得知卡姆兰·米尔扎有独立的野心后,特意将喀布尔和旁遮普分给了他。

胡马雍

胡马雍是一位绅士。他有良好的教育背景及很深的学术造诣。不过，对肩负守卫和建设刚建立不久的莫卧儿帝国这样的重大责任，胡马雍还是欠缺了一点霸气。再加上与父王巴布尔酗酒的恶习不同，胡马雍沾染上了吸食鸦片的恶习。罂粟的果实有消磨人的意志和精力的作用。对胡马雍来说，最需要的就是果断处事的能力。然而，在吸食鸦片的过程中，胡马雍逐渐丧失了这种能力。

身为一国之君，很多时候都需要果断处事的能力。东边，胡马雍承受着比哈尔的谢尔·沙·苏里①的压迫。西边，库特卜-乌德-丁·巴哈杜尔·沙②手下的古吉拉特人的反叛势力逐渐逼近。意识到东西两边的危机后，胡马雍再也无法坐视不理。究竟应该先讨伐哪一边呢？对胡马雍来说，这是一个不小的难题。

在犹豫了很长一段时间后，优柔寡断的胡马雍终于决定先派兵攻打摩腊婆。胡马雍麾下的将士，都是受过巴布尔训练的精兵强将。无论是谁发号施令，他们都会绝对服从。于是，胡马雍大军转瞬间就席卷了摩腊婆，最后抵达坎贝③海岸。然而，真正的危机来自后方。

趁胡马雍不在时，谢尔·沙·苏里派兵攻打了莫卧儿帝国。谢尔·沙·苏里出生于印度，是穆斯林。他自立为王，并且宣布孟加拉独立。收到消息后，胡马雍立即班师回朝。然而，当时已经是雨季，每天不停息的大雨导致洪水暴发。洪水阻断了胡马雍大军的粮食供给。胡马雍带着麾下少数士兵勉强赶回了首都阿格拉。

1539年的根瑙杰战役，参战双方的兵力对比明显。具体来说，谢尔·沙·苏里率领五万兵马前来攻打阿格拉。胡马雍则集结了十万大军迎战，比谢尔·沙·苏里的兵力多了一倍。然而，根瑙杰战役以胡马雍的惨败告终。前线士兵的士气决定了战争的成败。因为有一个"绅士"的总指挥，所以胡马雍的将

---

① 谢尔·沙·苏里（1486—1545），印度北部伊斯兰国家苏尔王朝的创建者，军事才能出众。——译者注
② 库特卜-乌德-丁·巴哈杜尔·沙（？—1537），古吉拉特苏丹国的统治者，1526年到1537年在位。——译者注
③ 坎贝，位于今印度西部古吉拉特邦。——译者注

谢尔·沙·苏里

士感到头痛。因为有一个生于印度的穆斯林首领带领大家夺回失地，所以谢尔·沙·苏里的士兵个个斗志昂扬。这就是两军最大的差别。

输得一败涂地之后，胡马雍仓皇逃回了阿格拉。随后，他带着皇宫里的奇珍异宝，弃城投奔弟弟卡姆兰·米尔扎去了。

就这样，根瑙杰战役决定了皇位的归属。谢尔·沙·苏里夺走了胡马雍的皇位。阿富汗人的王朝出现在了德里的土地上。

第5节　胡马雍出逃与卷土重来

胡马雍的一生，可以说是命运多舛。身为巴布尔的长子，年纪轻轻就登上了莫卧儿帝国的皇位。然而，美梦还没结束，胡马雍就跌入了失意的谷底，不得不踏上求援之路。

胡马雍先向弟弟卡姆兰·米尔扎求援。但当时，卡姆兰·米尔扎已经退隐到了喀布尔。他的领地明显缩小，因为旁遮普的实权被谢尔·沙·苏里夺去了。这样看来，对胡马雍来说，喀布尔也不是久留之地。

于是，胡马雍向统治信德的印度王公马尔代奥求援。当时，胡马雍只带了数名随从，就踏上了漫长的求援之路。在这条艰辛的求援路上，胡马雍必须一边忍受口渴及沙尘的侵袭，一边横穿漫无边际的沙漠。这或许就是过去想获

喀布尔

得印度主权的王者要走的必经之路。然而，胡马雍的请求遭到了马尔代奥的无情拒绝。

在抵达信德一个叫乌马科特的小部落时，胡马雍的一个波斯裔妃子哈米达·巴努[①]生下了一个男孩。为了赶路，胡马雍给这个孩子取名穆罕默德，之后就留下他们母子二人，再次踏上求援之路。

哈米达·巴努

[①] 哈米达·巴努（1527—1604），莫卧儿帝国第三代皇帝阿克巴的母亲。——译者注

塔赫玛斯普一世

为了组建夺回领土的大军，胡马雍拜访过拉杰普特的酋长，游说过伊斯兰教王国的国王。然而，没有人理会胡马雍，因为胡马雍当时只不过是一个孤独的流浪汉。最后，在经历了漫长、空虚的流浪生活后，胡马雍从坎大哈进入波斯，并且留在塔赫玛斯普一世[①]身边。之后，又过了十五年。

在此期间，谢尔·沙·苏里在国内施行了恐怖政治，并且派兵四处征战。和每一位德里的统治者一样，谢尔·沙·苏里也做着统一印度的美梦。后来，在攻

---

① 塔赫玛斯普一世（1514—1576），波斯萨非王朝的沙阿（国王），1524年到1576年在位。——译者注

打卡兰贾尔的战斗中，谢尔·沙·苏里因重伤而驾崩了。他的儿子伊斯兰·沙·苏里即位后，主张和平统治，保护穆斯林。但在位仅八年，伊斯兰·沙·苏里就驾崩了。之后，1553年，伊斯兰·沙·苏里的弟弟穆罕默德·阿迪勒·沙即位。穆罕默德·阿迪勒·沙统治下的苏尔王朝，是印度史上最后一个由阿富汗人建立的王朝。当时，苏尔王朝已经进入衰败期。这未必是穆罕默德·阿迪勒·沙的愚蠢和安于享乐造成的，因为对一个无法统一印度的统治者而言，他无法左右自己势力圈以外的国家。穆罕默德·阿迪勒·沙面对的，就是印度即将分裂为五个国家的危机。

这时，一个强敌出现了。他带来了来自波斯的新锐军队——胡马雍卷土重来了。

胡马雍终于得到了塔赫玛斯普一世的援助，组建了夺回印度的大军。在塔赫玛斯普一世那里作客的十五年，胡马雍每天都在期盼这一天的到来。来自波斯的这支军队已经不是以前胡马雍率领的大军了。在走过的荆棘之路上，胡马雍经受了许多考验。不仅如此，胡马雍身边还多了一位有能力的军事家拜拉姆·汗帮忙指挥作战。

胡马雍率军向德里挺进，一路上几乎没有遇到任何抵抗。1555年7月，胡马雍再次成为德里的统治者。然而，胡马雍在皇位上只坐了半年。一天，他从舒适的软椅上站起来，准备下楼。结果却从书斋的楼梯上摔下来，结束了命运多舛的一生。这是1556年的事。碰巧的是，和父王巴布尔一样，胡马雍也是四十八岁驾崩的。

第11章

阿克巴大帝

（从1550年到1600年）

第1节 阿克巴即位

巴布尔确立了莫卧儿帝国对德里的主权地位。巴布尔的孙子阿克巴，则完成了发展壮大莫卧儿帝国的大业。

阿克巴出生于信德的乌马科特。在父王胡马雍极度失意时，波斯裔的母亲哈米达·巴努生下了他。真正懂事前，阿克巴一直与母亲寄居乌马科特。在塔赫玛斯普一世的庇护下，举兵收复失地前夕，胡马雍才把儿子阿克巴召回身边。于是，年纪尚轻的阿克巴，开始了一种截然不同的生活。

十三岁那年春天，阿克巴失去了父王。当时，阿克巴正跟随父王最亲信的武将拜拉姆·汗攻打旁遮普。父王驾崩的消息很快就传到了身处军营中的阿克巴的耳中。然而，阿克巴无法立刻发丧，因为对独霸一方的将军来说，这是一个叛乱的大好时机。年轻的阿克巴，隐瞒了父王驾崩的消息，整顿军队后赶回德里。不过，突然放弃进行到一半的攻打计划，难免会令人感觉到事态不妙。很快，不安的念头就在军队中蔓延。因此，阿克巴决定立刻举行即位仪式。这次即位仪式是在印度西部一个叫卡拉瑙尔的小城举行的。卡拉瑙尔虽然规模不大，但地理位置非常重要。在大家得知真相后，在军队中蔓延的不安念头全部一扫而空。在洞察人心方面，阿克巴果然有一手。

青年时期的阿克巴

当时，曾被胡马雍打败、逃到孟加拉的苏尔王朝的遗臣赫穆将军，在听说胡马雍驾崩的消息后，立刻派兵攻陷了阿格拉。最后，连德里也落入赫穆将军的手中。想自立为王的赫穆将军盛气凌人，甚至自称"超日王"。"超日王"是印度古代的王者称号。赫穆将军攻陷德里的消息很快就传到了阿克巴的军营中。经过几天慎重讨论，大部分重臣都主张放弃印度，撤回喀布尔。只有拜拉姆·汗一个人极力劝说大家应当和赫穆将军的军队大战一场。阿克巴支持拜拉姆·汗的主张。

第2节　第二次帕尼帕特战役

两军交战，一定要事先选好交战地点。第一次帕尼帕特战役确立了祖父巴布尔不可动摇的地位。因此，阿克巴决定选择帕尼帕特作为交战地点。

赫穆将军将大量军需物资和一千五百头军象安置在了帕尼帕特的平原上。阿克巴的军队，本来是一支从大军中分出来攻打旁遮普的小部队。可以说，即使拼尽全力，阿克巴也胜利无望。不过，面对这场硬战，临危不惧的副将拜拉姆·汗从容地布阵。唯一对阿克巴有利的是，军队里还有一些火炮。

赫穆将军

依照印度战法的惯例，赫穆将军先以象军为主打头阵。在进行了几次前哨战后，赫穆将军的军队和阿克巴的军队展开了激烈的战斗。站在队伍最前面指挥作战的赫穆将军，不畏箭林弹雨，英勇奋战。然而，不幸的是，他的右眼中了一箭。身为指挥官的赫穆将军瞬间倒地，昏了过去。因此，他麾下的士兵四处逃亡。

阿克巴麾下的士兵唱起了凯歌。堆积如山的战利品，摆在阿克巴的面前。醒来后，赫穆将军发现自己已经身在敌营。沦为俘虏的他，绝望地闭上了双眼。因为身负重伤，所以赫穆将军不停地发出濒死般的喘息声。阿克巴麾下的将领，都认为应该处死赫穆将军。然而，年轻的阿克巴无法亲手处死赫穆将军。这并非因为阿克巴过于多愁善感，而是因为他仁慈的性格。最后，赫穆将军被拜拉姆·汗判处斩首。

阿克巴成功获得了阿格拉和德里这两座古都。神奇的是，帕尼帕特战役再次成为决定印度主权归属的关键。最后，阿克巴夺回了莫卧儿帝国的领土。不过，当时莫卧儿帝国的版图仅包括旁遮普、德里和奥德。和拜拉姆·汗商议后，阿克巴开始派兵进攻邻近诸国。战斗持续了一段时间。阿克巴逐渐成长起来，他的天赋也得到了展现。这时，年少的阿克巴不仅是一个天生的士兵，还是一个老练的统治者。

第3节　老将的叛乱

1560年，阿克巴十八岁。当时，无论是在战事方面，还是在政务方面，他都得到了摄政王拜拉姆·汗的协助。拜拉姆·汗不仅得到了阿克巴的信任，还在众多大臣中很有威望。毕竟，阿克巴还是太年轻了。因此，实际上，实权全部掌握在拜拉姆·汗手中。对拜拉姆·汗而言，进行独裁或专制，简直易如反掌。当时，拜拉姆·汗是"一人之下，万人之上"。更何况，这个"一人"还只是一个乳臭未干的小毛孩。

第二次帕尼帕特战役

作为将军，拜拉姆·汗堪称旷世奇才，但有粗暴的一面。实际上，粗暴和勇敢或者说有斗志之间，并没有太大的差别。拜拉姆·汗一生征战沙场，有时也会有一些比较专制的行为。

拜拉姆·汗是国家不可或缺的栋梁之材。对此，阿克巴的众多大臣也无异议。然而，一谈到政治方面的问题，大臣的意见就出现了分歧。最初只是个人意见的分歧，但不久就发展成派别的分歧——激进派与温和派。阿克巴则保持中立。不过，在治理国家方面，阿克巴还是站在了温和派一边。

1560年3月，阿克巴罢免了拜拉姆·汗的摄政王职位，并且写了一封信给他。在信中，阿克巴写道："之前，我将一切都托付给了忠诚的你，我自己却沉迷于享乐。不过，接下来我要亲自处理国家政事。我就满足你的愿望，派你前往麦加①朝圣。"写到这里，阿克巴补充道："作为对你以前恩情的回报，我将巴尔加纳斯的税收全部赐予你。"

在抵达旁遮普时，立志前往麦加朝圣的拜拉姆·汗突然改变了心意。他觉得自己之前的所有努力都白费了，并且没有得到应有的奖赏。为了让阿克巴有所反省，拜拉姆·汗派出了自己的军队。不过，这支军队仅仅是拜拉姆·汗的族人。

阿克巴在首都知道了拜拉姆·汗的企图后，非常愤怒，随即派出了讨伐拜拉姆·汗的军队。胜败只是时间问题。拜拉姆·汗的军队败北了，拜拉姆·汗被俘。不过，阿克巴念及过去君臣之间的情谊，赦免了拜拉姆·汗的叛逆罪。之后，拜拉姆·汗真的踏上了前往麦加的朝圣之路。然而，拜拉姆·汗在路上被一个阿富汗人暗杀了，因为拜拉姆·汗是这个阿富汗人的杀父仇人。

不久，孟加拉发生了叛乱。孟加拉的首领是舍尔沙二世。对阿克巴来说，舍尔沙二世是一个必须打倒的敌人。碰巧的是，为了将年轻的皇帝阿克巴拉下台，舍尔沙二世派出了自己的军队。

---

① 麦加，位于今沙特阿拉伯，是伊斯兰教的第一圣城。天房和禁寺都在这里。根据伊斯兰教的规定，每一个穆斯林在有生之年如果有能力，至少应去麦加朝圣一次。——译者注

阿克巴派老将扎马尼·什巴尼率军迎击舍尔沙二世的军队。此次战斗，以阿克巴军队的胜利告终。面对数之不尽的战利品和肥沃的土地，扎马尼·什巴尼动摇了。不久，他就企图私吞领土、自立为王。于是，阿克巴亲自带军征讨，想与自己过去的部下大打一仗。这时，扎马尼·什巴尼突然意识到了自己的错误。宽容的阿克巴没有惩罚扎马尼·什巴尼，而是任命他为江布尔的总督。

之后，摩腊婆发生叛乱。摩腊婆攻略战的指挥官是阿扎姆·汗将军。因为前方捷报频传，所以阿扎姆·汗开始变得心高气傲。对战利品垂涎三尺的他，举起了反叛的大旗。正如前车之鉴所示，所有叛乱都将以叛军的败北告终。有自知之明的阿扎姆·汗立刻乞求阿克巴宽恕。阿克巴本打算宽恕他，并且让他返回首都。但有一颗叛乱之心的阿扎姆·汗不肯死心。不久，阿扎姆·汗就开始玩弄各种阴谋诡计。于是，阿克巴再也无法让他全身而退。如果一直有人玩弄阴谋诡计，必定会后患无穷。因此，阿克巴下令斩杀了阿扎姆·汗。在得知儿子的死讯后，阿扎姆·汗的母亲默赫姆·安加抑郁而亡。听闻此事后，阿克巴下令将他们母子二人厚葬。由此可见，阿克巴有一颗宽容的心。这是发生在1561年的事。

大约三年后，又发生了两次大规模叛乱。这两次叛乱分别是汗·扎曼将军和阿萨夫·汗将军领导的。他们利用职务之便，教唆部下，并且采用激进手段企图造反。在阿克巴的恩威并施下，叛军接连缴械投降。阿克巴认为，只要叛军能痛改前非，就应该给他们改过自新的机会。

令人佩服的是，在穿越王者必经的荆棘之路时，年轻的阿克巴没有让鲜血染红脚下的土地。莫卧儿帝国呈现出一派欣欣向荣的景象。当时，阿克巴逐渐从皇帝向大帝蜕变。

第4节　全印统一之路

阿克巴的第一次远征发生在罢免摄政王拜拉姆·汗后不久。远征的目标

玛丽亚姆·萨曼尼

是拉贾斯坦的阿杰梅尔。为此，阿克巴进行了一系列部署。他先拜访了阿杰梅尔的王公，并且娶了公主玛丽亚姆·萨曼尼[①]为皇后。这就是阿克巴惯用的不流血的吞并政策。在与印度王公和睦相处的同时，阿克巴讨伐了不服从命令的伊斯兰教王国的国王。1562年春，阿克巴率军围攻梅尔达[②]王贾里姆·拉索和德维·达斯王联合建立的米尔塔要塞，并且成功地让他们投降。

对历代印度统治者来说，拉贾斯坦和印度南部一直是最令人头痛的地方。拉贾斯坦有固若金汤的要塞和剽悍民族的把守。印度南部有天险的优势和野蛮民族的守护。阿克巴决定首先攻打拉贾斯坦。

1567年11月到1568年3月，阿克巴的军队包围了陶尔加尔城堡足足四个多月。这场战役由阿克巴亲自指挥。据说，阿克巴用箭射穿了敌军将领的头。之

[①] 玛丽亚姆·萨曼尼（1542—1623），是莫卧儿帝国的皇帝阿克巴的皇后，也是阿克巴的后继者贾汉吉尔的母后。——译者注
[②] 梅尔达，位于今印度西北部拉贾斯坦邦。——译者注

后,阿克巴攻下了伦滕波尔和卡兰贾尔这两座城堡。拉贾斯坦的王公争先恐后地将自己的女儿献给阿克巴。阿克巴全部欣然接受,因为这样做就可以让印度人和蒙古人和平相处。阿克巴乘胜追击。1570年,阿克巴的军队攻下了奥德和瓜廖尔。自此,在很长的一段时间里,印度北部都处于和平状态。此后,阿克巴踏上了新的征程。

阿克巴一直对古吉拉特苏丹国[①]等国念念不忘,因为这些国家都是父王胡马雍征服过的国家。在莫卧儿帝国的征服大军如潮水般退去后,这些国家通过顽强抵抗,纷纷独立。古吉拉特苏丹国位于印度西部的入海口,是兵家必争之地。因此,阿克巴先派兵攻打古吉拉特苏丹国。莫卧儿帝国大军的威名早已让古吉拉特苏丹国的军队闻风丧胆。因此,古吉拉特苏丹国的军队没有顽强抵抗就投降了。大战接近尾声时,人们发现懦弱无能的苏丹穆扎法尔·沙三世为了逃难,竟然躲在庄稼地里。这简直是一个天大的笑话。和往常一样,宽容的阿克巴饶了穆扎法尔·沙三世一命,每个月仅给他极少的养老金。没过几年,穆扎法尔·沙三世在吃尽苦头后,结束了生命。阿克巴这样对待穆扎法尔·沙三世,似乎有点过于残酷。由此可见,阿克巴非常憎恶卑怯的行径。

1573年,莫卧儿帝国大军抵达苏拉特海岸。阿克巴曾在坎贝海岸望洋兴叹:"这就是印度洋啊!"从此,莫卧儿帝国有了领海。1573年7月,在夙愿得偿后,阿克巴带着极大的满足感和很多战利品回到了首都阿格拉近郊的西格里王居。紧接着,阿克巴就接到了艾哈迈达巴德[②]动乱频发的报告。阿克巴连休息的时间都没有,立刻前往艾哈迈达巴德。从西格里到艾哈迈达巴德,行程大约有八百英里。阿克巴花了九天时间就赶到了。这在当时可以说是神速。随后,阿克巴大军就与气焰嚣张的叛军进行了激战。结果,叛军败走。1573年10月6日,阿克巴回到了西格里。平定整个叛乱,阿克巴只用了四十三天。

[①] 古吉拉特苏丹国,1407年到1573年统治今印度古吉拉特邦西南部的卡提阿瓦半岛的一个国家。——译者注

[②] 艾哈迈达巴德,位于今印度古吉拉特邦。——译者注

莫卧儿军队用炸药在陶尔加尔城堡的城墙上炸开一处缺口

莫卧儿军队围攻陶尔加尔城堡

此后，阿克巴的人生就像一幅描绘戎马岁月的画卷。他南征北战，进行了多场不平凡的战役。1576年，阿克巴派军前往动乱频发的孟加拉，彻底镇压了反动势力，并且将阿富汗人驱逐出境。1578年，阿克巴占领了奥里萨。1582年，阿克巴粉碎了统治喀布尔的弟弟米尔扎•穆罕默德•哈基姆谋朝篡位的野心。1585年7月，米尔扎•穆罕默德•哈基姆死后，阿克巴将喀布尔纳入了自己的管辖范围。为了向西北扩张版图，阿克巴将首都迁到拉合尔。

1586年，阿克巴立志征服克什米尔。克什米尔是祖父巴布尔和父王胡马雍都曾想得到的天然军事要地。在占领印度河-恒河平原之前，阿克巴从未想过占领山地。不过，实现这个宏图伟业的日子终于来了。克什米尔转瞬间就被攻陷了。1592年，阿克巴占领了信德。1594年，阿克巴征服了萨非王朝的领土坎大哈。至此，阿克巴统治下莫卧儿帝国的面积已经是印度史上最辽阔的了。只有印度南部还没有被阿克巴征服。

1595年，阿克巴的次子穆拉德•米尔扎奉命作为大将军带领军队攻打印度南部。为了再创辉煌战绩，莫卧儿帝国大军奋勇杀敌。然而，德干高原的战斗进行得不顺利。当时，德干高原出现了一位女中豪杰——昌德•比比[①]。得知莫卧儿帝国大军来袭的消息后，昌德•比比立刻联合了比贾普尔苏丹国[②]，做好了迎敌的万全准备。不久，战无不胜的莫卧儿帝国大军抵达艾哈迈德讷格尔[③]。莫卧儿帝国大军花了四个月的时间攻打艾哈迈德讷格尔，却没有任何进展。不仅如此，在敌军猛烈的还击下，莫卧儿帝国大军多少也有了点损伤。穆拉德•米扎尔将战况禀报给身在首都的阿克巴。阿克巴立刻派出了老练的将军阿布-法兹勒•伊本•穆巴拉克。阿布-法兹勒•伊本•穆巴拉克的到来，给莫卧儿帝国大军带来了一线转机。最后，莫卧儿帝国大军和德干高原的联合军决定议和。然

[①] 昌德•比比（1550—1599），印度德干高原抵抗莫卧儿军队入侵的女英雄。——译者注
[②] 比贾普尔苏丹国，1490年到1686年德干高原上的一个伊斯兰教王国。——译者注
[③] 艾哈迈德讷格尔，艾哈迈德讷格尔苏丹国的首都，位于今印度西部马哈拉施特拉邦。——译者注

昌德·比比

而，这次议和背后暗藏杀机。德干高原的联合军只是表面上归顺。没过多久，反叛的旗帜就在他们的城头高高扬起。因此，非常重视印度南部战况的阿克巴，决定立刻将首都迁往阿格拉，并且1599年亲自带兵攻打德干高原。途中，阿克巴先征讨了和叛军勾结的作为莫卧儿帝国属国的坎德什国。之后，通过打包围战，阿克巴成功占领了艾哈迈德讷格尔。艾哈迈德讷格尔沦陷的消息传到了比贾普尔苏丹国、果尔贡德苏丹国[①]等国，这些国家纷纷表示愿意归顺莫卧儿帝国。后来，因为出现紧急状况，在任命阿布-法兹勒·伊本·穆巴拉克为驻艾哈迈德讷格尔的总督后，阿克巴匆匆赶回阿格拉。阿克巴的归途一片黑暗。

原来，阿克巴的长子萨利姆[②]竟然企图造反。此时，阿克巴深感自己年事已高。一路上，阿克巴不断接到有关萨利姆行动的汇报。叛军攻打了阿格拉，

萨利姆

---

① 果尔贡德苏丹国，1518年到1687年印度南部的一个伊斯兰教王国。——译者注
② 即后来的莫卧儿帝国第四任皇帝贾汉吉尔。——原注

晚年时的阿克巴

但阿格拉固若金汤,并未被攻破。攻陷安拉阿巴德后,萨利姆麾下的八千名骑兵进行了惨无人道的掠夺。

之前,萨利姆被派到阿什米尔任总督。早已接近不惑之年的他,有点迫不及待地想坐上皇帝的宝座。萨利姆平时嗜酒如命,当他醉得一塌糊涂时,脑中总会浮现自己坐上皇位的画面。萨利姆身边是一群跟他一样的酒鬼。除了喝酒,这些属下一无是处。因此,说不定这次大逆不道的谋反行动,就是萨利姆在喝醉后突然萌生的念头。

丹尼亚·米尔扎

在行军途中，阿克巴陷入了沉思。萨利姆是长子。二儿子穆拉德·米尔扎和小儿子丹尼亚·米尔扎都已不在人世。当时，只有萨利姆可以继承莫卧儿帝国。"整个帝国迟早都是你的。"萨利姆居然连这一点都没有意识到，这让阿克巴更加感到心痛。于是，阿克巴写了一封充满悲痛之情的长信给萨利姆，希望他能明白自己的过错并回心转意。

就像烂醉后做了一场噩梦，萨利姆终于清醒了。萨利姆没有让慈爱的父王失望，发誓要效忠父王。在返回阿格拉时，阿克巴将孟加拉和奥里萨赐给了萨利姆，还下令召回阿布-法兹勒·伊本·穆巴拉克。

对萨利姆来说，父王召回阿布-法兹勒·伊本·穆巴拉克绝对不会只是一个巧合。萨利姆再三忖度父王的心意，最后竟盲目地认为父王召回阿布-法兹勒·伊本·穆巴拉克一定是为了讨伐自己。为了消除这个顾虑，萨利姆派人暗杀了回朝途中的阿布-法兹勒·伊本·穆巴拉克。

听到阿布-法兹勒·伊本·穆巴拉克被暗杀的噩耗后，当时年老的阿克巴竟然手足无措。

第5节　阿克巴的政策

如前所述，阿克巴采取的对外政策是一种联姻策略。不过，阿克巴采取的联姻策略，与印度历史上出现的几种联姻策略有本质的不同。因为阿克巴会进一步任用通过联姻成为亲戚的印度教教徒。后来，只要是有才能的印度教教徒，就能快速获得提拔。阿克巴试图缓和印度教教徒和穆斯林之间对立的关系。因为自己是穆斯林，所以阿克巴积极地将归顺莫卧儿帝国的印度王公的女儿纳为后妃。后来，只要是有意归顺莫卧儿帝国的印度王公，就会把女儿献给阿克巴以表归顺之意。有记录显示，阿克巴后宫的妃子多达五千人[①]。

和后宫里的印度女子接触多了，阿克巴也开始学习雅利安传统文化。他的思想随之发生转变。他认为，和过去相比，自己统治期间更应该优待印度教教

[①] 该记录的作者是阿布勒·法泽尔。他曾受阿克巴的教诲。五千人这个数字当然是一个虚指。历代皇帝哪个不是后宫佳丽三千。不过，阿克巴的后宫里几乎没有抢来的女子。表面上，阿克巴的后宫和其他皇帝的后宫大同小异，但实际上，这"小异"以后发挥了巨大的作用。——原注

徒。他还认为,优待印度教教徒是促使穆斯林和印度教教徒和平相处的捷径。于是,1563年,阿克巴宣布撤销加在非穆斯林[①]身上的人头税。人头税是穆斯林入主印度以后实施的一种不合理税制。阿克巴还吸收了印度古文明。例如,他将印度风格的建筑样式融入了清真寺的设计中,目的是让穆斯林消除固有的偏见。

最初,阿克巴将首都定在阿格拉。后来,皇后玛丽亚姆·萨曼尼在西格里的皇宫里生下了一对双胞胎。为了庆祝这件喜事,阿克巴将西格里命名为法塔赫布尔西格里[②],还在当地建造了大宫殿。为了玛丽亚姆·萨曼尼,阿克巴还建造了印度风格的宫殿。宫殿里还设有印度教教徒举行宗教仪式的场所。在占领了喀布尔后,1585年11月,阿克巴将首都迁到了拉合尔。之后,阿克巴统治印度西北部长达十三年。1598年,因为要派兵前往德干高原,所以阿克巴将首都迁回了阿格拉。

这几次迁都,阿克巴选择的都是能够更好地指挥军队作战的要冲。不可否认,在迁都的过程中,阿克巴还了解了不同地方的民俗,体察了不同地方的民情。

阿克巴统治的疆域面积之大,可以说是史无前例的——东到孟加拉湾,西到海湾,北到喀布尔,南到德干高原。其中,还包含历代先帝未能得到的克什米尔和坎大哈等地区。

为了更好地治理莫卧儿帝国,阿克巴将全国分为数十个省,每个省都设置了总督,还配有地方军。具体来说,莫卧儿帝国一共分为十五个省,分别是孟加拉、比哈尔、安拉阿巴德、奥德、阿格拉、德里、拉合尔、木尔坦、阿杰梅尔、古吉拉特、摩腊婆、喀布尔、坎德什、贝拉尔和艾哈迈德讷格尔。

各省还设有主管司法、警察事务的法官。省法官直接听命于中央政府的

---

① 主要指印度教教徒。——原注
② 意思是胜利之城。——原注

大法官。税务方面,则由各地的扎明达尔①负责。各省每年总收入的三分之一将作为赋税上缴。征收上来的赋税,由中央政府的财务大臣统一管理。

上述地方制度就是阿克巴采用的三权分立统治策略。以前常见的地方叛乱,无非就是因为总督的权力过大。因此,阿克巴的地方统治策略就是将军事、司法和财政这三种权力分别分配给独立的部门,各部门之间不得互相干涉。不仅如此,阿克巴还废除了给以总督为首的各级官吏授予土地的制度,取而代之的是薪俸制度。

作为具有划时代意义的统治策略,阿克巴在各地的行政机关推行了穆斯林和印度教教徒交替治理的政策。也就是说,由穆斯林总督治理的省,邻省必须派印度教出身的总督来管辖。这样一来,就实现了牵制各省势力的目的。同样,在实行上述三权分立的统治策略时,各独立部门的官员必须由穆斯林和印度教教徒共同组成。

自小颠沛流离,在战争中成长,并且在嗜血后成人的阿克巴,为什么能完成如此丰功伟业呢?被当作一介武夫培养长大的阿克巴身上潜藏的政治才能,才是他成为莫卧儿帝国的大帝,并且实现继阿育王之后再次统一印度大业的制胜法宝。阿克巴的秘诀是,将集权的伊斯兰教政治和施行以公议众论为基础的印度共和制完美地结合在一起。就这样,岁入超过五亿卢比②的大帝国诞生了。

第6节 新国教"丁伊-伊拉希"和国语的制定

阿克巴的理想是实现民族统一。对阿克巴来说,伊斯兰教和印度教的对立是实现民族统一的最大障碍。阿克巴对伊斯兰教的教义并非深信不疑。其实,阿克巴对印度教更感兴趣。

---

① 租税征收负责人。——原注
② 卢比,印度、巴基斯坦等国的货币单位,现在1卢比约合人民币0.09元。——译者注

阿克巴的身边有一对拥有阿拉伯血统的兄弟，即阿布-法兹勒·伊本·穆巴拉克和谢赫·阿布·阿尔-法伊兹·伊本·穆巴拉克。作为宗教文学大师和政治顾问，他们深受阿克巴的信任。可以说，阿克巴之所以会有统一伊斯兰教和印度教的想法，是因为受了他们的影响。阿克巴意识到，要解决伊斯兰教存在的宗教问题，就必须制定相关法令。于是，阿克巴实行了第一次宗教改革。1570年，阿克巴制定了如下法令。

> 作为信奉伊斯兰教的王、穆斯林的王、安拉在现世的化身——阿克巴，是最敬畏安拉的明君。因此，如果将来产生宗教问题，神学家的意见无法统一，或者政治上出现意见分歧时，阿克巴就会以全体臣民的福祉为依归，通过慧眼睿智，采纳其中的一种意见，并且发布相关敕令。王及全体臣民都有义务遵守该敕令。
>
> 在王决定发布新的敕令时，王及全体臣民都有义务遵守新的敕令。条件是，发布的新敕令，不得与《古兰经》的内容及全体臣民的福祉相抵触。
>
> 臣民中，如果有人违背了王的命令，现世就会被没收所有财产，来世就会陷入万劫不复的苦难中。违背了王的命令的人，还会被剥夺宗教上的特权。

此外，阿克巴严禁了所有被认定是印度传统恶习的行为。例如，童婚及死了丈夫的妻子必须殉葬等行为。对童婚，阿克巴禁止所有十四岁以下男女结婚。对殉葬，在征求将被投入火中陪葬的妇女的同意后，这种自发的殉葬行为才会得到法律的认可。

在此期间，阿克巴逐渐有了新的想法。那就是试图在对伊斯兰教和印度教取其精华，去其糟粕后，创立一个新的宗教并定为国教。阿克巴以伊斯兰教教义为基础，在吸取了印度教的长处后，制定出了新宗教的教义。其内容是：

"世界上只有安拉这一位神,而阿克巴就是安拉的预言者。"之后,阿克巴将新宗教命名为"丁伊-伊拉希"[①]。

作为安拉的预言者,作为保护臣民,为臣民谋福祉而被派到人间的使者——阿克巴,希望朝廷所有大臣和官吏都改信"丁伊-伊拉希"。于是,"丁伊-伊拉希"首先在朝廷中推广开来。很快,"丁伊-伊拉希"从穆斯林中传到了印度教教徒中。"丁伊-伊拉希"的教义宣称,无论出身于哪个种姓,所有人都可以得到公平的待遇,即不存在阶层的差别。

"丁伊-伊拉希"的出现,不仅引起了一部分正统穆斯林的不满,还遭到了婆罗门出身的印度教教徒的蔑视。婆罗门出身的印度教教徒认为这是对种姓制度的破坏。然而,他们忌惮阿克巴的威势,只是在暗地里表示不满,没有人敢公开反对。后来,人们回想起"丁伊-伊拉希"时,就像是做了一场白日梦。一觉醒来,新国教"丁伊-伊拉希"就土崩瓦解了。

没有得到安拉的启示,就建立一个宗教。这种做法显然是不切实际的。后世史学家认为,阿克巴这么做,"完全是为了满足他愚蠢的虚荣心,是他专制无限扩大的结果"。不过,阿克巴原本只是进行了一个"创立宗教的试验"。和结果相比,阿克巴重视的是过程。通过创立新宗教,阿克巴觉得自己获得了和哈里发一样的地位。

阿克巴的宫廷里,以阿布-法兹勒·伊本·穆巴拉克兄弟为代表,汇集了穆斯林、印度教教徒及袄教教徒。不久,就连果阿的葡萄牙传教士也出现在阿克巴的宫廷中。在聆听这些人讨论宗教议题时,阿克巴总能感受到无穷的快乐。

为了发展文化教育事业,阿克巴还在首都法塔赫布尔西格里建立了国立图书馆,并且将印度斯坦语定为国语。他认为,和宗教一样,语言也应该统一。印度人说印度语,穆斯林说波斯语,阿富汗人说阿富汗语,这实在是不利于交流。语言是精神的体现。因此,给语言设定一个统一的标准势在必行。于是,阿

[①] 意思是神圣宗教。——原注

克巴简化了自古流传下来的雅利安语,去除了波斯语中复杂的部分,并且将二者组合在了一起。就这样,新的印度斯坦语诞生了。

在创造了印度斯坦语后,阿克巴还命人翻译了众多古典文献。梵语文献、波斯语文献和阿拉伯语文献,都被翻译成了印度斯坦语版本。这些新语言版本的文献共有三万四千册。据说,在当时,其价格高达六百五十万卢比。

阿克巴还酷爱音乐和绘画等艺术。他是莫卧儿艺术的创始人。经过几代人的发展,沙·贾汗建造的泰姬陵标志着莫卧儿艺术发展到巅峰。

可悲的是,英明、仁慈的大帝阿克巴竟然目不识丁。据说,他连自己的名字都不会写。出生并成长在战火纷飞年代的阿克巴,无时无刻不在远征的途中。他应该根本没有时间停下来学习写字吧!

目不识丁的阿克巴又是如何了解并喜欢上了宗教、国语、艺术的呢?他不识字,只能依靠耳朵。无论是白天还是夜晚,他的身边都有帮他朗读的人做伴。这就是阿克巴获得知识的方法。因此,阿克巴训练出了惊人的记忆力。

阿克巴走的都是前人没有走过的路。1605年10月17日,阿克巴驾崩,享年六十三岁。当时,西欧国家已经开始对印度虎视眈眈。其中,英国更是早已将侵略的魔爪伸向了莫卧儿帝国周围的地区。

第 12 章

英国东印度公司和莫卧儿帝国的盛衰

(从 1600 年到 1740 年)

第1节 香料的诱惑

17世纪,英国绝对算不上一个大国。这时的英国海军,也只不过是徒有虚名。对一个小岛国来说,快速累积财富的方法就是开展"海盗"活动。这就是伊丽莎白一世[①]统治下英国的局势。伊丽莎白一世最大的缺点就是并非男儿身。到了晚年,她为了让自己青春永驻,将自己的白发染成了年轻时的颜色,全身还佩戴了各种由珍珠、金银、钻石制成的首饰。在见到海盗弗朗西斯·德雷克[②]献上掠夺来的财宝后,伊丽莎白一世立刻封他为贵族,并且任命他为海军中将。

于是,弗朗西斯·德雷克变得更加无法无天。他仅凭两艘船和五十个人,就袭击了西班牙殖民地各个坚固的要地。给船上装满黄金和钻石后,弗朗西斯·德雷克就返回了普利茅斯。……弗朗西斯·德雷克还登上了达连地堑[③],袭击了来自秘鲁的运送黄金的骡马

[①] 伊丽莎白一世(1533—1603),英国女王,1558年到1603年在位。——译者注
[②] 弗朗西斯·德雷克(1540—1596),英国著名航海家、探险家、私掠船长。——译者注
[③] 达连地堑,连接南美洲和北美洲的重要地带。——译者注

队。在将押运黄金的护卫打得落花流水后,弗朗西斯·德雷克抢走了所有黄金。伊丽莎白一世私下特别喜欢听弗朗西斯·德雷克讲的冒险故事。……在和平年代,伊丽莎白一世对外痛斥这种损害友邦利益的行为。然而,一旦到瓜分抢来的战利品时,她表现得十分积极。①

伊丽莎白一世

---

① 出自安德烈·莫洛亚的《英国史》。——原注

弗朗西斯·德雷克

之后，作为"海洋国民"的每一个英国人，都希望成为像弗朗西斯·德雷克那样的海盗。就在这个时候，香料问题出现了。

当时，英国人冬天以干肉和储藏肉为主食。因此，香料就成了必不可少的调味品。在瓦斯科·达·伽马抵达印度后，葡萄牙人和荷兰人就开始出入印度。东方香料生意全部被荷兰商人掌控。在里斯本的商业街，人们可以看到堆积如山的印度产品，比如印花布和毛纱。后来，就连荷兰阿姆斯特丹的街头也充斥着浓烈的丁香味。英国商人的艳羡之情由此达到了顶点。

1599年年初，胡椒的价格是每磅①三先令②。1599年夏，荷兰商人将胡椒的价格涨到了每磅六先令甚至每磅八先令。这就是典型的商品垄断。

伦敦商人顿时慌了，因为不管以后香料的价格有多离谱，他们都只能乖乖付钱。为了商讨出一个对策，伦敦商人在各地纷纷举行集会。最后，大家一致同意，应该冒险前往东南亚诸国开展香料贸易。于是，伦敦商人向英国议会递交了请愿书。然而，英国议会对印度、马鲁古群岛③等地毫无兴趣，驳回了伦敦商人的请求。

最后，伦敦商人四处奔走，希望能直接获得伊丽莎白一世的敕许。在意识到不久就能获得巨大利益后，喜好新奇的伊丽莎白一世很快便动心了。因为她不用付出任何代价，就能拥有各种掠夺来的奇珍异宝。这何乐而不为呢？反正风险由伦敦商人来承担，而她要做的只是同意伦敦商人的贸易垄断行为。

1600年12月31日，伊丽莎白一世向伦敦商人发放了特许证，并且从两百一十四名请愿者中，选出了以乔治·克利福德④为首的二十四个董事，成立了英国东印度公司⑤。

> 很快，英国东印度公司就陷入了与葡萄牙人和荷兰人的武力对抗中。索洛德·罗杰斯⑥曾写道："与国家之间的战争相比，为了争夺丁香而流的血将会更多。"大公司的组织者，同时被征服欲和从事贸易的欲望驱使。对原住民来说，在所有殖民形态中，大公司是最危险的。对本国政府来说，大公司是最难控制的。⑦

---

① 磅，英制质量单位，1磅约合0.45千克。——译者注
② 先令，英国的旧货币单位，1先令等于12便士。——译者注
③ 马鲁古群岛，位于今印度尼西亚境内，即"香料群岛"。——译者注
④ 乔治·克利福德（1558—1605），第三代坎伯兰伯爵，英国贵族、海军军官。——译者注
⑤ 准确的叫法是东印度贸易伦敦商人公会。——原注
⑥ 索洛德·罗杰斯（1823—1890），英国经济学家。——译者注
⑦ 出自安德烈·莫洛亚的《英国史》。——原注

乔治·克利福德

实际上，在航海的过程中，伦敦商人确实在不停地制造流血事件。原因是，在伦敦看起来温顺的商人，一旦出了海，立刻摇身一变，成为"海盗"。

第2节 伦敦商人的几次航海

1601年2月，伦敦商人迅速组建了第一支掠夺船队。1601年4月22日，在经验丰富的海盗詹姆斯·兰开斯特[①]的指挥下，四艘商船载着"不该有的武器"，踏上了绕过非洲的航海之旅。

詹姆斯·兰开斯特

---

① 詹姆斯·兰开斯特（1555—1618），伊丽莎白一世时期著名的商人、探险家。——译者注

确实，这四艘船上载着大量武器。其中，吨位达六百吨的"红龙"号配备了两门加农炮、十六门长炮、十二门半长炮、八门萨莱克斯炮，合计三十八门大炮。"红龙"号上还备有三百二十发炮弹。准备这些炮弹，是为了以防"万一"。吨位达三百吨的"赫克托"号、吨位达两百六十吨的"阿森松"号和吨位达两百四十吨的"苏珊"号上分别配备了二十四门大炮，合计七十二门大炮。也就是说，这支船队配备一百一十门大炮及大约两千发炮弹出发了。此外，船上还有一些货物，主要是手枪、勋章、小镜子、勺子、玩具、眼镜等物件。这些货物都是在抵达亚洲后，准备送给当地王公及其亲信的"骗小孩的玩意儿"。

不久，船队就驶进了非洲西岸的几内亚海域。紧接着，"万一"真的出现了。伦敦商人很快就露出了海盗的本性，凭借"不该有的武器"，捕获了一艘葡萄牙船。伦敦商人尝到了甜头。而这"甜头"并非通过贸易获得，而是通过抢夺获得。于是，伦敦商人开始欲罢不能。从那以后，他们碰到什么就抢什么，干起了海盗的勾当。

最后，这支船队并没有抵到印度，而是在1602年5月抵达苏门答腊①的亚齐。失去联系长达两年后，1603年6月，"阿森松"号和"苏珊"号满载胡椒回到了英国②。英国东印度公司的股东获得了令自己倍感意外的高达百分之一百二十六的利润。他们在战战兢兢中充分品尝了进行冒险商业活动带来的美妙滋味。

第二次航海发生在1604年，由亨利·米德尔顿③指挥。1606年，船队回到英国。因为失去了四艘船中的一艘，所以利润率降到了百分之九十五。这次航海，同样没有抵达印度。

参加第三次航海的船有三艘，由威廉·基林④指挥。1607年1月4日，船队出

---

① 苏门答腊，印度尼西亚最西面的岛，是世界排名第六的大岛。——译者注
② 1603年11月，"红龙"号和"赫克托"号回到英国。——原注
③ 亨利·米德尔顿（？—1613），英国航海家。——译者注
④ 威廉·基林（1577—1619），英国东印度公司的一个船长。——译者注

发，经过苏门答腊、爪哇岛[①]、班达群岛[②]、马鲁古群岛，在印度西海岸的苏拉特港靠岸。1609年到1610年5月，这三艘船分别回到了英国。这次的利润率竟然高达百分之两百三十四。这次，"赫克托"号的船长威廉·霍金斯爵士没有回英国。为了执行某项任务，他暂时留在了印度。

威廉·霍金斯爵士的任务是和莫卧儿帝国签订通商条约。在苏拉特港，威廉·霍金斯爵士受到了葡萄牙人的严密监视，因为葡萄牙人认为自己拥有贸易的优先占有权。眼见和地方官的交涉无望，威廉·霍金斯爵士做出了一个决定。1609年2月，威廉·霍金斯爵士独自向莫卧儿帝国的首都阿格拉进发。1609年4月，他抵达阿格拉。

秘密进城的威廉·霍金斯爵士，本想先打探一下各方面的消息。没想到，他竟然立刻接到了莫卧儿帝国政府传唤他的通知。当时，阿格拉城中密布着令人吃惊的谍报网。

第3节　世界的征服者

阿克巴的后继者是唯一幸存的贾汉吉尔。贾汉吉尔曾被迫和儿子胡拉姆争夺皇位。因为皇宫里出现了一派人，他们主张先帝[③]是要让胡拉姆继承皇位。经过拉杰普特王公的斡旋，这件事得以和平解决。贾汉吉尔即位后，自称"世界的征服者"。

贾汉吉尔是在三十多岁时才登上皇位的。尽管如此，他统治莫卧儿帝国的时间依然长达二十二年。作为正统穆斯林，贾汉吉尔打压了阿克巴生前创立的新宗教"丁伊-伊拉希"。这一举动，其实是向阿克巴生前特别重用的印度教大臣示威。

[①] 爪哇岛，今印度尼西亚的首都雅加达所在地。——译者注
[②] 班达群岛，位于今印度尼西亚班达海，在爪哇岛东面约两千千米处。——译者注
[③] 即阿克巴。——译者注

胡拉姆

胸怀伟大抱负的贾汉吉尔,决心完成阿克巴生前未能完成的征服印度南部的大业。这时,德干高原艾哈迈德讷格尔的马利克·安巴尔[④]起兵造反。于是,贾汉吉尔命令胡拉姆率军前去讨伐,并且计划乘势攻打印度南部。马利克·安巴尔的士兵拼死抵抗。莫卧儿帝国军队三番五次败下阵来。无奈之下,胡拉姆只好佯装一时收兵,然后突袭了一时大意的马利克·安巴尔军队,才大获全胜。

败退的马利克·安巴尔,和比贾普尔苏丹国、果尔贡德苏丹国组建了同盟军,做好了迎击莫卧儿帝国军队的准备。

拥有数量超过十万的马、骆驼、象及五十万兵力的莫卧儿帝国军队发起了攻势。然而,德干高原的同盟军破坏了莫卧儿帝国军队的补给路线,切断了其粮食供应。对一支军队来说,饮用水和粮食的短缺是致命的危险。在进行了几次小规模战斗后,莫卧儿帝国军队就被迫选择了撤退。尽管如此,莫卧儿帝国军队还是损失了三万匹马及大部分兵力。

威廉·霍金斯爵士就是在这个时候出现在贾汉吉尔面前。贾汉吉尔,人称"有才的酒鬼",因年轻时饮酒过量而患上了哮喘。哮喘让贾汉吉尔苦不堪言。然而,一旦哮喘症状缓解,贾汉吉尔就会好了伤疤忘了痛,又整日沉迷于酒池肉林中。他用酒宴招待了威廉·霍金斯爵士。

父辈就是海盗出身的威廉·霍金斯爵士讲的故事,就像《一千零一夜》中辛巴达船长的故事一样,充满了离奇逸闻、怪异风俗和异国情调。因此,威廉·霍金斯爵士很快就成为贾汉吉尔的贵宾。就这样,几天过去了。

趁贾汉吉尔心情好时,威廉·霍金斯爵士提出了一个不情之请。他诚惶诚恐地恳求贾汉吉尔,希望莫卧儿帝国能够向英国开放通商口岸,并且允许设立英国商馆。

贾汉吉尔不想让博学强记、能说会道的威廉·霍金斯爵士离开自己。因

[④] 马利克·安巴尔(1548—1626),印度德干高原的一个希狄人(印度对黑人的称呼)军事领袖。——译者注

此，贾汉吉尔表示："如果你能永远待在阿格拉，我就答应你的请求。"威廉·霍金斯爵士没有立刻回复就退了下去。当时，他的内心恐怕是千头万绪。最终，他还是选择了完成自己的任务。况且，威廉·霍金斯爵士依然对贾汉吉尔身边有着迷人小麦色肌肤的亚美尼亚女子恋恋不舍。因此，威廉·霍金斯爵士决定要一辈子留在阿格拉。作为回报，威廉·霍金斯爵士获得了在苏拉特建立英国商馆的许可。在皇宫里，威廉·霍金斯爵士得到了贾汉吉尔的宠信，人称"英国卿"。

> 我现在真是高兴得要飞上九重天。不过，耶稣会[①]的传教士和葡萄牙人不会善罢甘休。他们会不择手段地让我在这个世界消失。同时，皇帝身边的穆斯林重臣绝对不希望看到一个基督教教徒和皇帝交往过密。[②]

正如威廉·霍金斯爵士所言，受到皇帝的恩宠绝对是一种禁忌。心生嫉妒的不仅仅是穆斯林重臣。在尔虞我诈的皇宫里，还有一个专横、犹如幕后黑手般存在的绝世美人——皇后努尔·贾汉[③]。她的嫉妒心也由此开始膨胀。

努尔·贾汉出生在一户贫穷的波斯人家里。天生貌美的她，很快就得到了当时还是皇子的贾汉吉尔的宠爱。然而，这是阿克巴不愿看到的。于是，阿克巴把努尔·贾汉许配给了远在孟加拉的一个身居要职的军官。后来，贾汉吉尔即位，为了和努尔·贾汉再续前缘，又把她召回了皇宫，还杀害了她不肯离婚的丈夫。

1611年，回到贾汉吉尔身边的努尔·贾汉，给自己的父亲和三个兄弟都安

[①] 耶稣会，天主教的一个修会，1540年正式创立，总部设在罗马。——译者注
[②] 出自塞缪尔·珀切斯（译者按：塞缪尔·珀切斯是一个英国神职人员，出版了多部旅行者到国外旅行的报告）的旅行报告。——原注
[③] 意思是"世界之光"。——原注

努尔·贾汉

排了朝中要职。考虑到年过四十、患有哮喘的贾汉吉尔会出现万一,她还事先做好了在他驾崩后自己能够以女王的身份登基的万全准备。经过不懈的努力,巾帼不让须眉的努尔·贾汉终于成为皇宫中阴谋的核心人物。

贾汉吉尔晚年不过是一个酒鬼,早已无心理会政事。因此,皇宫中遍布着一张由不同人之间的争斗、叛乱、争权夺位、拉帮结派结成的错综复杂的网。嫉妒心重、诡计多端的努尔·贾汉将自己的眼中钉——作为皇位继承人的胡拉姆和威廉·霍金斯爵士等人逐出了皇宫。1611年11月,威廉·霍金斯爵士带着拥有小麦色肌肤的夫人回到了英国。胡拉姆则被任命为南方军队的指挥官,不得不远离了首都阿格拉。

之后,努尔·贾汉的专横传到了身在军营中的胡拉姆的耳中。胡拉姆意识到，要对付努尔·贾汉一定要使用非常手段。于是，胡拉姆以曼杜①为据点，举兵攻打阿格拉。胡拉姆虽然于心不忍，但还是选择和父王的军队作战。

于是，胡拉姆率军离开南方战线，前往印度东海岸，经过奥里萨，向孟加拉挺进。1626年，在胡拉姆的军队穿过比哈尔，向阿格拉逼近时，功勋卓绝的将军马哈巴特·汗发动了政变，史称马哈巴特·汗之乱。老奸巨猾的马哈巴特·汗俘虏了贾汉吉尔和努尔·贾汉，并且将他们软禁起来。1627年10月，年迈

马哈巴特·汗

---

① 曼杜，位于今印度中部中央邦。——译者注

的贾汉吉尔驾崩。最后，在胡拉姆军队的节节逼近下，马哈巴特·汗败下阵来。1628年2月，胡拉姆进入阿格拉，宣布自己成为新任皇帝。

第4节　泰姬陵

胡拉姆即位后，自称沙·贾汗[①]。对世人来说，"泰姬陵的建造者"这个叫法也许更加有名。

即位后，沙·贾汗要做的第一件事就是铲除努尔·贾汉等人。对以获得财富为目的的努尔·贾汉等人，沙·贾汗赐给他们巨额财富，并且将他们贬为庶民。这样一来，沙·贾汗就成功地歼灭了所谓的宫廷党。接下来，对和自己有同等机会争夺皇位的同父异母弟弟，沙·贾汗要么杀掉，要么流放，以此巩固了自己的地位。

在国内治理方面，沙·贾汗采用了维稳的方式。沙·贾汗没有像父王贾汉吉尔那样迫害印度教教徒，也没有像祖父阿克巴那样积极地融合伊斯兰教和印度教。全盛时期的莫卧儿帝国，全国上下都有一种倦怠的感觉。

在军事方面，南方战线依旧战火不断。一位叛军将领点燃了战争的导火索。他就是贾汉·洛迪。贾汉·洛迪不服新任皇帝沙·贾汗，便暗中勾结印度南部的艾哈迈德讷格尔苏丹国[②]。为此，沙·贾汗派出了讨伐军。曾经结为同盟的艾哈迈德讷格尔苏丹国与比贾普尔苏丹国和果尔贡德苏丹国之间的关系出现了重大裂痕。于是，莫卧儿帝国军队与比贾普尔苏丹国和果尔贡德苏丹国保持密切联系，轻而易举地打败了艾哈迈德讷格尔苏丹国的军队。最后，在卡兰贾尔的激战中贾汉·洛迪战死。后来，比贾普尔苏丹国和果尔贡德苏丹国都成为莫卧儿帝国的属国。这真是莫卧儿帝国取得的一次重大胜利。

沙·贾汗在位期间，莫卧儿帝国蒙受了重大损失。那就是失去了坎大哈，并

[①] 1628年到1658年在位，1666年驾崩。——原注
[②] 艾哈迈德讷格尔苏丹国，1490年到1636年德干高原上的一个伊斯兰教王国。——译者注

且丧失了对今天阿富汗大部分地区的统治权。在贾汉吉尔统治时期失去的坎大哈，沙·贾汗曾夺回，但1653年又被波斯人夺走了。沙·贾汗如果好战，那么夺回坎大哈也不是不可能。不过，沙·贾汗热爱和平。实际上，他对峰峦叠嶂的山脉那边的边境地区并没有多大兴趣。

沙·贾汗将重心放在了国内治理上。通过改革税制和保护产业，沙·贾汗获得了数量不菲的国库收入。"黄金时代"真的来临了。

宠后穆姆塔兹·玛哈尔①的死，让沙·贾汗伤心欲绝。他在阿格拉建造了壮丽的陵墓。这就是人称莫卧儿建筑登峰造极之作的泰姬陵。1632年，泰姬陵

穆姆塔兹·玛哈尔

---

① 阿珠曼德·芭奴·贝冈（1593—1631），莫卧儿帝国第五代皇帝沙·贾汗的皇后，第六代皇帝奥朗则布的母后。——译者注

泰姬陵

开始动工，耗费二十年时间建成。沙·贾汗毫不吝惜地投入了大约四千万卢比的资金。泰姬陵庄重、森严，又让人隐约感受到一些温暖。对诞有十几个子女的皇后穆姆塔兹·玛哈尔来说，真的是再适合不过的陵了。

> 大部分人参观完泰姬陵，都会感叹道，一座皇陵竟是这样斥资不菲。如果有人感到失望，那肯定是因为他们觉得泰姬陵并没有之前想象的那样斥资不菲。辛苦爬上泰姬陵的顶部，你就会发现，石材上面只铺了一层薄薄的大理石。由此可见，泰姬陵的内部并没有全部使用大理石。①

---

① 出自阿道司·赫胥黎的《微笑的海盗》。——原注

去印度旅游，人们一定会去泰姬陵。圆形屋顶的尖端部分直指苍穹的泰姬陵，就是莫卧儿帝国过去繁荣昌盛的最好印证。

沙·贾汗还建造了一座新城。这就是建于德里、被誉为世界最美宫城、人称沙贾汗纳巴德①的城市。在新城里，沙·贾汗还建造了清真寺。在宫殿的碑铭上，沙·贾汗亲笔提上了这样的句子："你寻求的极乐之地在哪里？在这里！在这里！在这里！"此外，为了一个王座，沙·贾汗甚至不惜斥巨资。然而，他晚年十分悲惨。

第5节　宇宙的征服者

沙·贾汗有四个皇子。在沙·贾汗驾崩后，继承皇位的是三皇子奥朗则布。奥朗则布继位的经过如下。

按道理，大皇子达拉·希科才是皇位继承人。世人也都这么认为。和阿克巴一样，达拉·希科也是一位带有神秘色彩的人物。他是研究印度哲学的专家。根据达拉·希科的理论，印度教教徒和穆斯林的差别仅仅在于语言和行为举止上。显然，达拉·希科想融合伊斯兰教和印度教。

奥朗则布是一个虔诚的穆斯林。在他看来，印度教是一个邪教。他唯一的心愿就是希望重振伊斯兰教在印度的声威。奥朗则布奉父皇沙·贾汗之命前往南方作战，并且任德干总督。他率军围攻了没有对莫卧儿帝国表示效忠的果尔贡德苏丹国的海得拉巴。最后，奥朗则布和果尔贡德苏丹国的代表在城下议和。这时，传来了沙·贾汗病危的消息。奥朗则布火速赶回德里。然而，沙·贾汗已经痊愈。不过，为了争夺皇位，身为嗣子的自由思想家达拉·希科和身为孟加拉总督的二皇子沙·舒贾兵戎相见。奥朗则布则和四皇子穆拉德·巴赫什袖手旁观。在战斗中，达拉·希科和沙·舒贾的实力逐渐削弱。这时，奥朗则布麾

---

① 意思是沙·贾汗的王宫。——原注

奥朗则布

下的兵力成为制胜的关键。奥朗则布瞬间就屠杀了自己的两位皇兄,并且囚禁了年迈的父皇[①]。曾经帮助奥朗则布的穆拉德·巴赫什被关进了监狱。就这样,奥朗则布完成了军事政变。

---

① 沙·贾汗被软禁在后宫,只有舞姬可以自由出入。得知自己的孩子接连被杀的消息后,沙·贾汗悲痛欲绝。最后,在经历了八年的煎熬后,沙·贾汗驾崩。——原注

1658年8月，奥朗则布即位，并且称自己为"宇宙的征服者"。奥朗则布在位时间长达半个世纪。最初的二十年，暴雨和酷暑导致前往阿萨姆的远征军全军覆没，这严重损害了莫卧儿帝国的威信。印度北部到中部一带则呈现出一片和平景象。准确地说，这种和平只属于穆斯林。甚至可以说，除了奥朗则布信奉的逊尼派，包括什叶派等其他教派的穆斯林都被打成了异端，更不用说印度教教徒了。对印度教教徒而言，在奥朗则布统治的区域，就连找一个安身立命的地方都难。奥朗则布还恢复了一度被英明的阿克巴废除的人头税。因此，大部分印度教教徒改信了其他宗教。人头税是奥朗则布最喜欢的税收政策。

作为一个虔诚的穆斯林，奥朗则布的上述做法可以说都是合理的。他崇尚禁欲主义，不遗余力、不知疲倦地处理政务。他待人彬彬有礼，处事慎重，做事细心。他没有一个朋友，也不信任任何人。像奥朗则布这样孤独的皇帝，几乎是史无前例的。在他晚年时，沙·贾汗时期积累的巨额财富逐渐减少，莫卧儿帝国也日渐衰败。同时，奥朗则布背后，有两股庞大的势力在暗中逐渐逼近：一是处在摇篮时期，但正逐步壮大的英国东印度公司；二是突然出现在德干高原的英雄希瓦吉[①]。

第6节　马德拉斯、孟买和加尔各答

通过威廉·霍金斯爵士的努力，1612年，英国东印度公司终于在苏拉特设立了第一个商馆。在和葡萄牙商馆的对抗中，英国东印度公司可以说是苟延残喘。这是因为，当时英国国内形势发生了变化，即奥利弗·克伦威尔[②]控制了议会政治[③]。1613年，在完成第十二次前往印度的航海旅程后，英国东印度公司几乎终止了所有航海计划。

[①] 希瓦吉（1630—1680），马拉塔帝国的开创者，1674年到1680年在位。——译者注
[②] 奥利弗·克伦威尔（1599—1658），英国政治家、军事家。——译者注
[③] 奥利弗·克伦威尔曾解散英国议会，建立了成员完全由他选择的新议会。——译者注

与此同时，英国人继续在印度寻找侵略的据点，但几乎都无功而返。与其说英国人是在寻找侵略的据点，不如说英国人是在和葡萄牙人明争暗斗。1615年2月，在苏拉特海域的海战中，英国舰队打败了葡萄牙舰队，将所有葡萄牙势力赶出了科泽科德。此外，1611年，英国东印度公司在乌木海岸①的默苏利珀德姆设立了代理店。1626年，英国东印度公司在阿尔马加翁设立了商馆。然而，这些地区的不利之处在于，对外敌的侵犯可以说是毫无招架之力。后来，阿尔马加翁商馆的馆长弗兰西斯·迪成功地从印度王公那里买来了马德拉斯的土地。1636年，在六平方英里的荒芜沙地上，英国国旗升起来了。不久，英国人在这里建起了圣乔治堡。这就是英国东印度公司打着通商的旗号实施侵略的第一步。

圣乔治堡

---

① 乌木海岸，又称科罗曼德尔海岸，位于印度次大陆东南部。——译者注

查理二世

英国东印度公司总是不停地寻找新港口，建立新商馆和仓库，并且建造新要塞。在警备方面，英国东印度公司的所有员工很快就被要求全副武装。英国东印度公司还征集当地的原住民做雇佣兵。很快，英国东印度公司用于商馆和仓库警备的人员数量就超出了正常范围。严格来说，这些警备人员的配备已经达到了军队级别。就这样，在没有接到英国国王的命令下，英国东印度公司自行组建了一支"私人军队"。

1660年，查理二世①登上英国王位，恢复了国政。萎靡多时的英国东印度公

---

① 查理二世（1630—1685），英国国王，以"欢乐王""快活王"闻名，1660年到1685年在位。——译者注

司再次获得了英国政府颁发的特许证书。葡萄牙国王若昂四世的女儿布拉干萨的凯瑟琳被选为英国王后。作为嫁妆，若昂四世将孟买给了女儿。孟买只是一个小岛，一开始查理二世并没有意识到它的真正价值。后来，查理二世答应英国东印度公司的请求，以每年一百英镑[①]的价格将孟买转租给了英国东印度公司。

布拉干萨的凯瑟琳

---

① 英镑，英国的货币单位，1英镑约合人民币8.79元。——译者注

孟买

  在赶走孟买残留的葡萄牙势力后,英国东印度公司正式决定将孟买作为据点,因为之前在苏拉特的据点经常受到马拉塔人[①]的侵袭。孟买距离马德拉斯不是太远,但周围被海水环绕。剽悍的马拉塔人总不至于骑着马蹚水而来。就这样,1668年,在获得了安全的据点后,英国逐步迈出了侵略印度的步伐。

  英国历史学家曾说:"趁印度人还没搞清状况,彻底征服印度!"

  不过,事情真的会顺利发展下去吗?英国东印度公司难道真的只是一家从事贸易的商业公司吗?组建军队,建造要塞,唯恐天下不乱的英国东印度公司的实质到底是什么呢?下面这段话或许可以说明。

---

① 马拉塔人,即马拉地人,印度少数民族之一,是雅利安人的分支。——译者注

我们要在印度建立永久、坚固，就像管理英国领土那样，拥有切实政治权力和军事权力的组织。至少，我们要确保从当地获得维持政治权力和军事权力的财政收入。

这就是英国东印度公司高层对身处马德拉斯的代理人下达的命令。这是发生在1678年的事。

身处马德拉斯的代理人忠实地执行了英国东印度公司高层下达的命令。他们还将侵略的魔爪伸向了孟加拉，最后成功获得了加尔各答。

在此之前，英国东印度公司只在孟加拉的胡格利和巴拉索尔设立了商馆。1645年，一个叫加布里埃尔·普罗顿的外科医生成功从沙·贾汗那里得到了孟加拉的贸易特权。于是，英国东印度公司在摩腊婆和达卡也设立了商馆。英国

英国东印度公司纹章

穆罕默德·阿扎姆·沙

东印度公司在摩腊婆和达卡只享有贸易权利,但并未取得这些地区的所有权。因此,才有了上述来自英国东印度公司高层的命令。

英国东印度公司从奥朗则布的儿子穆罕默德·阿扎姆·沙那里,买来了苏塔奴蒂、卡尔卡塔和戈文达浦尔这三个村落,并且建造了威廉堡。因为口音的

问题，其中的卡尔卡塔被读成了"加尔各答"。负责购买村落、建造威廉堡的人，是胡格利的商馆馆长伯德·查纳克。

英国东印度公司，在印度西海岸获得了孟买，在印度东海岸获得了马德拉斯，最后还获得了位于孟加拉恒河三角洲地区的加尔各答。对英国东印度公司来说，可谓"万事俱备，只欠东风"了。

第7节 "山鼠"希瓦吉

奥朗则布的恶政包括赋予伊斯兰教至高无上的地位、压迫印度教教徒、恢复性质恶劣的人头税等政策。这些政策就像一把把尖刀，不断刺进印度人的心里。奥朗则布对印度人的横征暴敛，就像不定时炸弹一样，随时都会爆炸。不久，马拉塔帝国就像一颗彗星出现在了德干高原上，并且在短时间内迅速发展成一大强国。

印度人的雅利安精神彰显时，就是民心背离莫卧儿帝国之日。希瓦吉领导的一系列起义就是民心背离莫卧儿帝国的最好体现。自萨托拉苏布山脉以南，沃尔塔河以西，到印度南部果阿海岸的广袤土地上，住的都是马拉塔人。

希瓦吉出生于马拉塔贵族蓬斯尔家族。1646年，他已经支配着五六个山寨。后来，希瓦吉成为浦那①的统治者。1657年，希瓦吉背叛了比贾普尔苏丹国的苏丹阿里·阿迪勒·沙二世，以德干高原为中心，集结并壮大了马拉塔人的势力。在不知不觉中，这股势力逐渐成为一股不容小觑的力量。

奥朗则布的军队攻打阿萨姆失败的消息传到了当时身处山寨中的希瓦吉的耳中。通过这个消息，希瓦吉摸清了莫卧儿帝国的实力。于是，占据浦那的希瓦吉自称"印度王"，宣布浦那独立。

德干高原的这一变化，让奥朗则布非常吃惊。1665年，奥朗则布组织征讨

---

① 浦那，位于今印度西部马哈拉施特拉邦。——译者注

希瓦吉

军向德干高原挺进。不过,在征讨希瓦吉之前,奥朗则布必须先征服比贾普尔苏丹国。比贾普尔苏丹国和莫卧儿帝国一样,都是伊斯兰教国家。然而,对奥朗则布来说,属于什叶派的比贾普尔苏丹国是异端。从这个角度来看,比贾普尔苏丹国是奥朗则布和希瓦吉共同的敌人。因此,奥朗则布就和希瓦吉联手,派兵攻打了比贾普尔苏丹国。之后,希瓦吉跟随奥朗则布来到了德里。然而,奥朗则布对希瓦吉的态度十分冷淡。不仅如此,奥朗则布还软禁了希瓦吉。不过,人称"山鼠"的希瓦吉,才不会甘心做奥朗则布的阶下囚。一天夜里,希瓦吉逃走,占据赖格尔。至此,希瓦吉可以说是公开和莫卧儿帝国对抗了。敬仰希瓦吉的人从四面八方火速赶来,加入了马拉塔大军。这让马拉塔大军得到了进一步壮大。希瓦吉暂时和南方的果尔贡德苏丹国讲和,并且联合其一起攻打了坎德什和苏拉特,还洗劫了沿海地区。1680年,就在马拉塔帝国的大业即将完成时,万众敬仰的希瓦吉驾崩了。

同时,拉杰普特人在各地举行起义。更糟的是,奥朗则布的小儿子穆罕默德·阿克巴也举起了叛旗。在联合了马拉塔大军后,这些叛军更是如虎添翼。在婆罗门巴拉吉·维什瓦纳特的拥护下,希瓦吉的儿子桑巴吉坐上了皇位。马拉塔帝国的士兵蓄势待发。巴拉吉·维什瓦纳特则成为帕什瓦①,统领全军。

桑巴吉

---

① 相当于宰相。——原注

面对剑拔弩张的局势，奥朗则布不得不做出最后的决断——要么放弃印度北部豪华的宫殿，要么忘掉征服印度南部的梦想，只能二选一。最终，奥朗则布决定派兵征讨马拉塔帝国，并且征服印度南部。"由长达三英里的王宫和多达五百万人的军队组成的可以移动的城市"就这么出现了。1683年，奥朗则布占领了比贾普尔苏丹国和库特卜沙希王朝的领土。然而，莫卧儿帝国军队和马拉塔帝国军队的战争足足持续了二十年，一直到奥朗则布生命的最后一天。

马拉塔帝国军队以农民为主。一到农闲期，马拉塔帝国军队就大举进犯莫卧儿帝国，肆无忌惮地掠夺。在瓜分完战利品后，马拉塔帝国的士兵就纷纷逃回山寨。马拉塔帝国的士兵全部策马而来，行动十分敏捷。在浩浩荡荡的莫卧儿帝国军队前来讨伐时，他们就会立刻作鸟兽散，逃进山林中。然而，一旦莫卧儿帝国的守卫有所松懈，马拉塔帝国的士兵就会呐喊着前来袭击。他们的袭击几乎每次都让负责守卫的莫卧儿帝国军队全军覆没。

在战斗中处于不利地位的莫卧儿帝国军队，对战场的地势也不是很了解。面对随时来袭、自由出没在山林中的马拉塔帝国的士兵，莫卧儿帝国的士兵不禁感到防不胜防。最后，事态发展到连奥朗则布的国库都拿不出钱来供养防守军队的地步。就在莫卧儿帝国的士兵疲于应付这些应该被称为游击战的战斗时，由巴拉吉·维什瓦纳特率领的大军从后方步步逼近奥朗则布的阵营。

在经历了长期的游击战后，即使奥朗则布还有斗志，他麾下变得有点神经质的将士，却早已失去了斗志。于是，1706年，奥朗则布提出要和马拉塔帝国议和。奥朗则布给出的条件是，自己将认可被马拉塔帝国占领的国家要向马拉塔帝国进贡这个事实。然而，占了上风的马拉塔帝国的士兵只是微微一笑，头也不回地走了。因此，奥朗则布开始有点慌了。

第8节　奥朗则布驾崩和皇位争夺战

1707年2月，奥朗则布在艾哈迈德讷格尔的阵营中驾崩了。最终，他还是没

穆罕默德·卡姆·巴赫什

有向马拉塔帝国投降。悲痛欲绝的奥朗则布留下的遗言是："……军心大乱。就连在我面前，士气也非常沮丧。没有任何援兵。……"

奥朗则布有四个皇子，分别是穆罕默德·穆阿扎姆、穆罕默德·阿扎姆·沙、穆罕默德·阿克巴和穆罕默德·卡姆·巴赫什。因为穆罕默德·阿克巴已经投入敌方阵营，所以奥朗则布生前曾暗示，要把莫卧儿帝国分给剩下的三个皇子。然而，谁都不想只获得莫卧儿帝国的一部分，而是希望能得到整个莫卧儿帝国。为此，大皇子穆罕默德·穆阿扎姆和二皇子穆罕默德·阿扎姆·沙各自率领大军在阿格拉南边的贾亚瓦进行了会战。结果，穆罕默德·阿扎姆·沙战败后被杀。于是,穆罕默德·穆阿扎姆即位,史称巴哈杜尔·沙一世①。巴哈杜尔·沙一世统治下的莫卧儿帝国,已经有了解体的征兆。

巴哈杜尔·沙一世驾崩后,皇位争夺战再次出现。1712年,获胜的贾汗达尔·沙即位。1712年,贾汗达尔·沙就被勒死了。皇位又空了出来。接下来,杀害贾汗达尔·沙的凶手法鲁赫西亚尔坐上了皇位。在法鲁赫西亚尔统治期间,1714年,米尔·卡马尔-乌德-丁·汗·西迪基·巴亚凡迪被任命为海得拉巴

米尔·卡马尔-乌德-丁·汗·西迪基·巴亚凡迪

① 1707年到1712年在位。——原注

总督。上任不久，他就巩固了后来的海得拉巴土邦①的基础。与此同时，巴拉吉·维什瓦纳特的势力已经位居马拉塔帝国之首。

1718年，法鲁赫西亚尔自食其果。和贾汗达尔·沙一样，他也被人拉下了皇位，同样是被人勒死的。之后，即位的是穆罕默德·沙。在穆罕默德·沙统治期间，发生了两件大事。第一件大事是1720年，奥德总督阿里·汗宣布独立，奥德几乎成为一个独立王国；第二件大事是1739年，波斯阿夫沙尔王朝的国王纳迪尔·沙率军大举来犯。万幸的是，纳迪尔·沙并没有侵占印度土地的野心。洗劫德里后，纳迪尔·沙就如一阵风似的离开了印度。

进入战乱时代的莫卧儿帝国，就像一只待宰的羔羊，静静地等待欧洲人——荷兰人、法兰西人及英国人将侵略的魔爪伸向自己。

---

① 海得拉巴土邦，1724年到1948年印度德干高原的一个国家，首都是海得拉巴。——译者注

第13章

侵略者罗伯特·克莱夫

（从 1740 年到 1770 年）

第1节　发生在印度的英法冲突

最初，在印度得势的是葡萄牙人。与葡萄牙人联合后，西班牙人在印度不断扩张势力。后来，荷兰人也来到了印度。荷兰人对东印度群岛[①]更感兴趣，所以没有将重心放在印度。丹麦人也来到了印度，但很快就消失了。在此期间，横插一脚进来的是法兰西人和英国人。

法兰西王国也设立了东印度公司。和英国东印度公司的不同之处在于，法兰西东印度公司直接受法兰西政府控制。最初，法兰西东印度公司派出的远征队获得了成功。此后，由于政权更迭，法兰西东印度公司出现了一段衰退时期。在法兰西国王路易十四统治时期，法兰西王国在印度设立了第五家东印度公司。以苏拉特为中心，法兰西东印度公司的商馆像一张网一样，向四面八方延伸。1674年，法兰西王国从比贾普尔苏丹国的苏丹西坎达尔·阿迪勒·沙那里获得了在乌木海岸的本地治里设立商馆的许可。1688年，法兰西王国从奥朗则布那里获得了在孟加拉金登讷格尔建立殖民地的特权。

1738年，法兰西王国得到了开利开尔。1740年，法兰西王国占领了亚南。自

[①] 东印度群岛，又叫香料群岛，15世纪左右欧洲人对盛产香料的东南亚各岛的总称。——译者注

约瑟夫·弗朗西斯·迪普莱

此，法兰西王国在印度东海岸的势力可以说是和英国在印度东海岸的势力旗鼓相当了。

1740年，在印度海岸地带，英国、法兰西王国和荷兰共和国三国的势力，展开了一场殊死的土地争夺战。在印度发展较晚的法兰西东印度公司得到了法兰西政府的大力支持。法兰西海军以马达加斯加岛为根据地，做好了随时前往印度的准备。另外，法兰西王国还派了约瑟夫·弗朗西斯·迪普莱这位得力干将担任本地治里的总督。至此，英国的马德拉斯对应法兰西王国的本地治里，英国的加尔各答对应法兰西王国的金登讷格尔，进入了对峙状态中。但令人意外的是，英国和法兰西王国的危机，不是先在印度，而是先在欧洲出现了。

1746年，围绕奥地利大公国的王位继承问题，英国和法兰西王国大动干戈。英国和法兰西王国的势力均衡状态一被打破,两国的和平关系就不存在了。欧洲战火的硝烟甚至漂洋过海,蔓延到了印度的土地上。身处欧洲的英国军队和法兰西军队已经大打出手,身处印度的英国军队和法兰西军队岂能袖手旁观。况且,身处印度的英国军队和法兰西军队都已经做好了战斗的准备。仓库里装满了枪弹,城市里到处是进入战备状态的堡垒,士兵也都全副武装,严阵以待。就算只是一家公司的私人部队,也到了为祖国洒热血的时候了。

在印度的第一次英法冲突就这样发生在犹如飞石坠落般呈点状分布的各个要塞之间。因为有来自法属印度洋殖民地毛里求斯岛的总督贝特朗-弗朗索瓦·马埃·德·拉·布尔多奈的一个舰队做后援,所以法兰西军队占了上风。不

贝特朗-弗朗索瓦·马埃·德·拉·布尔多奈

第13章 侵略者罗伯特·克莱夫(从1740年到1770年) ● 295

久，法兰西军队就占领了英国军队最大的要塞马德拉斯的圣乔治堡。这多亏了法兰西海军在海上的支援。于是，英国的要塞上升起了法兰西国旗。后来，约瑟夫·弗朗西斯·迪普莱宣布马德拉斯归法兰西王国所有。失去了要塞的英国军队节节败退。得知无能的英属印度领地总督莫尔斯几乎没有抵抗就投降的消息后，在圣大卫堡的困守英国士兵震怒了。然而，面对强大的法兰西军队，英国士兵一筹莫展。1747年，法兰西军队攻打英国军队守卫的圣大卫堡。最后，英国军队勉强击退了法兰西军队。1748年，在法兰西军队的顽强抵抗下，由率领英国海军的爱德华·博斯科恩上将和率领英国陆军的斯特林格·劳伦斯少校共同指挥的攻打本地治里的行动以失败告终。

英国军队不仅放弃了马德拉斯，还险些被法兰西军队赶出了印度。

马德拉斯的英国军队向贝特朗-弗朗索瓦·马埃·德·拉·布尔多奈投降

爱德华·博斯科恩上将

　　1748年，奥地利王位继承战争结束。欧洲恢复了和平状态。通过签订《艾克斯-拉-沙佩勒条约》[①]，英国人夺回了被法兰西人抢去的马德拉斯。

　　约瑟夫·弗朗西斯·迪普莱的宏图落空。于是，他开始盘算下一步计划。约瑟夫·弗朗西斯·迪普莱堪称一个足智多谋的天才。

[①] 《艾克斯-拉-沙佩勒条约》，1748年由法兰西王国、英国、荷兰共和国和奥地利大公国签订的条约，标志奥地利王位继承战争结束，但并未解决英国和法兰西王国之间的殖民地纠纷，为后来英国和法兰西王国在七年战争中的冲突埋下了导火线。——译者注

第2节　卡纳蒂克的纷争

当时，莫卧儿帝国名义上还是印度的支配者。就像"优良的传统"一样，皇室成员依然疲于争夺皇位。通常，胜利者会变得怠惰，沉溺于酒色，然后陷在后宫中不能自拔，成为鸦片的奴隶。皇帝和爱妃寻欢作乐的时间，远多于处理政务的时间。因此，管理地方政务的总督成为实质上的掌权者。在自己管辖的地区，总督可以随心所欲地施行自己喜欢的政策。

对莫卧儿帝国的皇帝而言，如果让总督自立为王对自己更加有利，那么，他也有这么做的正当理由。这是因为，总督实际上和独立国家的国王并没有太大的差别。如果将总督当作莫卧儿帝国的臣子对自己比较有利，那么莫卧儿帝国的皇帝也完全有理由这么做。因为总督在名义上还是归德里的朝廷管。

至于选择哪种方式，则完全要视当时的局势而定。多亏了外国人时常前来侵犯[1]，莫卧儿帝国的皇帝才想出了这样的妙计。

当时，包括马德拉斯和本地治里在内的乌木海岸地区，处于卡纳蒂克总督米尔·卡马尔-乌德-丁·汗·西迪基·巴亚凡迪的统治下。同时，他也是海得拉巴土邦的尼扎姆[2]，被称为阿萨夫·贾赫一世。

如前所述，法兰西人从英国人那里夺走了马德拉斯。不过，为了交换法属加拿大殖民地[3]，法兰西王国必须把马德拉斯还给英国。这是对印度的状况不是很了解的欧洲外交官做出的决定。约瑟夫·弗朗西斯·迪普莱对此感到十分不满，但抗议无济于事，因为这已经是板上钉钉的事了。更何况，当时印度和欧洲之间通信，依靠的是航运，最快也要半年时间。

约瑟夫·弗朗西斯·迪普莱意识到，如果要彻底赶走英国人，那么一定要

---

[1]　特别是英国人。——原注
[2]　尼扎姆，海得拉巴土邦君主的称号。之前，阿萨夫·贾赫一世是海得拉巴总督，他逐渐扩张势力，使海得拉巴事实上脱离了莫卧儿帝国的掌控，成为一个独立的小国。——译者注
[3]　英国占领了法兰西王国在加拿大的殖民地。——译者注

控制尼扎姆和莫卧儿帝国的地方总督。如果能够成功拉拢他们，以后的事就容易多了。

这时，正好发生了一件对约瑟夫·弗朗西斯·迪普莱来说再好不过的事。那就是，1748年阿萨夫·贾赫一世驾崩了。围绕继承问题，纷争出现了。阿萨夫·贾赫一世的儿子纳西尔·忠格和阿萨夫·贾赫一世的外孙①穆扎法尔·忠格都宣称自己才是合法继承人。

围绕卡纳蒂克总督的位子到底该由谁来坐这个问题，也出现了纷争。有人认为安瓦尔丁·汗不适合做卡纳蒂克总督。提出这个观点的人是上一代卡纳蒂克总督多斯特·阿里·汗的女婿昌达·萨希卜。

安瓦尔丁·汗

① 穆扎法尔·忠格的母亲凯尔-温-尼萨是阿萨夫·贾赫一世的女儿。——译者注

围绕这两个纷争,根据利害关系的不同,敌对双方两两结成了联盟。具体来说,纳西尔·忠格和安瓦尔丁·汗结盟,穆扎法尔·忠格和昌达·萨希卜结盟。

对约瑟夫·弗朗西斯·迪普莱来说,这真是天赐良机。同时,穆扎法尔·忠格和昌达·萨希卜请求法兰西人做自己的后援。约瑟夫·弗朗西斯·迪普莱立刻就和他们结成了联盟,并且借给他们德·布西将军麾下的四百名法兰西士兵,以及接受过欧式训练的两千名印度士兵。印度南部随即一分为二,开始了大战。此次战役,法兰西军队捷报频传。安瓦尔丁·汗输得一败涂地,1749年被斩

法兰西军队与安瓦尔丁·汗的军队大战

穆罕默德·阿里·汗·瓦拉杰

杀了。他的儿子穆罕默德·阿里·汗·瓦拉杰出逃，带着手下仅有的兵力占据特里奇诺波利①。纳西尔·忠格被身边的大臣杀死。尼扎姆的继承权落到了穆扎法尔·忠格手里。

约瑟夫·弗朗西斯·迪普莱大获全胜。他的策略奏效了。可以说，约瑟夫·弗朗西斯·迪普莱已经成为从克里希纳河到科摩林角这一片区域的最高统治者。军事、司法、财政，所有和政治有关的权力都掌握在约瑟夫·弗朗西

---

① 特里奇诺波利，位于今印度南部。——译者注

斯·迪普莱一个人手中。因为在接受了约瑟夫·弗朗西斯·迪普莱的恩惠后，未经他的许可，尼扎姆和卡纳蒂克总督无论如何都不敢随便在任何文件上签字。

不过，穆扎法尔·忠格只做了几个月的尼扎姆。一天夜里，他被刺客暗杀了。这件事虽然纯属偶然，但正合了约瑟夫·弗朗西斯·迪普莱的心意。为了进一步巩固自己的统治地位，约瑟夫·弗朗西斯·迪普莱扶植萨拉巴特·忠格成为傀儡尼扎姆。于是，萨拉巴特·忠格把本地治里附近八十一个村落割让给了法兰西王国。不久，一座大城市就诞生了。人们还立起了一根石柱，并且在石柱上用四国语言刻上了"约瑟夫·弗朗西斯·迪普莱的胜利之都"这些字。

然而，占据特里奇诺波利的穆罕默德·阿里·汗·瓦拉杰宣称自己才是合法的卡纳蒂克总督。同时，为了对抗法兰西王国，穆罕默德·阿里·汗·瓦拉杰寻求英国人的帮助。因此，英国东印度公司承认他是合法的卡纳蒂克总督。这样一来，卡纳蒂克就有了两位总督。不用说，无论是约瑟夫·弗朗西斯·迪普莱，还是昌达·萨希卜，都认为有必要攻打特里奇诺波利。

第3节　困守阿尔科特

1751年，带有浓厚私斗色彩的第二次英法冲突发生了。昌达·萨希卜和法兰西同盟军包围了特里奇诺波利。这次战争就此拉开序幕。

接到来自特里奇诺波利的穆罕默德·阿里·汗·瓦拉杰的报告后，位于马德拉斯的英国军队，开始讨论应该如何帮助他。

为了援救特里奇诺波利，一定要攻打卡纳蒂克的首府阿尔科特。攻下阿尔科特，必定能让昌达·萨希卜和法兰西同盟军解除对特里奇诺波利的包围，迫使其转而前来夺回阿尔科特。

罗伯特·克莱夫

想出这个妙计的，是终日坐在办公桌前的英国东印度公司青年书记员罗伯特·克莱夫①。确实，除了这个方法，没有其他更好的方法了。而制胜的关键在于，能否轻易攻陷阿尔科特。

攻打阿尔科特的军队，由罗伯特·克莱夫指挥，包括两百名英国士兵、三百名印度士兵，配备三门野炮。适逢暴风雨，罗伯特·克莱夫就带着这支队伍，顶着电闪雷鸣朝目标进发了。没想到，坏天气却帮了罗伯特·克莱夫。听到

① 罗伯特·克莱夫（1725—1774），第一代克莱夫男爵，英国军人、政治家，为英国在印度建立殖民地奠定了基础。——译者注

突如其来的炮击声,从睡梦中惊醒的阿尔科特守军吓得惊声尖叫:"这是来自马德拉斯的复仇!"面对爬上城墙的英国精兵,阿尔科特守军可以说是毫无招架之力。很快,阿尔科特守军打开了城门,四处逃散。几乎没有损失一兵一卒,罗伯特·克莱夫就拿下了阿尔科特。

考虑到阿尔科特守军必定会反攻,罗伯特·克莱夫开始囤积粮食,修建堡垒,做好应对阿尔科特守军反攻的准备。他听说,败走的阿尔科特守军正在阿尔科特近郊集结。

英国军队炮轰阿尔科特

英国军队攻入阿尔科特

很快，败走的阿尔科特守军集结的消息就传到了率军包围特里奇诺波利的昌达·萨希卜的耳中。他任命儿子拉扎·萨希卜为司令官，带领约两万名士兵向阿尔科特挺进。其中，还包括约瑟夫·弗朗西斯·迪普莱指派的一百五十名法兰西士兵。

事态正朝罗伯特·克莱夫预想的方向发展。特里奇诺波利得救了。不过，阿尔科特被拉扎·萨希卜的军队重重包围。同时，罗伯特·克莱夫的要塞，看起来完全无法抵挡拉扎·萨希卜军队的围攻。城墙逐渐崩塌。护城河里的水也已经干涸。过于狭小的堡垒，根本就装不下大炮。再加上战壕过于低矮，士兵无法完全隐藏起来。因此，罗伯特·克莱夫的军队中不断有人受伤甚至战死。最后，只剩下一百二十名英国士兵和两百名印度士兵守在空荡荡的阿尔科特城里。八名军官中，只有一半还活着。剩下的粮食也愈来愈少。

"我们誓死也要守住阿尔科特。"这就是罗伯特·克莱夫下达的唯一命令。

拉扎·萨希卜军队的包围持续了五十天,阿尔科特城中已经弹尽粮绝。此时,传来了好消息。在听说了罗伯特·克莱夫进行的英勇的阿尔科特防守战后,曾作为穆罕默德·阿里·汗·瓦拉杰的援军、由六千名马拉塔骑兵组成的马拉塔军队决定前去援助罗伯特·克莱夫。之前,面对强大的法兰西军队,这支马拉塔军队采取了观望态度。当然,拉扎·萨希卜早就得知了这个消息。因此,他加快了进攻阿尔科特的步伐。

拉扎·萨希卜军队的总攻开始了。在接到紧急通报后,瘫倒在阿尔科特城中的罗伯特·克莱夫睁开了双眼,开始部署防御兵力。拉扎·萨希卜让象军打头阵。象军不断前来进攻。大象的额头上都装有防弹的铁板。拉扎·萨希卜的计划是借助大象的力量推倒城门。然而,在遭受英国军队弹丸攻击的瞬间,大象突然改变了方向,疯狂地践踏自己的士兵。拉扎·萨希卜手下勇猛的士兵还一个接一个地爬上了城墙。为了击退拉扎·萨希卜军队,罗伯特·克莱夫手下的士

英国军队坚守阿尔科特

兵打光了所有子弹。经历了三次殊死搏斗后，拉扎·萨希卜军队退到了护城河外。这场战斗持续了大约一小时。罗伯特·克莱夫的军队歼灭了拉扎·萨希卜手下的四百名士兵。由于担心拉扎·萨希卜军队会再次来袭，罗伯特·克莱夫度过了不安的一夜。如果拉扎·萨希卜军队再次来袭，能对付他们的弹药已经不多了。天亮之后，罗伯特·克莱夫手下的士兵往城外一看，拉扎·萨希卜军队早已消失得无影无踪。危机终于过去了。

听到阿尔科特大捷的消息后，印度各地的英国军队都为之精神一振。此后，英国军队所到之处，战无不胜，攻无不克。先前包围特里奇诺波利的昌达·萨希卜军队却被马拉塔军队包围了。最后，昌达·萨希卜军队败给了马拉塔军队。穆罕默德·阿里·汗·瓦拉杰下令将昌达·萨希卜处死。于是，穆罕默德·阿里·汗·瓦拉杰成为卡纳蒂克总督。毋庸置疑，形势对英国愈来愈有利。

接下来，罗伯特·克莱夫计划继续攻打法兰西军队的科瓦隆要塞和钦格罗普特要塞。当时，罗伯特·克莱夫手下有五千名印度士兵及两千名刚抵达印度的英国后备兵。实际上，这些后备兵是由负责招兵的人从伦敦的贼窝里抓来的叫人头痛的流氓恶棍。

攻打科瓦隆要塞时，英国后备兵中，有人被法兰西士兵的子弹一枪打死。于是，英国后备兵彼此互看了一眼后，便作鸟兽散。如果让他们解释，他们的说辞是，这和当初的约定根本不符。当初的约定是，只要打败印度人，就能获得美酒、女人和一大笔奖金。胆小的士兵见过很多，却没有见过如此胆小的。还有一次，大炮的巨响吓坏了站岗的哨兵。这枚炮弹射偏了，没有击中任何目标。然而，几个小时后，人们在一口枯井的井底发现了其中一名哨兵的尸体。

罗伯特·克莱夫一边指挥战斗，一边竭尽所能训练英国后备兵。他也许就是"天生的军人"。攻打科瓦隆要塞时，这支由过去的流氓恶棍组成的军队已经成为一支像样的军队。不久，钦格罗普特要塞也沦陷了。

获胜后，罗伯特·克莱夫回到了马德拉斯。不过，他的身体状况不容乐观。因此，作为对他的奖赏，英国东印度公司批准了他返回英国的申请。罗伯特·克莱夫手里有掠夺来的巨额财宝。1753年，他和一个叫玛格丽特·马斯基林的女人结婚，一起踏上了返回英国的旅程。这趟旅程就成了他们的新婚旅行。

第4节　印度暴发户

罗伯特·克莱夫是"英国侵略印度的第一功臣"。他出生于1725年9月29日。罗伯特·克莱夫从小就是一个大胆无畏的人。

> 罗伯特·克莱夫是一个异常勇猛的人。打架如同家常便饭。同时，他是一个非常傲慢的人。稍有不满，他就会离家出走。

上学后，顽皮的罗伯特·克莱夫根本无心学习。即便不是无赖，罗伯特·克莱夫也被贴上了不学无术的标签。十八岁那年，家人为他找了一份英国东印度公司书记员的工作。其实，家人就是想干脆送罗伯特·克莱夫去印度。在马德拉斯能闯出一片天地也好，死于热病也罢，就让他自生自灭去吧。

在给家人的信中，罗伯特·克莱夫写道："自从离开祖国，我没有一天感到快乐。"当书记员后，罗伯特·克莱夫整天对着办公桌处理文件。这份工作让罗伯特·克莱夫感到身心俱疲。后来，他得了神经衰弱综合征，曾两次试图自杀。罗伯特·克莱夫的个性根本不适合办公室的工作。如前所述，后来进了军队，罗伯特·克莱夫才算是找到了自己的用武之地，并且施展出了高超的本领。

带着新娘回到英国后，罗伯特·克莱夫成为暴发户。他从印度带回了数之不尽的黄金和宝石。就在他开始名声大噪时，他的家人甚至远亲，都聚集在他的身边。他们似乎都不记得自己过去是如何嘲笑罗伯特·克莱夫的无能的[①]。

罗伯特·克莱夫也十分阔气。他把自己多到用不完的财产用在了家人的身

---

① 或者只是装糊涂。——原注

罗伯特·克莱夫与家人

上。他拿出财产的一部分解决了家人的债务问题。他还买回了家人失去的土地，并且分给每一个家人适量财产。即使如此，罗伯特·克莱夫手里还有一大笔财产。

之后，在接下来两年左右的时间里，罗伯特·克莱夫不停地挥霍手中剩余的钱。这些钱都用在了华美的服饰[①]、马车、豪宅和晚宴上。为了骑马，他甚至开始养马。即使过着如此挥霍无度的生活，罗伯特·克莱夫手里的钱还是绰绰有余。由此可见，罗伯特·克莱夫从印度搜刮来的财富数额之大。不过，对当时英国东印度公司的员工来说，这并不是什么稀奇的事。换句话说，当时印度的财宝可以说是取之不尽、用之不竭。

有钱的罗伯特·克莱夫对美食感到了厌倦。他想到了更快地使用自己财产的方法。为了获得声望，罗伯特·克莱夫决定参加议员选举。和20世纪的议

---

① 此后成了暴发户的典型特征。——原注

员选举一样，参加18世纪中期的议员选举也是一件非常费钱的事。最后，罗伯特·克莱夫花光了所有财产，成功当选为议员。但后来，罗伯特·克莱夫因政治纠纷而在投票中失去了议员席位，被赶出了议会。

失去了全部财产后，罗伯特·克莱夫自然就有了重返印度的念头。印度方面，英法关系日趋紧张，好几次都发展到形势告急的地步。这时，英国特别需要一位有为的司令官来指挥作战。因此，英国东印度公司的理事会授予罗伯特·克莱夫陆军中校的军衔，并且任命他为圣大卫堡的总督。1755年，罗伯特·克莱夫重返印度。不过，他的老对手约瑟夫·弗朗西斯·迪普莱已经不在本地治里了。回到法兰西王国后，由于诽谤和奸计，约瑟夫·弗朗西斯·迪普莱早就成了黄泉路上的鬼。

第5节 "加尔各答黑洞"事件

1756年，孟加拉、比哈尔和奥里萨的总督阿利瓦迪·汗去世了。他年仅十七岁的外孙[①]西拉杰·乌德-达乌拉成为新任总督。西拉杰·乌德-达乌拉对英国东印度公司侵略印度的行径深恶痛绝，心中早就有了反抗的想法。他担心英国人进入自己统治的区域。对英国人摆出的嚣张的"特权阶层"嘴脸，作为东亚人的西拉杰·乌德-达乌拉十分反感。此外，对英国人在加尔各答修建过多的防御工事，西拉杰·乌德-达乌拉也感到十分不满。"马拉塔沟"本来是为了防备马拉塔人的来袭才建立起来的。英国人却将其过度加固。

这时，发生了一个小事件——逃税的富豪克里斯特·达斯逃走了。为了躲避西拉杰·乌德-达乌拉的不停追讨，克里斯特·达斯寻求英国东印度公司的庇护。年轻的西拉杰·乌德-达乌拉震怒，立刻要求英国东印度公司交出逃税的克里斯特·达斯，并且再次要求英国东印度公司停止加固"马拉塔沟"。英国东印

[①] 西拉杰·乌德-达乌拉的母亲阿明娜是阿利瓦迪·汗的女儿。——译者注

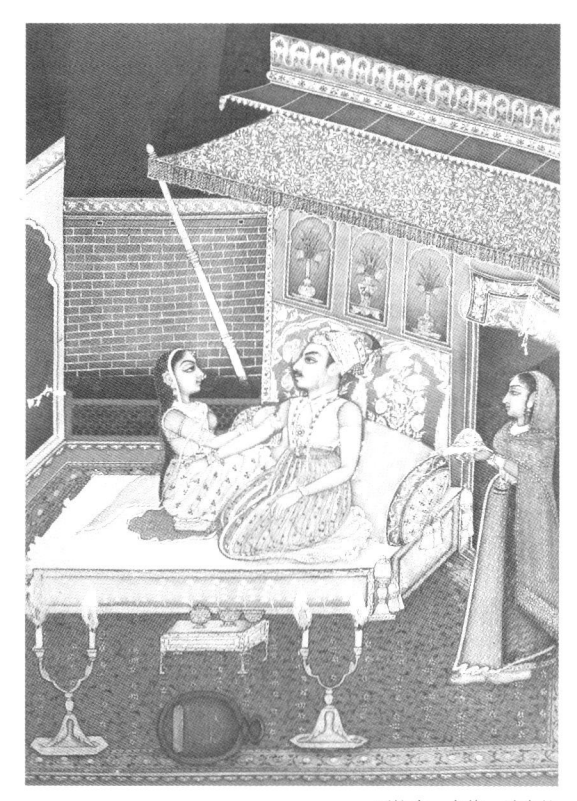

西拉杰·乌德-达乌拉

度公司的回复十分无礼:"上述要求,恕难从命。""马拉塔沟"的加固工程依然一天天进行。不立即驱逐英国人,更待何时。于是,西拉杰·乌德-达乌拉开始行动了。这是1756年6月18日的事。

加尔各答的英国军队指挥官德雷克惊慌失措。与一百七十四名欧洲人的性命相比,他更看重自己的性命。于是,德雷克坐上附近的船逃难去了。陆军司令官也认为逃走才是上策。不过,他们坐的船在胡格利河中沉了。两人都落入水中淹死了。被德雷克和陆军司令官抛弃的英国士兵,推选勇敢的约翰·泽弗奈亚·霍威尔做新指挥官。经过三天的殊死抵抗,英国军队在第四天打开城门投降。不久,就有一百四十六个俘虏被关进了威廉堡的监狱中。六月的夜晚,气温很高,就像烈焰灼烧。这一百四十六个俘虏被关在同一间囚室里。第二天清晨，有人开门一看，只有二十三个俘虏还活着。在疲劳、酷暑和饥饿的煎熬下，其他俘虏被闷死了。西拉杰·乌德-达乌拉没收了英国东印度公司的所有财产。这就是人们说的"加尔各答黑洞"事件。

不管翻看哪一本印度历史书，"加尔各答黑洞"事件都被看作印度历史上的一个污点，特别是英国历史学家写的印度历史书。英国历史学家将"加尔各答黑洞"事件看作体现印度人残忍个性的典型事例。为了隐瞒先人犯下的罪行，一些英国历史学家极其浮夸地描写了"加尔各答黑洞"事件，并且向世人公然表明英国侵略印度的正当性。需要注意的是，"英国制造的印度史"中充斥着许多虚构和歪曲史实的内容。

经过系统的调查，加尔各答历史协会的代表人休曼·卡比尔教授证实确有其事。也就是说，西拉杰·乌德-达乌拉占领了加尔各答。然而，世人熟知的"加尔各答黑洞"事件，完全是英国历史学家为了政治目的凭空捏造的。[1]

这是英国侵略者的真面目。对此，我们必须修正印度历史书中关于"加尔各答黑洞"事件的内容。

> 西拉杰·乌德-达乌拉的部下并非故意实施了如此残虐的暴行，其实他们只是愚昧无知罢了。作为一个侥幸活下来的人，约翰·泽弗奈亚·霍威尔天生就拥有丰富的想象力和超强的写作能力。[2]

也许约翰·泽弗奈亚·霍威尔真的天生就拥有丰富的想象力。退一步说，即使"加尔各答黑洞"事件真的发生过，那么被称为"黑洞"的囚室，也是英国人自己建造出来的啊！像这种类型的囚室，即使只关押一个犯人也会显得过于狭小。[3]那么，这样的囚室最初是为了关押谁建造出来的呢？

---

[1] 出自胁山康之助的《现代印度的诸问题》。——原注
[2] 出自威廉姆斯的《印度概说》。——原注
[3] 出自托马斯·巴宾顿·麦考利的记录。——原注

"加尔各答黑洞"事件

为了纪念"加尔各答黑洞"事件的死者,加尔各答克莱夫街的中央广场上竖立了一块花岗岩制的豪华纪念碑。结果,这块纪念碑却成了英国人为了达到侵略印度的目的,虚构出"加尔各答黑洞"事件的最好证明。

尽管如此,我们还是来看一下"加尔各答黑洞"事件的结局。

噩耗传到了马德拉斯。不过,时间已经是1756年8月了。英国东印度公司高层的决定是,派远征军前往胡格利河。陆军方面,任命罗伯特·克莱夫为陆战队司令;海军方面,则交由海军将领查尔斯·沃森全权负责。英国东印度公司的高层在四十八小时内便做出了上述决定。随即,英国军队开始行动。

查尔斯·沃森

对英国来说，放弃加尔各答，就等于放弃了整个孟加拉。无论付出多大的代价，英国都必须夺回加尔各答，因为加尔各答是深入印度腹地的"踏板"。西拉杰·乌德-达乌拉的兵力有十万左右。而罗伯特·克莱夫手下能够参加战斗的只有九百名欧洲士兵和一千四百名印度士兵。1756年12月，由查尔斯·沃森指挥的舰队载着上述士兵和武器，沿着胡格利河而上。

1757年2月，在进行了达姆达姆的前哨战后，西拉杰·乌德-达乌拉的军队和查尔斯·沃森的舰队就进入了对峙状态。战线胶着，西拉杰·乌德-达乌拉的军队和查尔斯·沃森的舰队各自拉开阵势，犹如两条平行的缎带。西拉杰·乌德-达乌拉的不利之处在于，手里没有海军。当查尔斯·沃森指挥的舰队航行到西拉杰·乌德-达乌拉军队后方，发动攻击时，西拉杰·乌德-达乌拉就不得不举了白旗。查尔斯·沃森得到了赔偿，恢复了英国东印度公司的特权，并且获得了继续在加尔各答修建要塞的许可。在提出的条件全部得到满足后，查尔斯·沃森才决定停战。西拉杰·乌德-达乌拉能够答应上述条件，查尔斯·沃森就已经心满意足了。

第6节　普拉西战役

英国军队和西拉杰·乌德-达乌拉的谈判，主要是通过一个叫奥米钱德的孟加拉人进行的。不过，西拉杰·乌德-达乌拉并没有履行约定。因为在签署停战协议时，西拉杰·乌德-达乌拉就有了再次攻击英国军队的想法。法兰西将军德·布西来到了西拉杰·乌德-达乌拉的大本营。为了以防万一，罗伯特·克莱夫和查尔斯·沃森决定先下手为强，派兵攻打了法兰西军队的根据地金登讷格尔。采用水陆协同作战方式的英国军队，很快就大获全胜。整个金登讷格尔，连同大炮和武器库全部落入英国军队手中。

西拉杰·乌德-达乌拉和法兰西人的联系就这么断了。他对英国人愈来愈不满。不过，他还是不情愿地交出了约定好的赔款，并且履行了之前的约定。对西拉杰·乌德-达乌拉来说，这么做真的是有失颜面。年少轻狂、喜新厌旧的西拉杰·乌德-达乌拉，逐渐失去了大臣的信任。与此同时，西拉杰·乌德-达乌拉的叔父米尔·贾法尔，有了取而代之的想法。这个想法很快就得到了英国方面的支持。因为米尔·贾法尔答应，在成功罢黜西拉杰·乌德-达乌拉后，就会立刻支付巨额补偿款给英国东印度公司。同时，他还会捐献一大笔资金给英国陆军和海军。

米尔·贾法尔并没有表现出明显的谋反意图。然而，西拉杰·乌德-达乌拉还是隐隐感到局势不妙。他虽然已经决定大不了就再和英国开战，但还是无法消除心里的不安。奥米钱德察觉到了西拉杰·乌德-达乌拉内心的不安。于是，他巧言令色地开解年轻的西拉杰·乌德-达乌拉，并且告诉他怀疑手下的大臣不是为君之道。终于，西拉杰·乌德-达乌拉解开了心结。奥米钱德是一个至关重要的存在。他的一举一动都会对西拉杰·乌德-达乌拉甚至英国方面产生巨大的影响。

处于有利地位的奥米钱德，要求英国东印度公司付给自己二十万英镑，作为自己暗中斡旋的酬劳。他还要求将这个条件写进米尔·贾法尔和英国军队签订的和约中。聪明的奥米钱德什么都信不过，只相信自己的眼睛。

罗伯特·克莱夫答应了奥米钱德的要求。说到耍阴谋，罗伯特·克莱夫比奥米钱德技高一筹。然而，查尔斯·沃森极力反对收买奥米钱德的计划。"没办法，那我们就制作两份和约。在给米尔·贾法尔的和约正本上，将奥米钱德的名字抹掉。"罗伯特·克莱夫眉头都不皱一下地这么说道。查尔斯·沃森则表示："我绝对不会在这么卑劣的和约上签字。"尽管如此，他们还是制作了两份和约。狡猾的罗伯特·克莱夫在假的红色和约上伪造了查尔斯·沃森的签名。

罗伯特·克莱夫的计谋得逞了。1757年6月13日，傲慢的罗伯特·克莱夫向西拉杰·乌德-达乌拉军队发布了通告，说："我有必要立刻拜访你们的长官。"罗伯特·克莱夫没有等西拉杰·乌德-达乌拉军队回复，就立刻带领英国军队向前线进发。1757年6月22日夜里，在渡过了一条大河后，英国军队就在杧果树林中安营。这片树林位于普拉西①的原野上。在一英里外的地方,驻扎的是西拉杰·乌德-达乌拉军队。随后,英国军队和西拉杰·乌德-达乌拉军队进入对峙状态。

这次,英国方面只有九百五十名欧洲士兵和约三千名印度士兵,以及数门轻炮。西拉杰·乌德-达乌拉军队,则拥有四万名步兵,一万八千名骑兵,五十三门重炮,以及由五十名法兰西炮兵组成的拥有四门轻型野炮的炮兵队。

天边泛起了鱼肚白。决定印度命运的时刻来了。拂晓时分,西拉杰-达乌拉军队首先离开了阵营,往四面散开,并且逐渐向英国军队的野营阵地靠近。由火绳枪②、剑和弓箭武装而成的四万名步兵,眼看就布满了整个普拉西平原。紧跟在步兵队伍后面的,是由白色公牛拉着的五十三门重炮。号称"印度流浪者"的法兰西炮兵队,是最勇敢,也是最令人生畏的部队。一声炮响拉开

普拉西战场上的英国炮兵

① 普拉西,位于加尔各答以北。——译者注
② 火绳枪,指用火绳来引燃火药的枪。——译者注

第13章 侵略者罗伯特·克莱夫(从1740年到1770年) ● 317

普拉西战役的序幕。在西拉杰·乌德-达乌拉军队的重炮打偏的同时，英国军队的轻炮已经发挥了应有的威力。就像是事先演练过一样，米尔·贾法尔麾下的一万五千名骑兵开始四处逃散。看到四处逃散的骑兵，其他士兵也跟着开始了大撤退。于是，西拉杰·乌德-达乌拉军队全线崩溃。就连正在英勇杀敌的法兰西军队，也被这洪水般涌现的逃兵队伍冲散了。看到军队败走后，西拉杰·乌德-达乌拉就预见到了自己的悲惨命运。于是，他逃回了穆尔希达巴德①。

整场战役仅仅在一个小时内就结束了。战败的西拉杰·乌德-达乌拉军队，就这么丢下了五百名士兵的尸体和不计其数的武器。得知战果后，在后方指挥作战的米尔·贾法尔主动前往英国军队的阵地投降。米尔·贾法尔感到内心不安，因为他不知道自己将会受到什么待遇。然而，罗伯特·克莱夫亲自接见了

西拉杰·乌德-达乌拉军队在普拉西战场发起冲锋

① 穆尔希达巴德，位于今印度西孟加拉邦。——译者注

罗伯特·克莱夫接见米尔·贾法尔

他，并且给了他一个祝福的拥抱。因为米尔·贾法尔已经成为孟加拉、比哈尔和奥里萨的新总督。这时，米尔·贾法尔才开始感受到和约的实际效力。接下来，米尔·贾法尔就开始了攻打穆尔希达巴德的行动。

得知米尔·贾法尔要带兵攻打穆尔希达巴德，西拉杰·乌德-达乌拉乔装成一个平民逃走。但后来，西拉杰·乌德-达乌拉被米尔·贾法尔的人发现，并且死在了米尔·贾法尔手里。

在罗伯特·克莱夫的暗中支持下，米尔·贾法尔在穆尔希达巴德举行了就任典礼。罗伯特·克莱夫牵着米尔·贾法尔的手，走向了象征权力的宝座。然后，米尔·贾法尔就坐在了宝座上。

不久，宣读和约的时间到了。出席会议的奥米钱德，已经完全是一副财大气粗的富豪模样了。然而，被宣读的是白色的和约。罗伯特·克莱夫用英语对自己的书记员说道："可以向奥米钱德说明事情的真相了。"这个书记员随即用印度语向奥米钱德说道："奥米钱德先生，红色的和约是假的。你一分钱都别想得到。"

奥米钱德怒气攻心，昏了过去。他的神经已经错乱，没有康复的可能了。

数之不尽的财宝像豪雨般落在了英国东印度公司及其员工的头上。价值八十万英镑的银元，从穆尔希达巴德顺河而下，被运到了威廉堡。运送财宝的船队由上百艘小船组成。小船上的人们，升起旗帜，奏响音乐，踏上了凯旋的航路。仅在数月前，加尔各答还是一座荒废的城市。如今在这片废墟上，出现了一座从未有过的繁荣城市。商业得到了复兴。……对罗伯特·克莱夫来说，除非他选择节制，否则再也没有任何事物能够阻挡他收入的增加。他将来自孟加拉的财宝全部收进了自己的腰包。[①]

总督之位价值两百二十四万英镑。由此可见，罗伯特·克莱夫私吞了其中的三十万英镑。此外，英国东印度公司还给了总督孟加拉二十四个县的扎明达尔权。扎明达尔权是一种土地所有权。通过缴纳一定的地租，总督就能够获得向当地农民征收佃租的权利。

第7节　罗伯特·克莱夫的采邑

普拉西战役后，英国的势力得到了惊人的壮大。接到战功赫赫的罗伯特·克莱夫获得最终胜利的报告后，作为回报，英国东印度公司理事会任命他为孟加拉总督。罗伯特·克莱夫非常感激英国东印度公司理事会的知遇之恩。因此，他专门向位于卡纳蒂克北边的萨卡尔北部地区派出了远征军，目的是铲

[①] 出自托马斯·巴宾顿·麦考利的《罗伯特·克莱夫传》。——原注

除该地残存的法兰西势力，并且夺回该地的所有权。罗伯特·克莱夫慧眼识英雄，派出了指挥官弗朗西斯·福德。作为一名优秀的指挥官，弗朗西斯·福德的才能在此次战斗中得到了淋漓尽致的展现。远征军如疾风扫落叶般席卷了萨卡尔北部地区。

莫卧儿帝国的皇帝沙·阿拉姆二世和奥德总督舒亚-乌德-达乌拉联合，策划打倒英国人扶持的米尔·贾法尔。他们手下有由阿富汗人、罗希拉人[①]、马拉塔人等宗教信仰不同的人组成的四万大军。

米尔·贾法尔完全乱了阵脚。得知沙·阿拉姆二世和舒亚-乌德-达乌拉的军队逼近巴特那[②]后，面色苍白的米尔·贾法尔在宫中来回不停踱步，惊慌失

沙·阿拉姆二世

---

① 罗希拉人，是印度比哈尔的一个部族。——译者注
② 巴特那，今印度比哈尔邦的首府。——译者注

措。包围巴特那的沙·阿拉姆二世和舒亚-乌德-达乌拉的军队，眼看就要发动猛烈的攻势。就在这时，传来了罗伯特·克莱夫率军前来援救米尔·贾法尔的消息。沙·阿拉姆二世和舒亚-乌德-达乌拉吓得直哆嗦。

罗伯特·克莱夫的军队由四百五十名英国士兵和两千五百名印度士兵组成。这支军队才刚刚出现，沙·阿拉姆二世和舒亚-乌德-达乌拉的四万大军立刻消失得无隐无踪。一听到有人喊"罗伯特·克莱夫来了"，所有敌军立刻就有了撤退的最好理由。由此可见，当时罗伯特·克莱夫真是一个叫人闻风丧胆的人物。

米尔·贾法尔大喜过望。大喜之余，他将手中持有的英国东印度公司扎明达尔权的土地，作为私有地全部赠送给了罗伯特·克莱夫。

于是，不可思议的事情就发生了。身为英国东印度公司职员的罗伯特·克莱夫，竟然将米尔·贾法尔赠送给自己的土地转租给了英国东印度公司。这些土地，就是年收入有五万英镑左右的罗伯特·克莱夫的采邑。

当时，米尔·贾法尔一直将罗伯特·克莱夫视为自己的后援。实际上，米尔·贾法尔是一个疑心很重的人。因为不知道英国人什么时候会放弃对自己的援助，所以他暗中联络了位于爪哇岛的荷兰军队。不久，根据秘密约定，来自爪哇岛的七艘巨舰出现在了胡格利河上。

很快，罗伯特·克莱夫便得知了米尔·贾法尔和荷兰军队暗中联络的事。为了先发制人，1759年，罗伯特·克莱夫带领军队袭击了位于孟加拉的荷兰殖民地廷斯勒，粉碎了荷兰人的据点。不用说，胡格利河上的七艘巨舰很快就消失得无影无踪。此后，荷兰人彻底放弃了侵略印度的计划。罗伯特·克莱夫再次取得了胜利。

第8节　租税征收权

打赢普拉西战役后，英国军队受到了英国议会的嘉奖。伟大的雄辩家老

老威廉·皮特

威廉·皮特[①]非常赞赏罗伯特·克莱夫,称他为"天赐的将军"。1759年,应英国政府的召唤,罗伯特·克莱夫再次光荣地踏上了回英国的旅途。回英国后,他会被授予"普拉西的克莱夫男爵"这个爱尔兰贵族头衔。

罗伯特·克莱夫的巨额财产,让很多人眼红。确实,他的财富足以媲美英国上流的显贵。他在马德拉斯购买的钻石,价值高达两万五千英镑。

因为嫉妒罗伯特·克莱夫,所以英国东印度公司理事会中有人提出了抗

---

① 老威廉·皮特(1708—1778),第一代查塔姆伯爵,英国政治家,曾任英国首相。——译者注

议，认为罗伯特·克莱夫的采邑是不合法的。于是，英国东印度公司理事会通过决议，收回了罗伯特·克莱夫的采邑。罗伯特·克莱夫向法院提出了反对英国东印度公司理事会的诉讼。就在这时，从孟加拉返回英国的船带回了新消息。显然，这个消息来得不是时候。

> 印度商人处心积虑地想让自己的商品享受免税政策。为此，他们不惜支付高额佣金，向英国东印度公司的职员购买免税许可证。因此，当时每个月工资只有五十卢比的英国东印度公司职员，每个人的年收入都达到了一两千卢比。[1]

走私，也成了一件司空见惯的事。当时，印度的秩序极其混乱。英国东印度公司理事会向罗伯特·克莱夫提出请求，希望他能解决这件事。罗伯特·克莱夫接受了英国东印度公司理事会的请求，条件是要将反对自己的那个理事会成员除名。于是，英国东印度公司理事会答应了罗伯特·克莱夫的条件。

1765年5月，罗伯特·克莱夫第三次站在了加尔各答的港口上。此时的他，感慨万千。才离开六年时间，印度的变化竟然如此大。

孟加拉、比哈尔和奥里萨的总督米尔·贾法尔已经被废黜。时任总督是米尔·贾法尔的义子艾尔·卡西姆。英国东印度公司获得了米德那普尔[2]、巴尔达曼和吉大港这三个地区的土地。

为了给印度残存的法兰西势力致命一击，1760年，英国军队发动了文迪瓦什战役[3]。英国将领艾尔·库特率领的军队将法兰西军队打得一败涂地。最终，1761年1月，法兰西军队开城投降。

---

[1] 出自乔舒亚·马什曼（译者按：乔舒亚·马什曼，生于1768年，卒于1837年，英国人，是在孟加拉的基督教传教士）的记录。——原注
[2] 米德那普尔，位于今印度西孟加拉邦南部。——译者注
[3] 文迪瓦什战役，1760年英国东印度公司和法兰西东印度公司之间的一次战役。——译者注

艾尔·库特

　　由英国东印度公司扶持的米尔·卡西姆,逐渐想摆脱英国东印度公司的控制。他联合了奥德总督舒亚-乌德-达乌拉,计划将英国人赶出自己的势力范围。于是,英国东印度公司请出了米尔·贾法尔,将米尔·卡西姆赶下了台。

　　得到了舒亚-乌德-达乌拉的帮助后,1764年3月,米尔·卡西姆派兵攻打巴特那。英国东印度公司派蒙罗少校带领七千名士兵前往伯格萨尔迎击米尔·卡西姆的军队。一番激战过后,英国军队以死伤八百四十八人为代价,彻底歼灭了米尔·卡西姆的军队。1765年,在科勒会战后,米尔·卡西姆的势力被进一步粉碎。此时,英国东印度公司已是"打遍天下无敌手"。

罗伯特·克莱夫的工作，是整顿英国东印度公司。他采取的改革方法解决了根本问题。他决定给职员加薪。为此，罗伯特·克莱夫制定了盐税。盐税是后来的印度政府依然施行的一种重要税制。通过向百姓收税，英国东印度公司的财政状况得到了好转。不仅如此，1765年，英国东印度公司还从日渐衰败的莫卧儿帝国那里获得了孟加拉、比哈尔和奥里萨的租税征收权。莫卧儿帝国的皇帝沙·阿拉姆二世，成为一个每年领取两百六十万卢比退休金的可怜虫。

英国东印度公司俨然成为一个睥睨印度的独立国家。

作为士兵的罗伯特·克莱夫，打赢普拉西战役是其战斗生涯的顶点。作为政治家的罗伯特·克莱夫，获得租税征收权是其政治生涯的顶点。罗伯特·克莱夫耗费毕生的精力，完成了这两件名垂青史的大事。

1767年，年华已逝的罗伯特·克莱夫，踏上了第三次也是最后一次返回英国的旅途。载着罗伯特·克莱夫的大船在印度洋上航行，船上方是蓝蓝的天，船下是碧绿的水。印度洋的海水就像要贯穿赤道。

侵略印度的第一人——"普拉西的克莱夫男爵"回国后，并没有得到相应的待遇。出于嫉妒心及正义感，政敌将诽谤的矛头指向了罗伯特·克莱夫，不停地追究他过去犯下的错误。英国议会虽然没有肯定罗伯特·克莱夫的所有行为，但通过决议认定，罗伯特·克莱夫"对英国来说绝对是一位大功臣"。

对性格粗暴，并且刚从殖民地返回英国的罗伯特·克莱夫来说，被人诽谤实在是一件叫人不快的事。后来，尽管事情已经平息，但罗伯特·克莱夫患上了严重的失眠症。他的眼前不停地出现各种幻影。这些幻影就是他年轻时杀死的印度人的亡灵。1774年11月，穷困潦倒的罗伯特·克莱夫将一把小折刀刺进了自己的喉咙，享年五十一岁。

第 14 章

沃伦·黑斯廷斯和马拉塔帝国

（从 1770 年到 1798 年）

第1节　1770年孟加拉大饥荒

罗伯特·克莱夫完成的最后一项任务，就是整顿了英国东印度公司。不过，从他离开印度的那一刻开始，一切又恢复了原状。纲纪松弛的英国东印度公司的弊端，再次显现出来。

利用之前获得的租税征收权，英国东印度公司每年都能获得租税。扣除支付给莫卧儿帝国皇帝的养老金后，剩下的部分全部成了英国东印度公司的纯收益。因此，英国东印度公司施行了严苛的地租征收制度。那就是不惜一切代价地剥削。毫无疑问，"自投资活动出现以来，没有哪项投资活动获得的利益，能够比得上英国从印度掠夺来的利益"。这是一种没有竞争对手、恣意妄为的剥削。普拉西战役后，英国独霸印度长达五十年的时间。英国东印度公司其实就是"政府"。英国东印度公司的职员，就是"政府官员"。不，准确来说，应该称英国东印度公司的职员为"神明"或"恶魔"。"政府"的打压和苛政成了加在印度人身上的两条枷锁，威胁着印度人的经济生活。

数百万印度人活在贫困和痛苦的深渊，并且在不停地往下陷。与此同时，英国东印度公司在加尔各答快速积累了惊人的财富。印度人早已习惯了被压榨，但面对英国东印度公司史无前例的压榨，他们还是感受到了从未有过的痛楚。这根本就不是人类的暴政，而是恶魔的暴行。有时，印度人感受不到一点做人的滋味，只能默默地闭上双眼；有时，印度人看到白人，就会因害怕和战栗而昏厥。在英国人旅游的地方，不管是城市还是乡村，都笼罩着死一般的寂静。①

1770年夏，滴雨未下。土地龟裂，河流也露出了河床。当然，这一年的收成也不好。于是，孟加拉出现了恐怖的饥荒。整个恒河峡谷都弥漫着痛苦和死亡的气息。一个母亲跪在行人的脚边，乞求行人能施舍一把米给她可怜的儿子。每天，胡格利河上都漂浮着几千具尸体。就连加尔各答的大街上，也堆满了大量尸体和濒死之人。死亡人数已经无法估计。据说，这场大饥荒后，孟加拉的人口减少了三分之一。

是否会出现饥荒，是由自然条件决定的。叫人匪夷所思的是，死于这次"自然大虐杀"的只有孟加拉当地人。从未听说有哪个英国人死于饥荒。不仅如此，有流言说，是英国东印度公司的职员趁机将印度库存的大米全部买了下来，才导致了这次大饥荒爆发。毋庸置疑，英国东印度公司的职员肯定是想趁着大米短缺，狠狠地赚一笔。

即使在闹饥荒的年份，英国东印度公司还是收齐了当年的租税！1770年5月9日，加尔各答的参议院若无其事地发布了下面的公告。

> 对蔓延的饥荒、无数的死者、不断增加的乞丐，我们已经不可名状。三分之一以上的居民，竟然在富庶的帕内亚州饿死。与帕内亚州相比，其他地区的状况也不容乐观……

---

① 出自爱德蒙·伯克的记录。——原注

孟加拉农民

据统计，死于1770年孟加拉大饥荒的人超过了一千万。这次饥荒的影响持续了整整四十年。

提到印度，人们就会联想到饥荒。当然，印度之后还发生了数次饥荒。提到印度，人们并不会联想到收成不佳。因为根据民族迁移理论，印度的土地不可能收成不佳。

第2节　沃伦·黑斯廷斯上任

1772年，沃伦·黑斯廷斯[①]代替罗伯特·克莱夫管理孟加拉。在英国侵略印度的过程中，罗伯特·克莱夫负责掠夺土地，沃伦·黑斯廷斯则负责规划和并购土地。可以说，具有果敢精神的罗伯特·克莱夫播下的种子，由沃伦·黑斯廷斯细心培育。在英国侵略印度的历史上，他们留下了不可磨灭的痕迹。

沃伦·黑斯廷斯

---

① 沃伦·黑斯廷斯（1732—1818），英国政治家，英国首任印度总督。——译者注

沃伦·黑斯廷斯出生于1732年12月6日。之后，他在位于威斯敏斯特的学校读书，中途退学，后转入商业学校。十八岁时，他进入英国东印度公司。在加尔各答当了两年左右的记账员后，沃伦·黑斯廷斯被调到了穆尔希达巴德。然后，他跟随罗伯特·克莱夫参加了普拉西战役。罗伯特·克莱夫很快就察觉到，年轻、勇敢的沃伦·黑斯廷斯将来会在其他地方派上大用场。不久，沃伦·黑斯廷斯就作为代理人被派到了米尔·贾法尔的身边。

1761年，沃伦·黑斯廷斯被任命为英国东印度公司在加尔各答的董事。之后，他就开始崭露头角。1764年，沃伦·黑斯廷斯暂时回到英国。和其他人一样，作为印度暴发户的沃伦·黑斯廷斯很快就将财产挥霍一空。于是，沃伦·黑斯廷斯决定重返印度。

米尔·贾法尔

1769年春，沃伦·黑斯廷斯坐上了"格拉夫顿"号，开始了前往印度的航海之旅。在这艘船上，沃伦·黑斯廷斯和一位德国男爵夫人玛丽安相爱了。这场恋爱，或者说是通奸，持续了数年。后来，玛丽安和丈夫离婚，最终成为沃伦·黑斯廷斯的夫人。通过这件事，我们可以看出，沃伦·黑斯廷斯具有非凡的忍耐力。具有忍耐力，又冷酷无情，是沃伦·黑斯廷斯最典型的性格特征。

　　上任后，沃伦·黑斯廷斯要办的第一件事就是将孟加拉的二重政治单一化。当时，管理孟加拉的长官是一个叫穆罕默德·瑞瑟·汗的穆斯林。对沃伦·黑斯廷斯来说，穆罕默德·瑞瑟·汗的存在是一个麻烦。英国每年都要支付给穆罕默德·瑞瑟·汗十万英镑的报酬。

沃伦·黑斯廷斯和夫人玛丽安

刚毅、机敏的沃伦·黑斯廷斯，派人半夜强行收押了穆罕默德·瑞瑟·汗。理由是，怀疑他在处理公务时出现失误。公判的时间一拖再拖，最终下达的判决是无罪释放穆罕默德·瑞瑟·汗。但穆罕默德·瑞瑟·汗之前的长官职位已经被撤销了。

暗中推动上述事件发展的是穆罕默德·瑞瑟·汗的反对者——婆罗门出身的南达库马尔。南达库马尔本想在穆罕默德·瑞瑟·汗下台后，由自己接替他的位子。然而，事与愿违。因此，南达库马尔对沃伦·黑斯廷斯的处置结果表示非常不满。

就这样，加尔各答成为孟加拉和比哈尔的首府。准确来说，英国东印度公司成为管理孟加拉和比哈尔的政府。

第3节　罗希拉之战

1765年，为了防止马拉塔人再次来袭，罗伯特·克莱夫将安拉阿巴德和科勒转让给了莫卧儿帝国的皇帝沙·阿拉姆二世。然而，事态并没有按罗伯特·克莱夫预想的那样发展。之所以这么说，是因为德里被马拉塔人中的辛迪亚家族占领后，辛迪亚家族就要求沙·阿拉姆二世必须从安拉阿巴德返回德里。毫无实力、每年领取养老金的沙·阿拉姆二世，是一个意志薄弱的人。当时，他被马拉塔帝国玩弄于股掌之间。

事态发展至此，安拉阿巴德和科勒实际上落入了马拉塔帝国手中。这就和罗伯特·克莱夫的初衷背道而驰。沃伦·黑斯廷斯派兵收回了安拉阿巴德和科勒，还停止向沙·阿拉姆二世支付养老金。沃伦·黑斯廷斯还没有宽容到会怜悯一个处于敌人掌控中的有名无实的皇帝。孟加拉终于全部成为"英国东印度公司的土地"。

对英国东印度公司来说，这也许是一件好事。然而，对安拉阿巴德和科勒来说，绝非如此。不管怎么说，将安拉阿巴德和科勒作为"英国东印度公司的土地"实在是于理不合。当时,英国东印度公司的财政不断恶化。因此,沃伦·黑斯廷斯决定卖掉安拉阿巴德和科勒。

奥德总督舒亚-乌德-达乌拉早就对安拉阿巴德和科勒垂涎三尺。舒亚-乌德-达乌拉除了有总督的官职,还有"维齐尔"①的头衔。

当时,买卖的契约已经拟定好了,价格是五十万英镑。对富裕的舒亚-乌德-达乌拉来说,五十万英镑根本不足挂齿。但对英国东印度公司来说,五十万英镑可以算是救命稻草。不过,这个契约还有一个附带条件。那就是,在舒亚-乌德-达乌拉认为有必要时,英国军队必须派出一个旅的兵力来支援他。这就成了残忍的罗希拉之战的导火索。

拉姆根加河发源于库马盎②积雪覆盖的高山。在拉姆根加河和恒河交汇的地方,形成了一个丰饶的平原,人称罗希尔坎德平原。在罗希尔坎德平原上,居住的是属于阿富汗人的罗希拉人。广袤无边的平原上全是肥沃的土地。所有人都想将罗希尔坎德平原占为己有。同时,这片辽阔的平原,连一点防御外敌的天然屏障都没有。然而,罗希尔坎德平原从未被外敌侵犯过。这完全是因为大家都被罗希拉人的气势给镇住了。罗希拉人,绝对不允许任何外敌踏足罗希尔坎德平原。罗希拉人的勇猛精神,邻近地区的人都早有耳闻。据说,罗希拉人发起总动员的话,兵力可以达到八万人。这是世上唯一一支敢自称战无不胜的军队。

要想打败罗希拉人的军队,夺得罗希尔坎德平原,舒亚-乌德-达乌拉势必要借助英国人的力量。1774年,沃伦·黑斯廷斯以四十万英镑的价格将英国军队借给了舒亚-乌德-达乌拉。用兵期间,舒亚-乌德-达乌拉要自行负担英国军队的所有开支。

在没有任何人挑拨的情况下,罗希拉之战就这样拉开了序幕。

在被雇佣的情况下,英国军队参加了罗希拉之战。罗希拉之战的起因,不

---

① 和海得拉巴的"尼扎姆"一样,"维齐尔"也是给极具实力的总督的特别头衔。——原注
② 库马盎,位于今印度北阿坎德邦。——译者注

是冲突，也不是任何事件的诱导，而是个人的利欲熏心。罗希拉之战已经违背了人伦。

得知舒亚-乌德-达乌拉的军队中有英国士兵后，罗希拉人立刻向英国东印度公司提出了抗议，甚至还主动提出要支付一笔巨额赔款。然而，这一切都徒劳无功。因此，罗希拉人下定决心依靠自己的力量战斗到最后一刻。这是一场以血还血的恶战。

经历了罗希拉之战的浩劫，美丽的罗希尔坎德平原终究还是被血染成了红色。十多万罗希拉人背井离乡，逃进了丛林中。与死在舒亚-乌德-达乌拉的手里相比，他们宁愿死于饥饿、热病和虎狼之口。

英国军队指挥官昌皮恩上校曾说："这次战斗，证明了敌军拥有丰富的作战经验。特别是他们表现出的顽强和绝不退让的坚定决心，已经超出了文字能形容的范围。"

第4节　第一代印度总督

随着英国东印度公司支配的土地不断扩大，财政收入不断增加，英国政府再也无法坐视不理。因为英国东印度公司愈来愈像是一个脱离英国政府管理的独立政府。1773年，英国议会激烈地讨论了英国东印度公司的问题。由弗雷德里克·诺斯[1]提出的《服务令》通过了英国议会的表决。《服务令》的内容包括：明确了英国东印度公司负责人的权限；英国东印度公司必须和英国政府保持密切联系；孟加拉总督将替换为印度总督，统一管理马德拉斯、孟买等地；设立高等法院；参议员的数目为四名；等等。同时，印度总督将由英国政府直接指派。沃伦·黑斯廷斯被任命为第一代印度总督。

沃伦·黑斯廷斯一跃成为能够号令全印度的印度总督。人们认为，即使他

---

[1] 弗雷德里克·诺斯（1732—1792），第二代吉尔福德伯爵，1770年到1782年任英国首相。——译者注

施行所谓的独裁政治，也不是完全不可能。然而，现实未必会如此顺利。这是因为，在加尔各答的参议院里有反对沃伦·黑斯廷斯的菲利普·弗朗西斯[①]。他们事事不和。

与此同时，南达库马尔不停地反对沃伦·黑斯廷斯提出的各种政策。不过，南达库马尔的反对其实很多时候都是合理的。英国东印度公司内部有菲利

菲利普·弗朗西斯

[①] 菲利普·弗朗西斯（1740—1818），英国政治家、作者。——译者注

普·弗朗西斯，外部有南达库马尔。对沃伦·黑斯廷斯来说，这真是一件叫人头痛的事。

有一天，加尔各答传遍了南达库马尔因六年前伪造证券而被收监的消息。这个消息让人们非常吃惊。一些人认为南达库马尔绝对不会做出这么荒唐的事，并且认为这完全是沃伦·黑斯廷斯施行的恐怖政策。一些人则预想即使南达库马尔真的伪造过证券，法官也会顾及他的地位和功绩判他无罪。

公判中，南达库马尔进行了强烈的反驳。然而，他还是被判有罪。法官伊莱贾·英庇用非常严肃的口吻宣布了南达库马尔被判死罪。所有人都义愤填膺，因为南达库马尔出身于婆罗门中地位最高、最正统的家族。百姓甚至认为这个宣判是对神的亵渎。菲利普·弗朗西斯一派则称沃伦·黑斯廷斯和法官伊莱贾·英庇是杀人凶手。然而，执行残忍死刑的日子还是愈来愈近了。

当天清晨，太阳还没有升起，绞刑架附近就聚集了很多人。人们的脸上都布满了愁容和惶恐的神色。南达库马尔从容不迫地来到刑场。他神情严肃地望向四周的百姓。

> ……在踏板落下的瞬间，围观人群中爆发出了哀悼和绝望的怒号。几百人因为这个不净的光景转过头去。人们一边放声大哭，一边往胡格利河方向奔跑。为了洗清自己因看到亵渎神的画面而犯下的罪过，人们纷纷跳进了神圣的胡格利河中。[①]

南达库马尔被处死后，菲利普·弗朗西斯一派更加猛烈地批判沃伦·黑斯廷斯。后来，沃伦·黑斯廷斯和菲利普·弗朗西斯之间的对立，发展到了用言语的争执无法解决的地步。最终，菲利普·弗朗西斯向沃伦·黑斯廷斯下了挑战书。沃伦·黑斯廷斯立刻接受了挑战。两人面对面，各自射出了一颗子弹。然

---

① 出自托马斯·巴宾顿·麦考利的《沃伦·黑斯廷斯》。——原注

菲利普·弗朗西斯与沃伦·黑斯廷斯决斗

而，最后倒下的竟然是菲利普·弗朗西斯。被子弹打中后，菲利普·弗朗西斯被抬到了附近百姓的家里。他虽然伤势严重，但没有生命危险。没过多久，菲利普·弗朗西斯就回了英国。沃伦·黑斯廷斯的独裁终于得以实现。沃伦·黑斯廷斯成功拔除了南达库马尔和菲利普·弗朗西斯这两颗眼中钉。不过，在印度还有两个更加强大的敌人正在虎视眈眈：一个是对莫卧儿帝国来说不容小觑的马拉塔帝国；另一个是拥护海德尔·阿里[①]的迈索尔王国[②]。

第5节　马拉塔帝国和海德尔·阿里

继承了"山鼠"希瓦吉精神的马拉塔帝国，在帕什瓦的统治下，古印度雅利

[①] 海德尔·阿里（1720—1782），迈索尔王国的苏丹（即国王），1761年到1782年在位。——译者注
[②] 迈索尔王国，印度南部的一个王国，位于今印度卡纳塔克邦，1399年建立，1948年灭亡。——译者注

安人的好战精神得到了充分发扬。马拉塔帝国最初的目标是推翻莫卧儿帝国。不过,还没等马拉塔帝国出手,在奥朗则布之后的时代,莫卧儿帝国围绕着皇位问题出现了各种纷争。莫卧儿帝国的皇位只不过是空无实权的虚位。于是,马拉塔帝国自然就将矛头指向了第二个敌人——英国侵略者。

1740年,马拉塔帝国的帕什瓦巴拉吉·巴吉·拉奥命令部下的将领邦斯拉率军攻打孟加拉。1751年,马拉塔帝国占领了奥里萨的大部分地区。所谓的马拉塔联盟[①]就是在这个时期形成的。马拉塔帝国由五个家族组成。拥有辽阔版图的马拉塔帝国,以各个家族占领的地区为单位,实行分而治之的统治方法。

巴拉吉·巴吉·拉奥

---

① 马拉塔帝国又名马拉塔联盟,后期成为几个大家族共同管理的国家。——译者注

帕什瓦家族占据北边的摩腊婆、旁遮普；邦斯拉家族占领奥里萨，并且将首府设在那格浦尔[①]；辛迪亚家族管理着瓜廖尔；巴罗达[②]的盖克瓦德家族占领古吉拉特；霍尔卡家族将首府定在了印多尔[③]。接下来，这五个家族就成为马拉塔帝国的核心势力。马拉塔帝国军队曾数次和英国军队交战，并且成功地击退了来袭的英国军队。

与此同时，在印度南方的迈索尔，出现了一颗新星——海德尔·阿里。海德尔·阿里出身贫贱，父亲的工作只能领到微薄的薪水，祖父则是托钵僧。一进入军营，海德尔·阿里就发挥出了卓越的领导才能。不久，他就成为将军。后来，海德尔·阿里成为苏丹。在他的治理下，伊斯兰国家迈索尔王国逐渐成为

海德尔·阿里

[①] 那格浦尔，位于今印度马哈拉施特拉邦。——译者注
[②] 巴罗达，位于今印度古吉拉特邦。——译者注
[③] 印多尔，位于今印度中央邦的西南部。——译者注

一个实力雄厚的国家。海德尔·阿里深知，臣民富裕才是国家强盛的关键。因此，在治理国家时，他一直在替自己的臣民着想。这种做法获得了很好的成效。此外，为了对抗入侵的英国人，海德尔·阿里和法兰西人联手了。

英国人侵犯北部萨卡尔，激起了海德尔·阿里一派的同仇敌忾心。不用说，海德尔·阿里奋起反抗。1768年，海德尔·阿里带军突袭了马德拉斯，并且成功让英国人举了白旗。为了议和，英国人归还了先前占领的土地。从此，海德尔·阿里令人生畏的形象就深深地烙印在了英国人的心中。

第6节　《苏拉特条约》和第二次迈索尔战争

马拉塔帝国帕什瓦的领地出现了纷争。1772年，帕什瓦马达夫拉奥一世的死是纷争的开端。马达夫拉奥一世死后，帕什瓦的位子由他的弟弟纳拉扬·拉奥继承。不过，纳拉扬·拉奥在位仅九个月，就被叔父[①]拉古纳索杀害了。这样一来，英国人就有了可乘之机。英国人和拉古纳索联手，秘密签订了《苏拉特条约》。作为帮助自己的补偿，拉古纳索要将萨尔塞特岛和巴塞因割让给英国。为了与拉古纳索抗衡，被杀的纳拉扬·拉奥的儿子马达夫拉奥二世寻求了法兰西人的庇护。第一次马拉塔战争[②]一触即发。

沃伦·黑斯廷斯对《苏拉特条约》深感不满。不过，当时战乱频发，孟买的形势岌岌可危。于是，沃伦·黑斯廷斯派出了麾下的军队。戈达特上校带领的军队横扫了从孟加拉到苏拉特的这个巨大三角形地区，并且蹂躏了古吉拉特。此外，博巴姆上校率军攻下了固若金汤的瓜廖尔。

螳螂捕蝉，黄雀在后。这里的黄雀指海德尔·阿里统治的迈索尔王国。

[①] 纳拉扬·拉奥的父亲巴拉吉·巴吉·拉奥是拉古纳索的哥哥。因此，拉古纳索是纳拉扬·拉奥的叔父。——译者注

[②] 第一次马拉塔战争，1775年到1782年，英国东印度公司和马拉塔联盟在印度德干高原进行的战争。——译者注

马达夫拉奥一世

纳拉扬·拉奥

1769年，第一次迈索尔战争爆发。和法兰西人联手的海德尔·阿里掀起的反英运动是这次战争的导火索。最后，英国军队战败，和海德尔·阿里签订了停战协议。然而，停战协议很快就被破坏了。因为英国军队占领了迈索尔王国在主要出海口设立的马埃港。海德尔·阿里向自己的臣民发誓一定会报仇雪恨。1780年7月，海德尔·阿里带着勇敢的骑兵队在卡纳蒂克的平原上疾驰。海德尔·阿里的骑兵队所向无敌。一些要塞的守军放弃抵抗，直接开城投降。一些堡垒的守军绝望地举起了白旗。英国人四处逃亡，整个卡纳蒂克平原都落入海德尔·阿里手里。种满郁金香的树林中，奢华的薰衣草丛边，时常出现海德尔·阿里的骑兵队。马德拉斯的蒙罗上将带着残存的少数兵力困守城中。

为了保住卡纳蒂克，英国人不得不和马拉塔人"暂时"和解。沃伦·黑斯廷斯派出了艾尔·库特将军对抗海德尔·阿里。艾尔·库特将军率领的军队从海路抵达马德拉斯。如果艾尔·库特将军率领的军队抵达的时间再晚一些，第

英国军队向海德尔·阿里投降

法塔赫·阿里·萨哈卜·蒂普

二次迈索尔战争的结果也许就会完全不同,因为英国将领贝代利在贝尔姆巴勒姆的战斗中输得一败涂地……

1781年7月1日进行的博鲁托诺武罗会战至关重要。最终,艾尔·库特将军率领斗志昂扬的英国军队,击退了拥有一万兵力的迈索尔军队。当时,海德尔·阿里的儿子法塔赫·阿里·萨哈卜·蒂普率领的军队,正在南方的坦约尔作战。1782年,接到父王驾崩的消息后,为了继承王位,法塔赫·阿里·萨哈卜·蒂普火速赶回了迈索尔。

海德尔·阿里驾崩前悲痛地说道:"如果大海不干涸,我们就无法打败英国人。"之后,沃伦·黑斯廷斯游说了马拉塔帝国,与贝拉尔王、辛迪亚家族讲和，使迈索尔王国完全被孤立。因此，法塔赫·阿里·萨哈卜·蒂普只好和英国人谈判，各自收回了被对方侵占的土地。在法塔赫·阿里·萨哈卜·蒂普答应让英国成为特拉凡哥尔王国[①]的保护国后，英国人才和他签订了停战协议。

第7节 掠夺瓦拉纳西和巴胡夫人事件

和马拉塔帝国、迈索尔王国意料外的战争，导致英国东印度公司出现了严重的财政赤字。同时，沃伦·黑斯廷斯接到了英国高层的训令，大意是："施行仁政，运送更多钱财回英国。对邻国，秉持维护正义的宗旨，施行维稳的政策，把钱财运回英国。"这样的训令，既公正又不公正。这和一边要求人节制有度，另一边要求人贪得无厌没什么两样。

为了送钱财回英国，沃伦·黑斯廷斯必须想尽一切办法寻找新的财源。于是，他将自己如蛇一般贪婪的目光投向了印度教圣城瓦拉纳西。无论是在人口、财力还是规模上，庄严的瓦拉纳西都是印度首屈一指的城市。瓦拉纳西王，原本归奥德总督舒亚-乌德-达乌拉管，后来则处于英国东印度公司的保护下。当时，瓦拉纳西王是沙特·辛古。他和英国东印度公司的关系是，当英国东印度公司认为把他当作瓦拉纳西王对自己比较有利时，就把他当作王对待；当英国东印度公司认为没必要对他毕恭毕敬时，就把他当作公司的一个"员工"。当时，就是沙特·辛古被当作英国东印度公司的一个"员工"，向自己的上司捐献钱财的时候。

每年，沙特·辛古都要向英国东印度公司缴纳一定数额的钱财。如果有特殊情况，他还会被强迫捐献钱财。1778年，沙特·辛古捐了五万英镑。1779年，他捐了五万英镑。1780年，他被要求捐献更多的钱财。于是，沙特·辛古送了两万英镑给沃伦·黑斯廷斯，希望自己能逃过一劫。在收了沙特·辛古的两万英

[①] 特拉凡哥尔王国，位于今印度南部的一个印度教封建王国，存在时间是870年到1949年。——译者注

镑后，沃伦·黑斯廷斯依旧摆出一副冷漠的面孔，并且向沙特·辛古讨要付给英国东印度公司的钱财。沃伦·黑斯廷斯还向沙特·辛古多要了一万英镑，作为滞纳金。为了向沙特·辛古讨要这笔钱，沃伦·黑斯廷斯不惜出动了军队。

之后，沃伦·黑斯廷斯就有了掠夺瓦拉纳西的想法。于是，他制订了如下计划。首先，要求沙特·辛古上缴巨额捐款。其次，等沙特·辛古提出抗议时，就宣称他的抗议行为是犯罪。最后，作为惩罚，沃伦·黑斯廷斯就可以没收沙特·辛古的全部财产。

沃伦·黑斯廷斯带着手下的亲兵来到了瓦拉纳西。面对这个情形，沙特·辛古惊慌失措。他主动提出要拿出二十万英镑的捐款。然而，沃伦·黑斯廷斯说，低于五十万英镑绝对不收。因为沙特·辛古已经触犯了法律，所以沃伦·黑斯廷斯下令逮捕了他，并且安排了两个中队的印度士兵日夜监视他。沃伦·黑斯廷斯就是这样的一个人，只对钱感兴趣。对沙特·辛古痛哭流涕的辩解，他连听都不想听。

首先揭竿而起的是瓦拉纳西的百姓。他们一边异口同声地高喊"我们要救出瓦拉纳西王"，一边攻击了沃伦·黑斯廷斯的营地。他们杀掉了营地里的英国士兵和印度士兵。沙特·辛古则趁乱逃跑。沃伦·黑斯廷斯身边只剩下五十名士兵。危险愈来愈近了。两三个富有冒险精神的士兵提出，愿意作为使者，将沃伦·黑斯廷斯遇袭的消息带回加尔各答。于是，沃伦·黑斯廷斯先前往丘纳尔[①]避难。

沙特·辛古集结了四万兵力的军队。受瓦拉纳西的百姓起义的影响，奥德也出现了起义。不过，就在沙特·辛古的军队和沃伦·黑斯廷斯的士兵对峙期间，加尔各答的英国救援部队赶到了。沙特·辛古的军队和英国军队交战，很快就分出了胜负。沙特·辛古的军队几乎全军覆没。奥德的叛乱也被镇压下去。然后，沙特·辛古号称多达数百万英镑的财产，全部被没收了。其实，沙

[①] 丘纳尔，位于今印度北方邦。——译者注

特·辛古的全部财产只有二十五万英镑。这二十五万英镑全部用来犒赏英国士兵了。当时，如果没有犒赏，英国士兵下次无论如何都不会听从指挥。

仅得到了二十五万英镑，让沃伦·黑斯廷斯大失所望。讽刺的是，他机关算尽弄到手的钱财，最后竟然一文不剩。沃伦·黑斯廷斯依然无法完成英国赋予自己的使命。

沃伦·黑斯廷斯被迫继续物色新的目标。这次，他的目标是奥德总督。时任奥德总督是舒亚-乌德-达乌拉的儿子阿萨夫-乌德-达乌拉。沃伦·黑斯廷斯和阿萨夫-乌德-达乌拉在丘纳尔进行了会谈。沃伦·黑斯廷斯向阿萨夫-乌德-达乌拉提出了巨额款项的要求。然而，阿萨夫-乌德-达乌拉手里也没有钱。

舒亚-乌德-达乌拉

阿萨夫-乌德-达乌拉

于是，他提出申请，希望沃伦·黑斯廷斯能免除自己需要交纳的钱。两个缺钱的人一拍即合，很快就找到了令双方都满意的解决方法。那就是抢夺阿萨夫-乌德-达乌拉的母亲，也就是奥德前总督舒亚-乌德-达乌拉的妻子巴胡夫人的财产。巴胡夫人从丈夫那里获得了三百万英镑的财产，并且手里有大片可以征收租税的土地。于是，阿萨夫-乌德-达乌拉和沃伦·黑斯廷斯将沙特·辛古叛乱时波及奥德的叛乱，嫁祸给了巴胡夫人。事实上，他们没有任何证据能够证明，当时奥德发生的叛乱是由巴胡夫人主使的。

英国东印度公司的军队袭击了巴胡夫人的住处法扎巴德[①]，攻破了城门。

---

① 法扎巴德，位于今印度北方邦。——译者注

之后，巴胡夫人被软禁在了自己的房间里。面对英国东印度公司蛮横不讲理的要求，巴胡夫人当然无法接受。于是，英国军队使用了高压手段。这些手段，"都是说出来就会令人悲痛，叫人不忍直视的手段"[1]。

巴胡夫人的心腹——两个风烛残年的宦官，还经受了严厉的拷问。巴胡夫人等人全都被软禁在了一个房间里。沃伦·黑斯廷斯有时只给他们一点点食物，有时甚至连食物都不给。巴胡夫人的侍女处于饿死的边缘。折磨的手段一天比一天残忍。最后，沃伦·黑斯廷斯获得了七百五十万卢比的巨款。在巴胡夫人承认交出了所有财产后，沃伦·黑斯廷斯才肯放了他们。这就是巴胡夫人事件的始末。

1785年7月，沃伦·黑斯廷斯返回英国。等待他的是迎接他的国王，以及针对他犯下的恶行的控诉。沃伦·黑斯廷斯案件的审理，持续了七年。最后，沃伦·黑斯廷斯被无罪释放。为了缴纳巨额辩护费用，他花光了自己从印度掠夺回来的全部财产。1818年8月22日，老来凄凉落魄的沃伦·黑斯廷斯，离开了人世，享年八十六岁。

如今，印度人依然记得沃伦·黑斯廷斯犯下的种种侵略罪行和剥削恶行——罗希拉之战、处死南达库马尔的死刑、巴胡夫人事件。沃伦·黑斯廷斯唯一做过的好事，就是曾为梵语文学的发展做出过些许贡献。

第8节　查尔斯·康沃利斯

沃伦·黑斯廷斯回英国后，接替他任印度总督的是查尔斯·康沃利斯[2]。属于贵族阶层的查尔斯·康沃利斯是第一个从英国政界直接派遣到印度的总督。罗伯特·克莱夫抢夺了土地，沃伦·黑斯廷斯规划和并购了土地，查尔斯·康沃利斯则在这些土地上盖起了房子。

---

[1] 出自托马斯·巴宾顿·麦考利的《沃伦·黑斯廷斯》。——原注
[2] 查尔斯·康沃利斯（1738—1805），英国军人、政治家，第一代康沃利斯侯爵。——译者注

通过支付英国东印度公司的职员高额薪水,查尔斯·康沃利斯强化了他们廉洁自律的意识。这就是"文官任用令",即只要你想在英国东印度公司工作,你就必须遵守公司的规定。没有了非法所得,英国东印度公司的职员应该会觉得心有不甘吧。不过,这样做的结果是,印度商人很少再为漫天要价的手续费和荒唐的特许证费用烦恼了。

接下来,查尔斯·康沃利斯计划确立司法权。他在所有地方都设立了法院,确立了司法制度,还制定了《康沃利斯法典》。《康沃利斯法典》中的条款

查尔斯·康沃利斯

参考的是伊斯兰教法[1]。而伊斯兰教法与莫卧儿帝国施行的法律有所不同。这让印度教教徒深感不满。印度教教徒的不满终究是无法消除的。

之后,查尔斯·康沃利斯着手实施英国的"稳定地租"计划。那就是,改革沃伦·黑斯廷斯想要实现却未能实现的地租征收制度。查尔斯·康沃利斯得到了参议员约翰·肖尔的帮助,试图让英国东印度公司从莫卧儿帝国那里得到的地租的金额保持不变。这么做,是为了维持英国东印度公司的财政稳定。在罗伯特·克莱夫时期,由莫卧儿帝国的皇帝派出收租人征收地租。在沃伦·黑斯廷斯时期,收租人由印度人改为英国人。然而,实际上,收地租的工作还是由印度的收租人来做。

对地租的税额年年都不同,查尔斯·康沃利斯感到十分不满。英国人对印度的土地制度不太了解。因此,英国人就草率地将负责收租的收租人理解为英国的地主。地租由地主来征收,地租的标准将以过去十年的平均值为准。结果,转瞬间,印度[2]就出现了今天人们所说的"收租人"这个职业。村落的集体土地,全部作为收租人的"私有地",记录到了土地登记册中。

这种错误的做法,使农民在一夜间丧失了全部土地。农民如果想耕种土地,就只能向收租人"借地"。高额的地租、饥荒、贫困——至今仍然影响印度农业的祸根,在查尔斯·康沃利斯担任印度总督的时期就已经种下了。然而,英国东印度公司从孟加拉获得了大约三百万英镑的地租收入。

在查尔斯·康沃利斯担任印度总督期间,英国首相小威廉·皮特[3]在英国国内发布了《皮特印度法案》[4]。简单来说,该法案扩大了英国政府对英国东印度公司的监督权。

---

[1] 伊斯兰教法,根据伊斯兰教教义制定的法律,是穆斯林必须遵守的行为规范,具有法律、宗教和道德三方面的意义。——译者注
[2] 特别是孟加拉、奥里萨和比哈尔。——原注
[3] 小威廉·皮特(1759—1806),老威廉·皮特的儿子,英国政治家,1804年到1806年任英国首相。——译者注
[4] 即《1784年东印度公司法案》,目的是加强英国政府对英国东印度公司的控制。——译者注

第9节　第三次迈索尔战争

《皮特印度法案》通过时，英国议会发表了宣言："对印度实施征服和扩张领土的策略，是违背英国人民意志、有损英国人民名誉、违反英国政府政策的行为。"这个宣言的措辞如此优美。不过，它仅仅是一个"宣言"。

在第二次迈索尔战争中，惨败的法塔赫·阿里·萨哈卜·蒂普隐忍负重，养精蓄锐，等待复仇时机到来。征服德干高原和反对英国侵略是父亲的遗志。海德尔·阿里英明、高洁和勇猛的个性传给了儿子法塔赫·阿里·萨哈卜·蒂普。法塔赫·阿里·萨哈卜·蒂普看准了时机，开始行动。1789年，法塔赫·阿里·萨哈卜·蒂普开始派兵攻打英国保护下的特拉凡哥尔王国。

查尔斯·康沃利斯完全无视英国议会发表的宣言，开始调动兵力。他知道法塔赫·阿里·萨哈卜·蒂普绝对不是一个简单的人物。因此，查尔斯·康沃利

特拉凡哥尔前线的法塔赫·阿里·萨哈卜·蒂普

斯和马拉塔帝国的帕什瓦巴吉·拉奥二世及海得拉巴的尼扎姆阿里·汗结成了三角同盟。结盟的条件是要将征服的土地分为三份，每方一份。战火先在南方燃起。由于配送错误，军需品迟迟无法送到军营中。一万五千名英国士兵为此吃尽了苦头。最后，特拉凡哥尔王国的国王达尔马·拉贾向法塔赫·阿里·萨哈卜·蒂普投降。

看到这样的局势，查尔斯·康沃利斯一跃而起，亲自站在队伍的最前面。1790年，战争进入第三期。为了打破胶着的战线，查尔斯·康沃利斯认定必须先攻打位于迈索尔王国首都斯赫里朗格阿帕特塔纳的要塞。见此情形，一直在旁观望局势的马拉塔军队前来支援法塔赫·阿里·萨哈卜·蒂普。紧接着，尼扎姆阿里·汗的军队也赶到了班加罗尔。然而，在饱受瘟疫和饥荒的折磨后，马拉塔军队和尼扎姆阿里·汗的军队败下阵来。被大军重重包围的斯赫里朗格阿帕特塔纳的结局怎样，其实也不难想象。最后，连城外的要塞也失守了。法塔赫·阿里·萨哈卜·蒂普只好选择议和。停战条约十分苛刻，除了要支付三千万卢比的赔款，法塔赫·阿里·萨哈卜·蒂普还要将马拉巴尔[1]和库格[2]及赛勒姆[3]的一部分割让给英国，等等。

第三次迈索尔战争真的像英国议会发表的宣言那样，"对印度实施征服和扩张领土的策略"。不过，这真的是"违背英国人民意志、有损英国人民名誉、违反英国政府政策的行为"吗？不可思议的是[4]，这个实施了"违反英国政府政策的行为"的查尔斯·康沃利斯因在第三次迈索尔战争中立下战功而被英国政府授予了侯爵爵位[5]！

---

[1] 马拉巴尔，位于印度次大陆西南海岸线上。——译者注
[2] 库格，位于印度西南部，属于班加罗尔。——译者注
[3] 赛勒姆，位于印度南部的德干高原。——译者注
[4] 也许应该说，理所当然。——原注
[5] 即第一代康沃利斯侯爵。——译者注

第 15 章

英属印度的建设

（从 1798 年到 1856 年）

第1节　第四次迈索尔战争

接替查尔斯·康沃利斯任印度总督的，首先是平庸的财政家约翰·肖尔，然后是理查德·韦尔斯利[①]。1798年，法兰西共和国总司令拿破仑·波拿巴[②]和迈索尔王国的苏丹法塔赫·阿里·萨哈卜·蒂普结成联盟。仅听到拿破仑·波拿巴的名字，英国士兵就已经吓破了胆。此外，一旦法兰西军队入侵印度，英国肯定没有获胜的希望。于是，1799年2月，理查德·韦尔斯利派出两万大军前去攻打迈索尔王国。

这次战争在短时间内就结束了。1799年5月4日，哈里斯将军攻陷斯赫里朗格阿帕特塔纳时，法塔赫·阿里·萨哈卜·蒂普就战死了。一国之君战死，宣告此次战争结束。迈索尔王国就这样灭亡了。这真是一个悲剧。"海德尔·阿里降生在这个世上，是为了建立迈索尔王国；法塔赫·阿里·萨哈卜·蒂普降生在这个世上，则是为了葬送迈索尔王国。"不过，这不完全是因为二人才能悬殊。英国对印度的侵略计策不断奏效，整个印度已经处于沦陷的边缘。

[①] 理查德·韦尔斯利（1760—1842），英国政治家，担任印度总督的时间是1798年到1805年。——译者注
[②] 拿破仑·波拿巴（1769—1821），即拿破仑一世，法兰西帝国皇帝，也是优秀的军事家、政治家、法学家。——译者注

约翰·肖尔

理查德·韦尔斯利

拿破仑·波拿巴

1800年，海得拉巴的尼扎姆阿里·汗和英国结为保护同盟，自愿降低身份，沦为英国的臣子。因为无法支付英国军队的驻屯费，所以奥德总督萨阿达特·阿里·汗不得不割让土地来抵扣费用。

1801年，《勒克瑙条约》签订后，科勒、安拉阿巴德、罗希尔坎德、戈勒克布尔和阿扎姆加尔等丰饶之地全部成为英国的领土。卡纳蒂克也因总督被罢黜而落入英国人手中。印度的土地上到处飘扬着象征英国胜利的米字旗。英国的敌人，就只剩下马拉塔帝国了。当时，英国对待马拉塔帝国的态度是，尽量不与马拉塔帝国发生冲突。时而故意与其结盟，时而同其约定彼此互不侵犯。其实，英国这么做，只是不希望自己腹背受敌。在灭掉了迈索尔王国后，时机终于成熟，英国可以向马拉塔帝国开战了。

第2节　马拉塔帝国解体

在马拉塔帝国中，霍尔卡家族的势力越来越强大。当时，马拉塔帝国的统治者帕什瓦巴吉·拉奥二世寻求英国的庇护。在巴吉·拉奥二世的领地上，英国安置了自己的军队。通过收取驻屯费这个惯用手法，英国获得了巴吉·拉奥二世的土地收入的一部分。对以印度精神为建国之本的马拉塔帝国来说，这是奇耻大辱。霍尔卡家族、邦斯拉家族和辛迪亚家族等家族已经做好了讨伐沦为英国的傀儡的巴吉·拉奥二世的准备。英国先发制人，向这些家族宣战。1803年，英国军队以印度中北部为中心，打响了第二次马拉塔战争。这次战争持续了三年。

理查德·韦尔斯利将英国军队一分为二。杰勒德·雷克将军率领北进的部队，从阿里格尔出发，前往德里，打败了辛迪亚家族的军队。理查德·韦尔斯利则亲自带领其余英国士兵，在阿基耶的激战中，歼灭了兵力是己方兵力七倍的敌军。在盖尔格尔的要塞战中，理查德·韦尔斯利率领的部队最终让邦斯拉家族的军队投降。

阿克巴二世

只有霍尔卡家族顽强抵抗。霍尔卡家族的骑兵利用擅长打山岳战的优势，依靠险峻的地势，屡次击退了英国军队。英国军队只好绕过霍尔卡家族占据的印多尔。面对英国军队的进攻，霍尔卡家族顽强地抵抗。最后，英国军队被迫选择临时休战。通过第二次马拉塔战争，英国获得了本德尔坎德[1]、克塔克[2]及奥里萨的大部分土地，还有瓜廖尔和浦那等地的实权。这样的战果，已经让英国人感到心满意足。针对皇位一直空着的莫卧儿帝国，英国人扶持了阿克巴二世[3]，让他做了傀儡皇帝。英国的领地不断扩张。

---

[1] 本德尔坎德，位于今印度中央邦的北部。——译者注
[2] 克塔克，位于今印度东部奥里萨邦。——译者注
[3] 阿克巴二世（1760—1837），莫卧儿帝国第十六代皇帝，1806年到1837年在位。——译者注

在弗朗西斯·罗顿-黑斯廷斯[①]任印度总督期间，平达里人[②]在印度中部崛起。弗朗西斯·罗顿-黑斯廷斯的前任是第一代明托伯爵吉尔伯特·埃利奥特-默里-基宁蒙德。第一代明托伯爵吉尔伯特·埃利奥特-默里-基宁蒙德一度从

弗朗西斯·罗顿－黑斯廷斯

① 弗朗西斯·罗顿-黑斯廷斯（1754—1826），英国政治家、军事将领，第一代黑斯廷斯侯爵，担任印度总督的时间为1813年到1823年。——译者注
② 平达里人，17世纪到19世纪初在印度次大陆横行的非正规军事掠夺者。——译者注

第一代明托伯爵吉尔伯特·埃利奥特 – 默里 – 基宁蒙德

荷兰人手里夺取了爪哇。平达里人是一伙强盗。他们穿着轻便的衣服，行动自如，一天就能驰骋足足五十英里。清晨，他们袭击城市；黄昏，他们烧毁村落。数千名平达里人盘踞在摩腊婆。他们恣意掠夺的范围延伸到了马德拉斯和孟买的海岸线。平达里人的领袖阿密尔·汗不仅拥有数十个连的兵力，还有数十门大炮。称平达里人为强盗，实际上低估了他们的实力。他们袭击的全部是英国的战略要地。平达里人还暗中勾结了马拉塔帝国的残存势力。

横行霸道的平达里人，搞得英国人焦头烂额。为了对抗平达里人，英国人派出了配有三百门大炮的十二万大军。这种规模是史无前例的。由此可见，平达里人的实力不容小觑。最终，被包围的平达里人还是败下阵来。

紧接着，新的反英运动开始了。把守孤垒的霍尔卡家族和马拉塔帝国的其他残余势力，以及向英国投降却无法忍受英国横征暴敛的帕什瓦巴吉·拉奥二世组成了联合军。他们试图做最后的抵抗。这就是1817年爆发的第三次马拉塔战争。然而，联合军就像燃烧殆尽的蜡烛，只发出了零星的光芒。

一开始，印度穆斯林试图从英国的暴政中挣脱出来；紧接着，在反抗强大英国的侵略中，马拉塔帝国解体了。"山鼠"希瓦吉发动的印度精神史上最大的复兴运动也遭遇了挫折。可见，英国已经称霸整个印度了。

第3节　印度外围侵略战

在占领了整个印度后，英国依然不知足。第一代明托伯爵吉尔伯特·埃利奥特-默里-基宁蒙德派出了远征爪哇的军队。帝国主义的侵略将人类贪得无厌的本性发挥到了极致。1814年10月，英国出兵尼泊尔也是其中的一个例子。

喜马拉雅山脉的南边住着尼泊尔的廓尔喀人。19世纪初，廓尔喀人就已经生活在喜马拉雅山脉的南边。其势力范围东自不丹边境，西至苏特莱杰河。正好和英国领地奥德毗邻。这就成了英国人攻打尼泊尔的口实。于是，英国人断然决定出兵攻打尼泊尔——这个他们早就盯上的目标。然而，英国士兵不擅长打山岳战，再加上兵力不足，第一战英国士兵就输了。尼泊尔士兵守护的是地势险峻的城寨，其战斗力远远超过了英国士兵。随着英国军队司令官的倒下，英国军队彻底败北。在碰过一次壁后，习惯以多胜少的英国军队决定将战斗升级，派出了更多的士兵。

英国军队花了整整一年的时间调兵遣将。在奥克塔罗将军带着一支部队绕过苏特莱杰河，攻下了尼泊尔的阿马尔吉恩库后，英国士兵看到了胜利的曙光。1816年，通过签署《塞格里条约》，英国获得了奈因、塔尔、穆索雷和希姆拉等地。尼泊尔政府还批准了英国理事官进驻当地的请求。

这次出兵尼泊尔，英国虽然经历了一番苦战，但获得了印度边境地区的土地。英国当局感到心满意足。有了攻打尼泊尔的经验后，英国又盯上了缅甸。在

廓尔喀人

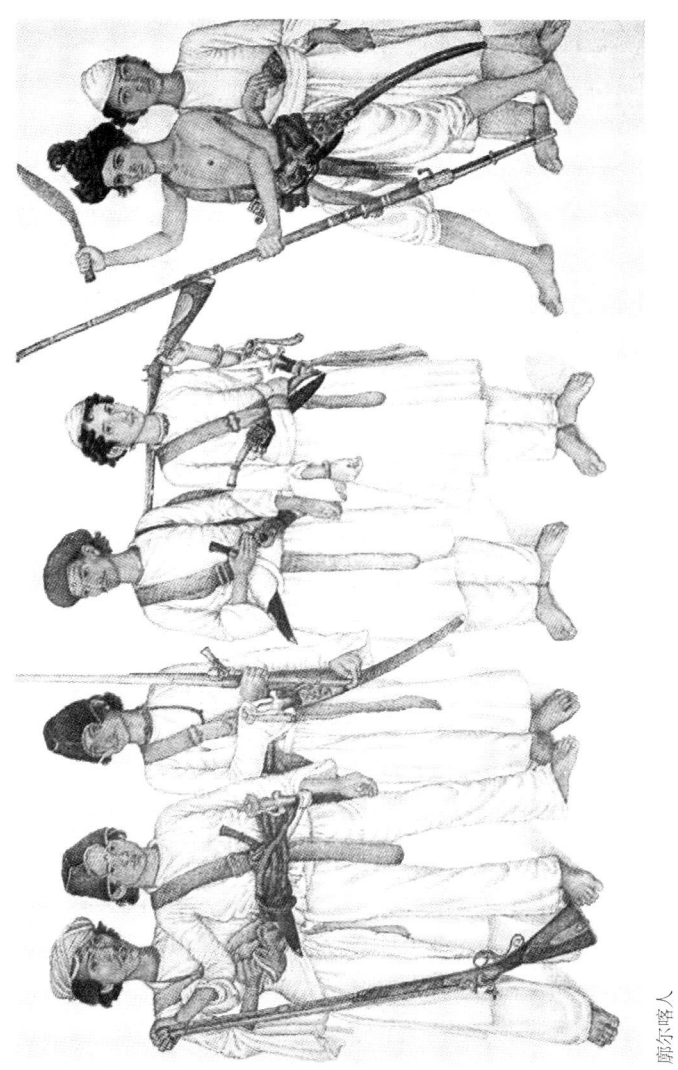

英国人眼中,当时的缅甸就是第二个尼泊尔。更何况,英国人早就对缅甸垂涎三尺。特别是随着整个马来半岛都逐渐成为英国的领地,英国人更不能允许独立的贡榜王朝①夹在中间。

正巧,贡榜王朝的国王锡袍对英国侵略印度表示不满。于是,1822年,贡榜王朝的军队进入孟加拉,向英国索要包括达卡和穆斯达阿巴德在内的孟加拉东边的土地。不仅如此,贡榜王朝的军队还攻打了阿拉坎②海域的贾里岛,一副要长驱直入攻进印度腹地的态势。面对这种情况,时任印度总督威廉·阿

威廉·阿美士德

① 贡榜王朝,1752年到1885年统治缅甸的一个王朝。——译者注
② 阿拉坎,位于今缅甸西南的若开邦。——译者注

美士德[①]采用了和尼泊尔攻略战时相同的策略。那就是将行动一直拖到对方正式向英国宣战为止。这是1824年的事。

威廉·阿美士德的策略是，只要从海路占领了仰光港，就能立刻获胜。于是，他从马德拉斯派出了远征队。然而，远征队的成员在当地因疾病和食物短缺而一个个倒下。接着，英国方面计划从陆路直捣贡榜王朝军队的大本营。于是，理查斯将军率领英国军队朝阿萨姆进发。结果，英国军队还是失败了。其中，一支英国军队在吉大港全军覆没。

1825年年末，在阿奇博尔德·坎贝尔将军的带领下，英国军队逐渐逼近离贡榜王朝首都因瓦仅六十英里的延达布。尽管局势还远没有发展到如此悲观的地步，惊慌失措的锡袍就对战争感到厌倦，随即提出了议和。其实，英国军队并没有必胜的把握。不过，在议和会议上，英国人一步都没有退让。议和的结果是，阿萨姆、阿拉坎和丹那沙林[②]全部成为英国的领地。同时，贡榜王朝需

英国军队抵达仰光港

[①] 威廉·阿美士德（1773—1857），英国外交官、殖民地长官，担任印度总督的时间为1823年到1828年。——译者注
[②] 丹那沙林，位于今缅甸最南部。——译者注

要向英国支付一百万英镑的赔款。为了获得阿萨姆、阿拉坎和丹那沙林肥沃的土地，英国军队花掉的战争费用达一千三百万英镑。不过，这个交易还是很划算的。

第4节　废除娑提与推行英语教育

1828年，威廉·本廷克①勋爵被任命为印度总督，前往印度就任。在英国统治印度的过程中，威廉·本廷克勋爵扮演的是"建筑师"的角色。他将查尔斯·康沃利斯在印度的土地上"盖好的房子"进一步改建成了"高楼大厦"。因此，威廉·本廷克勋爵将主要精力放在了印度国内的治理上。

威廉·本廷克勋爵

---

① 威廉·本廷克（1774—1839），英国政治家、军人，担任印度总督的时间为1828年到1835年。——译者注

第一步，威廉·本廷克勋爵整顿了财政。第一次缅甸战役的战果平平。英国东印度公司却为此支出了一大笔费用，使公司财政紊乱。为了稳定财政，威廉·本廷克勋爵主要采取了三项措施：缩减经费①、增收地租和实行新税制②。

第二步，威廉·本廷克勋爵废除了印度教教徒的娑提③习俗。随着莫卧儿帝国走向末路，皇帝阿克巴曾下令废除的娑提习俗在印度教教徒中开始盛行起来。1829年12月，威廉·本廷克勋爵不顾印度教教徒的坚决反对，颁布了禁止娑提的法令。

第三步，威廉·本廷克勋爵强制推行了英语教育。从沃伦·黑斯廷斯时期开始，英国东印度公司就大力研究梵语，并且致力于推广印度斯坦语的教育。在朋友托马斯·巴宾顿·麦考利的协助下，威廉·本廷克勋爵决定将英语作为印度人的官方语言来推广。推行英语教育，目的是使印度人失去印度精神，变

托马斯·巴宾顿·麦考利

---

① 主要是降低了印度士兵的报酬。——原注
② 对摩腊婆生产的鸦片征税。——原注
③ 即寡妇陪葬。——原注

成一种半英国、半印度的不伦不类的人。托马斯·巴宾顿·麦考利曾这样批判印度文明：

> 被英国女学生耻笑的天文学，充斥着一群身高三丈、治国时间长达三万年的国王的历史学，建立在蜜糖和黄油之上的地理学。对诸如此类的学科，我们是否真的有必要用公帑来援助呢？

托马斯·巴宾顿·麦考利的这番话，过度地批判了具有悠久历史的印度文明。同时，他的观点明显偏向西欧一边。然而，不管怎样，英语都得到了普及，只有会说英语的印度人才能找到工作。所有印度人都沉迷在英语学习中。即使英国人懂印度斯坦语，也绝对不会再使用它。这个以削弱印度精神为目的的政策，使威廉·本廷克勋爵名垂千古。同时，这个政策也让英国人对印度人的精神影响一直持续到了今天。

第5节　英国出兵阿富汗

从古至今，俄罗斯帝国一直对自己南边的土地垂涎三尺。为了争夺阿富汗，俄罗斯帝国和英国成为对手。可以说，俄罗斯帝国传统的南下政策和英国传统的侵略政策发生了冲突。

阿尤布·沙·杜拉尼[1]统治阿富汗时，曾数次掠夺印度。阿尤布·沙·杜拉尼驾崩后，巴拉克扎伊族的首领多斯特·穆罕默德·汗[2]篡夺了王位。为了寻求英国人的庇护，阿尤布·沙·杜拉尼的儿子苏贾·沙·杜拉尼逃到了旁遮普一带的卢贾纳。

---

[1] 阿尤布·沙·杜拉尼（？—1837），杜拉尼王朝的国王，在位时间为1819年到1823年。——译者注
[2] 多斯特·穆罕默德·汗（1793—1863），巴拉克扎伊王朝的创始人，1826年到1839年和1845年到1863年在位。——译者注

多斯特·穆罕默德·汗

  1837年，英国派出特使亚历山大·伯恩斯打探阿富汗的局势。1838年，英国就派兵攻打阿富汗。当亚历山大·伯恩斯假意要和多斯特·穆罕默德·汗商议通商条约的事宜时，俄罗斯帝国派使者来到喀布尔，并且从中作梗。结果，多斯特·穆罕默德·汗没有给亚历山大·伯恩斯特使的待遇。于是，亚历山大·伯恩斯垂头丧气地回到了印度，并且将俄罗斯帝国使者暗中使坏的经过汇报给了时任印度总督乔治·伊登[①]。

  乔治·伊登感到十分焦虑。神经质的他开始担忧俄罗斯帝国会抢先一步占

[①] 乔治·伊登（1784—1849），第一代奥克兰伯爵，英国政治家，担任印度总督的时间为1836年到1842年。——译者注

苏贾·沙·杜拉尼

领阿富汗。于是，他不顾众人的反对，决定扶持苏贾·沙·杜拉尼，并且决意出兵阿富汗。

  英国军队从卡拉奇①出发，越过索利勒曼山脉。1838年7月，英国军队攻下了加兹尼的城寨。1838年8月，英国军队攻陷了喀布尔。于是，苏贾·沙·杜拉尼坐上了阿富汗的王位。为了保护傀儡国王苏贾·沙·杜拉尼，英国留下了一万名士兵，并且任命威廉·海·麦克诺滕做政务官驻守阿富汗。最终，阿富汗成为英国的半殖民地。不过，作为剽悍的山地民族，阿富汗人认为苏贾·沙·杜拉尼是一个卑劣的人，因为他是在外国军队的帮助下才登上王位的。阿富汗人认为英国人是令人憎恶的侵略者。不久，阿富汗就发生了叛乱。1841年11月，阿富汗人

---

① 卡拉奇，位于今巴基斯坦信德省。——译者注

虐杀了英国官吏，拥护多斯特·穆罕默德·汗复位。阿富汗人的气势绝对不是一般人所能比拟的。在阿富汗人有计划的攻击下，英国军队立刻溃不成军，随即就放弃了阿富汗。多达一万五千名英国士兵越过了开伯尔山口，向加拉巴特方向撤退。这时，还有一百二十名妇女和儿童留在了城中。然而，领路的是一个阿富汗人。通过巧妙的诱导，他将英国军队带到了大山深处。天降大雪，英国军队在大雪中迷失了方向。再加上遇到了山间各族的袭击，英国士兵有的战死，有的冻死。只有威廉·布赖登一个人活了下来。

这场战争，英国军队彻底输了。乔治·伊登立刻就被罢免了。接替他任印度总督的是爱德华·劳[①]。为了避免英国军队再次战败，爱德华·劳下达了全军撤

乔治·伊登

[①] 爱德华·劳（1790—1871），第一代埃伦伯勒伯爵，英国政治家，担任印度总督的时间为1842年到1844年。——译者注

退的命令。然而,当地的英国将士都拒绝执行这个命令。他们进入喀布尔,成功救出了之前被困在城中的英国妇女和儿童。就这样,第一次远征阿富汗,英国人空手而归。最终,英国人觉得还是不去招惹阿富汗人为妙。

第6节　第一次英国锡克战争和第二次英缅战争

接替傲慢的爱德华·劳坐上印度总督位子的是亨利·哈丁[1]。亨利·哈丁上任没多久,旁遮普的锡克教教徒就出现了叛乱的征兆。

爱德华·劳

---

[1] 亨利·哈丁(1785—1856),第一代哈丁子爵,英国政治家、军官,担任印度总督的时间为1844年到1848年。——译者注

亨利·哈丁

锡克教的创始人是1469年出生的那纳克。为了振兴时常遭遇外敌入侵的印度，他主张改革印度教，信奉唯一神，废除种姓制度等理念。以这些理念作为根本宗旨，那纳克创立了新的宗教。之后，锡克教教徒和穆斯林进行了长期的斗争。随着莫卧儿帝国的衰败，锡克教的势力不断壮大。1780年，兰吉特·辛格[①]集结了锡克教教徒，并且宣布独立，建立了锡克帝国[②]。同时，他培养了一支欧式军队。兰吉特·辛格时而与英国人结为同盟，侵占土地；时而弘扬印度精神，从事反英活动。兰吉特·辛格将首都设在拉合尔。由锡克教教徒组成的大

---

① 兰吉特·辛格（1780—1839），锡克帝国的开国君主。——译者注
② 锡克帝国，18世纪末到19世纪中期统治今巴基斯坦北部和印度西北部部分地区的国家。——译者注

兰吉特·辛格

型封建国家——锡克帝国，隔着苏特莱杰河，与英国势力对抗。1839年，兰吉特·辛格驾崩，预示着锡克帝国的大势已去。

1845年，锡克教教徒拥立了年轻的国王杜利普·辛格。杜利普·辛格在拉合尔集结了大军。1845年12月，杜利普·辛格的军队渡过了苏特莱杰河，开始向英国军队发起进攻。宗教的凝聚力,加上旁遮普原住民天生的无畏精神,使锡克教教徒组成的军队在穆多基、菲罗斯格、阿利瓦尔和索布隆等地的战斗中均占了上风。这让英国军队深感烦恼。穿着短裤轻装上阵的锡克教教徒,巧妙地运用了欧洲士兵惯用的战术,屡战屡胜。

然而,在最后的索布隆会战中,锡克教教徒还是败了。因为英国军队包围了锡克帝国的首都拉合尔,所以锡克教教徒被迫放弃了抗争。

作为赔偿,英国获得了朱兰祖尔及苏特莱杰河左岸的土地。英国承认了杜利普·辛格的地位。同时,杜利普·辛格必须同意让英国军队进驻拉合尔。1846

杜利普·辛格

年，英国的詹姆斯·布龙-拉姆齐①将军从锡克教教徒联合会那里获得了旁遮普的施政权。实际上，旁遮普也应该纳入英国政府的管辖范围。这就是第一次英国锡克战争的结局。

锡克教教徒并未就此完全放弃抗争。他们只不过是将不满藏在心里，表面上对英国人毕恭毕敬。1848年，詹姆斯·布龙-拉姆齐成为印度总督。此后，

詹姆斯·布龙-拉姆齐

---

① 詹姆斯·布龙-拉姆齐（1812—1860），第一代达尔豪西侯爵，英国政治家，担任印度总督的时间为1848年到1856年。——译者注

约翰·劳伦斯

锡克教教徒的不满逐渐显露出来。更糟的是,能够巧妙克制锡克教教徒的约翰·劳伦斯①将军因生病而返回了英国。

对锡克教教徒来说,没有约翰·劳伦斯的英国军队,根本就不足挂齿。暴动最先在木尔坦发生——两名英国士官被杀了。受该事件的影响,锡克教的所有酋长都揭竿而起。战火立刻蔓延到了旁遮普。出于对英国人的憎恶,阿富汗

---

① 约翰·劳伦斯(1811—1879),第一代劳伦斯男爵,后来担任印度副王兼总督,在任时间是1864年到1869年。——译者注

郭富

人也作为援军加入了这场暴动。1848年12月，英国的郭富①将军率军占领了木尔坦，并且在拉姆纳格尔和奇利安瓦拉打败了阿富汗军队。

  1849年3月29日，第二次英国锡克战争结束。杜利普·辛格被迫退位。英国吞并了整个旁遮普。戴在英国士兵头上象征胜利的桂冠闪烁着耀眼的光芒。

---

① 郭富（1779—1869），第一代郭富子爵，英国陆军元帅。——译者注

战争还在继续。这就是第二次英缅战争。

为了复仇，在第一次英缅战争中失去了大部分肥沃国土的贡榜王朝，极大地增强了国力。傲慢的英国人不知道为什么总是处处针对缅甸人，任意使唤他们。英国官吏的态度更是傲慢到了极点。反抗的种子，在每一个缅甸人的心里生了根。

这时，仰光港发生了英国商人及船员被暴徒杀害的事件。就连前去救援的英国舰队也遭到了暴徒的羞辱。于是，英国舰队把大炮对准仰光港，并且封锁了仰光港。1849年5月，英国军队攻打了巴塞因。1849年6月，英国军队攻打了贝古。1849年10月，英国军队攻陷了布洛姆。1849年12月，詹姆斯·布龙-拉姆齐宣布正式吞并贝古。两三个英国人的死，致使整个贝古都被英国占领。这就是第二次英缅战争的结局。

后来，詹姆斯·布龙-拉姆齐颁布了"绝嗣王公丧权原则"这条法律。具体内容是，在没有嫡子继承的情况下，王公对土邦的主权将自动归英国所有。这完全是一条独断的法律条文。根据该条文的规定，没有嫡子的王公，只能把自己私有财产的一小部分传给养子。同时，该王公还要交出国库、国土和国民。这些将全部归英国所有。马拉塔人建立的历史悠久的王国，一个接一个地消失了，如1849年灭亡的萨塔拉王国和1853年灭亡的那格浦尔王国等国。这样的例子真的是不胜枚举。

第7节　英国扩张大事记

关于19世纪英属印度的建设及与此有关的英国扩张史，以本书有限的篇幅，实在是无法做更具体的解说。本书仅简单地介绍了其中关键的部分。接下来，本书对印度历史的介绍，将由近代史转入现代史。在此之前，我们来看看下面的英国扩张大事记。我将前文没介绍的一些事件也列入其中。希望读者能够通过英国扩张大事记更加清晰地了解英国如火如荼的殖民扩张活动。

1798年，理查德·韦尔斯利任印度总督。拿破仑·波拿巴和法塔赫·阿里·萨哈卜·蒂普结盟。锡克教教徒首领兰吉特·辛格成为拉合尔的支配者。

1799年，第四次迈索尔战争爆发。卡纳拉成为英属领地。克里什纳拉贾·瓦迪亚三世坐上了迈索尔王国的王位。

1800年，英国东印度公司和尼扎姆阿里·汗结成保护同盟。英国东印度公司保护海得拉巴免受外敌侵犯。作为回报，英国将获得尼扎姆阿里·汗的部分土地收入。英国军队的驻屯费用由尼扎姆阿里·汗负担。

1801年，英国吞并卡纳蒂克。

1802年，英国军队和被霍尔卡家族驱赶到浦那的帕什瓦巴吉·拉奥二世签订了《巴塞因条约》。

1803年，第二次马拉塔战争爆发。英国军队占领了卡塔克和普罗纳后，将两者合并。

1804年，英国军队和霍尔卡家的军队作战。

1805年，杰勒德·雷克将军率军进攻普哈尔布尔未果，和普哈尔布尔王签订了协定。通过与辛迪亚家族签订条约，英国获得了加拉尔及戈夫的一部分。英国和霍尔卡家族签订条约，获得了浦那和本德尔坎德。

1806年，莫卧儿帝国的阿克巴二世即位。韦洛尔爆发了印度士兵的叛乱。

1807年，第一代明托伯爵吉尔伯特·埃利奥特-默里-基宁蒙德任印度总督。

1809年，英国和喀布尔的西娅·乌尔·默格王签订协定。克什米尔独立。

1810年，英国计划侵略东印度群岛，派兵攻打了安培纳和班卡诸岛。

1811年，英国军队远征爪哇岛，打败荷兰军队，占领了爪哇岛。

1813年，弗朗西斯·罗顿-黑斯廷斯成为印度总督。

1814年，英国军队出兵尼泊尔，大败。英国将安培纳、班卡诸岛及爪哇岛还给了荷兰。

1816年，第二次尼泊尔战争结束。英国军队在穆克万布尔败给了廓尔喀人。最终，英国只获得了尼泊尔的领地库马盎。

1817年到1818年，英国军队击败了平达里人。第三次马拉塔战争爆发。浦那、那格浦尔和印多尔的马拉塔人共同起义。马拉塔人的势力已经大不如前。英国军队很快就将马拉塔人击退。兰吉特·辛格的军队占领了木尔坦。

1819年，在斯坦福·拉茨费尔斯的提议下，英国军队攻打了新加坡。兰吉特·辛格吞并了克什米尔。

1823年，威廉·阿美士德成为印度总督。

1824年，第一次英缅战争爆发。

1825年，英国和贡榜王朝签订《杨达波条约》[①]。第一次英缅战争结束。英国吞并了阿萨姆、阿拉坎和丹那沙林。

1826年，英国军队攻打普哈尔布尔。

1828年，威廉·本廷克勋爵成为印度总督。

1829年，威廉·本廷克勋爵颁布禁止娑提的法令。

1831年，英国利用迈索尔纷争，直接统治迈索尔。

1833年，英国议会通过特许条令，将孟加拉总督的职位正式改为印度总督。印度领土将由英国国王委任的英国东印度公司政府统治。

1836年，乔治·伊登成为印度总督。

1837年，莫卧儿帝国的巴哈杜尔·沙二世即位。

1838年，第一次英国-阿富汗战争爆发。

1839年，"旁遮普的狮子"兰吉特·辛格驾崩。

1840年，信德的伊斯兰王国大举反英。

1841年，喀布尔叛乱，英国军队溃败。英国军队出兵阿富汗，同样败北。

1842年，爱德华·劳成为印度总督。英国军队从阿富汗撤退。

1843年，信德战争爆发。纳维尔将军率领的英国军队在米亚尼和海得拉巴的战斗中大胜。英国吞并信德。

---

① 《杨达波条约》，1826年英国和贡榜王朝签订的条约。条约之后，缅甸沦为英国的殖民地。——译者注

1844年，亨利·哈丁成为印度总督。

1845年，英国购买了丹麦殖民地托兰库贝尔和塞兰布尔。第一次英国锡克战争爆发。

1846年，杜利普·辛格的军队占领了拉合尔。英国吞并了贾兰达尔、杜布和哈扎拉。

1848年，詹姆斯·布龙-拉姆齐成为印度总督。第二次英国锡克战争爆发。

1849年，英国军队占领木尔坦。在治里安胡拉的会战中，英国军队损失了三个连的兵力和四门大炮。远征阿富汗和第二次英国锡克战争都以英国军队的败北告终。后来，郭富将军率领的英国军队在古吉拉特打败了锡克军队。旁遮普落入英国军队手里。萨塔拉王国因没有王位继承人而被英国吞并。

1852年，第二次英缅战争爆发。最后，英国吞并了贝古。

1853年，根据"绝嗣王公丧权原则"，那格浦尔和占西[①]成为英国领地。

1856年，奥德总督舒亚-乌德-达乌拉被废黜，奥德归英国所有。

---

① 占西，位于今印度北方邦。——译者注

第 16 章

印度民族大起义

（1857 年）

第1节　查尔斯·坎宁

印度总督詹姆斯·布龙-拉姆齐卸任后，英属印度的所有重担都落在了新任总督查尔斯·坎宁[①]的肩上。欧洲方面，1853年到1856年，英国和俄罗斯帝国之间爆发了克里米亚战争。西亚方面，伊朗派兵攻打阿富汗，并且占领了赫拉特。东亚方面，因为"亚罗号事件"[②]，英国和中国大动干戈。

为了打赢克里米亚战争，英国迫不得已将驻守在印度的军队调往了前线。英国和中国的战斗也需要调用预备军。同时，阿富汗的局势刻不容缓。查尔斯·坎宁派奥特朗姆将军率军前去对抗伊朗军队。在占领了海湾的布希亚后，英国军队打败了伊朗军队。因此，伊朗军队攻打阿富汗的计划宣告失败。在1856年《巴黎条约》[③]签订后，伊朗撤回了部署在赫拉特的军队。阿富汗则依然作为英属印度和俄罗斯帝国的缓冲地带，维持原有的独立状态。

[①] 查尔斯·坎宁（1812—1862），第一代坎宁伯爵，英国政治家，担任印度总督的时间为1858年到1862年。——译者注

[②] "亚罗号事件"，1856年10月8日，在检查自称是英国船的"亚罗"号时，清朝水师拘留了"亚罗"号上的12名中国水手。对此，英国驻广州代理领事巴夏礼提出抗议。"亚罗号事件"成为第二次鸦片战争的导火索。——译者注

[③] 《巴黎条约》，1856年，俄罗斯帝国因在克里米亚战争中失败而与英国、法兰西帝国等国签订的条约。——译者注

查尔斯·坎宁

在治理印度方面，查尔斯·坎宁沿用了前任印度总督詹姆斯·布龙-拉姆齐的政策，以植入西欧文明为宗旨，振兴产业，兴建福利设施。对电灯和蒸汽机，印度人既感到好奇，又感到害怕。查尔斯·坎宁在印度建立了邮政制度，并且架设了电线。电报的出现，使人们能够自由地传达消息。对质朴的印度人来说，电灯、蒸汽机、电线等事物都令人难以置信。他们甚至觉得，架设电线、发送电报可能会触犯神明。银行建好了，工厂也建好了。展现在印度人眼前的，都是新奇的事物。

同时，基督教开始在印度传播，因为英国政府规定，只有改信基督教的人才有资格当官。

第2节　印度民族精神的高涨

西欧文明的植入,势必会促进印度民族精神高涨。拉姆·莫汉·罗伊[①]创立梵社是印度民族精神运动的开端。1828年,为了调和英国文化和印度文化,拉姆·莫汉·罗伊创立了梵社。他的观点是:为了抵制一切进入印度的含有宗教性质的异国文化,印度人必须以古代的吠陀精神为依归。于是,作为弘扬雅利安人自古流传下来的印度民族精神的宗教团体,梵社不断发展壮大。

拉姆·莫汉·罗伊

---

① 拉姆·莫汉·罗伊(1772—1833),梵社创始人之一,印度社会宗教改革运动先驱。——译者注

拉姆·莫汉·罗伊死后，由克沙布·钱德拉·森①、德本德拉纳斯·泰戈尔②等人继续领导印度民族精神运动。随后，印度民族精神运动从宗教领域逐步扩展到社会领域。

1851年，拉姆戈瓦尔·戈尔塞、姜德拉·穆卡尔西等人召集了志同道合的同志，在加尔各答创立了英属印度协会。英属印度协会是接受了欧洲自由主义思想洗礼的印度年轻人，为了抨击英国人实施的专制统治和贪得无厌的剥削制

克沙布·钱德拉·森

---

① 克沙布·钱德拉·森（1838—1884），印度社会改革家。——译者注
② 德本德拉纳斯·泰戈尔（1817—1905），印度保守民族复兴主义者，诗圣拉宾德拉纳特·泰戈尔的父亲。——译者注

度而成立的政治团体。不久，印度各地就出现了很多类似的团体，如孟加拉印度协会、马德拉斯革新会、孟买协会等团体。这些团体的出现，促使印度民族精神高涨。此外，印度人经营的各新闻报社的报道，明显也是反对英国的。这些报道从侧面加快了印度人的觉醒。整个印度掀起了一股反对英国的热潮！

第3节　起义的原因

英国史学家称印度民族大起义为"1857年印度雇佣兵的叛乱"，印度人则称其为"印度独立战争"。连叫法都不同，可见英国人和印度人对印度民族大起义的记录肯定会有很大的差异。对英国来说，这绝对不是一次单纯的叛乱。在英国统治印度的历史中，英国从没有面对过如此巨大的危机。准确来说，这是一场发动全国人民进行的"独立战争"。

印度民族大起义是如何爆发的呢？现在再来讨论其爆发的原因，也许真的有点多此一举。不过，我一定要在此详细说明。这完全是出于我想要修正被篡改得面目全非的印度史的迫切心情。

最初出现的是宗教方面的反抗。印度人认为，威廉·本廷克勋爵禁止娑提的法令和允许寡妇再婚的法令，完全是对尊崇古法的印度教的一种破坏。再加上基督教的势力不断壮大，改信基督教的人可以踏入仕途，而印度教教徒和穆斯林永远都没有出人头地的机会。英语教育的普及，也推动了印度民族大起义的发展。印度人如果不成为"半个英国人"，恐怕连生存的权利都会被剥夺。这就是英国东印度公司期望达到的效果。这也是印度人感受到的恐惧。

英国人破坏了印度传统的土地制度。新的法律甚至规定，被抵押的土地可以买卖。这就让大部分土地所有者破产了。地租不断上涨，农民必须将收成的五成到七点五成上缴政府。贫困开始蔓延。第一次工业革命促使大批英国产品流入印度，束手无策的印度工商业者只能坐等失业。威廉·本廷克勋爵的报告书中，有如下描述：

印度的贸易萧条导致了史无前例的悲惨后果。堆积如山的纺织工人的白骨把印度的平原都"染"成了白色。

穆斯林的不满,源自莫卧儿帝国的覆灭。他们满心期待,希望有名无实的莫卧儿皇帝能再次坐上皇位。换句话说,穆斯林希望能够赶走英国势力,重建伊斯兰帝国。

印度总督詹姆斯·布龙-拉姆齐的历史性发言,成为印度王公动摇的原因。能否生出继承王位的嗣子,根本就不是人的意志能控制的。英国人完全不顾这个自然法则,竟然否定了养子可以继承王位的做法。这简直就是一种杀人不见血的恶性侵略行为。这样的例子已经不胜枚举。不仅如此,奥德总督舒亚-乌德-达乌拉被罢黜后,英国人取下面具露出的凶狠表情,直到后世仍然让印度人心惊胆战。印度人无法想象,将来自己的命运和印度的命运将会如何。

后来,以不败自夸的英国军队出兵阿富汗,竟然输得惨不忍睹。第二次英国锡克战争,英国军队也以失败告终。英国军队不败的传说已成为过去。因此,所有印度人都有了相同的想法。那就是,如果趁势起来反抗……英国军队忙于应付国外的战线,留在印度的兵力十分薄弱。婆罗门、王公、前王公都蠢蠢欲动。在一触即发的危机中,所有印度人都在期待这一天的到来——推翻叫人忍无可忍的英国暴政,将英国侵略者赶出印度。

孟加拉军队主要由印度士兵组成。其中,大部分人都出身于高贵的种姓。在英国人看来,印度士兵经常做出各种反动的行为。为了挫败桀骜不驯的印度士兵的锐气,查尔斯·坎宁将旁遮普的锡克兵调到了孟加拉军队中。结果,这种做法却起了反效果。孟加拉兵和锡克兵经常起冲突,甚至为共用一口水井这样的小事起纷争。不久,军营中就充满了各种咒骂英国当局的声音,因为英国当局的做法实在是有违伦常。

当时,为了改善军备,英国给士兵发放了新恩菲尔德枪。在制造弹药夹时,为了方便装填子弹,也就是让子弹更容易装进弹药夹里,达姆达姆的兵工厂通常都会在弹药夹里涂一层油。而印度士兵在装填子弹时,长久以来的习惯是用牙咬破子弹的弹壳。

不知是谁先开始传的,军营中就有了涂抹在弹头上的油是牛油的谣言。对印度教教徒而言,牛是一种神圣的动物。给弹头涂抹牛油,简直就是对神圣宗教的一种亵渎。

穆斯林的军营中,流传的则是涂抹在弹头上的油是猪油的谣言。对穆斯林而言,猪是最忌讳的动物。一般认为,这两个谣言出现的原因,是英国人想让印度教教徒和穆斯林在不经意间做出违背自己宗教信仰的行为,以便他们将来能主动改信基督教。不管是牛油还是猪油,反正就是涂抹了某种动物性油脂的弹药夹事件,开始像大火一样在整个军营中蔓延。这让英国政府倍感狼狈。

为了暂时息事宁人,查尔斯·坎宁同意让印度士兵自己制作涂抹植物性油脂的弹药夹。这么做,等于从反面证实了弹药夹上涂抹的是动物性油脂的谣言的真实性,因此起到了反作用。军营中又出现了新的、更加夸张的谣言。那就是,英国人之所以发放新恩菲尔德枪,是因为他们企图打破印度过去的种姓制度。因此,一部分印度士兵拒绝使用新恩菲尔德枪。这些印度士兵像英雄一样接受了惩罚。于是,骚乱进一步扩大。

1857年1月,巴勒克布尔[①]发生了兵营纵火事件。1857年2月和1857年3月,穆斯达阿巴德的军队和巴汉保罗的军队发生了暴动。1857年5月,驻守奥德的军队也发生了暴动。不服从命令的士兵集体缺勤,最后还引发了流血事件。印度民族大起义的爆发已在所难免。

第4节　起义的经过

1857年5月10日下午,在密拉特发生的印度士兵暴动成为印度民族大起义

---

① 巴勒克布尔,位于加尔各答北面二十千米处。——译者注

密拉特的印度士兵暴动

的导火索。反抗上级的印度士兵破坏了军营中的禁闭室，杀了英国士官，救出了自己的同伴。很快，起义的印度士兵就逼近了英国士兵的宿舍。赫维茨将军目瞪口呆，尚未缓过神来时，印度士兵已经跑到密拉特的街上，见英国人就杀。为了消除暴政长期积压在心头的怨恨，为了从英国人的桎梏中挣脱出来，印度士兵选择了起义。起义是唯一能让他们看到希望的方法。印度士兵像潮水般涌向了德里近郊的村庄。每个村庄的人都用欢呼声迎接印度士兵的到来。愈来愈多的农民也加入了起义的队伍中。这样一来，起义的队伍就像雪球一样越滚越大。这支庞大的印度起义军，主要由农民义勇军组成。其中，还包含少数精锐的印度士兵。由骑兵部队作为先锋，印度起义军招揽了所到之处的百姓。

1857年5月11日清晨，印度起义军占领了位于密拉特南边四十英里处的莫卧儿帝国的首都德里。他们拥立了莫卧儿帝国的前傀儡皇帝巴哈杜尔·沙二世。

起义的消息通过电报传开。人们都在互相议论起义的事。因为无法抵挡庞大的印度起义军,所以密拉特的英国士兵自己引爆了火药库。之后,起义蔓延到坎普尔、拉茨库瑙和奥德。不出一个月,包括孟加拉在内的整个印度北部都出现了起义。印度北部的英国军队都处于孤立无援的状态,要么困守城寨,要么死守兵营,没有人能够抵挡住印度士兵复仇的子弹。

大部分王公及被罢黜的总督的后裔,也一跃而起。他们负责指挥印度起义军的行动。其中的典型人物有那纳·萨希卜[①]、坦蒂亚·阿里[②]和阿木德·乌

那纳·萨希卜

[①] 那纳·萨希卜,马拉塔帝国帕什瓦家的养子。养父死后,领地被英国人没收。他的本名是达努兹·潘特。人们一般称其为那纳·塞普里克。——原注
[②] 作为卓越的领导者,坦蒂亚·阿里在这场起义中获得了众人的仰赖。——原注

拉[①]。地主也响应了这次起义。愈来愈多的农民义勇军加入了起义的大军中。后来,起义还扩展到了印度中部,差一点就成为全印度规模的起义。

印度起义军唯一的弱点就是缺少快速将起义的消息传播出去的方法。政府设立的电信机关对印度起义军大门紧闭。因此,有些发动起义的地区因英国政府事先压制而没有成功。印度南部就是这种状况。因为埃尔金将军中途调回了派往中国的军队,并且实施了戒严令,所以加尔各答的起义军最终只能采取打游击战的方式。西北边境方面,英国司令官解除了白沙瓦的印度士兵和拉合尔的印度士兵的武装。失去武器的印度士兵最终没能成功起义。因为约翰·劳伦斯将军事先防范,旁遮普的印度士兵没能成功起义。因此,印度民族大起义没有成功发展为"全印度"规模的起义。

在成功起义的地区,参加起义的印度人进行了英勇的抗争,甚至将英国军队逼到了绝境。然而,印度起义军胜利在望时,英国方面派出的援军赶到了。

第5节　雄图未果

印度起义军和英国军队进入长期对峙状态,只是偶尔发生几场小冲突。德里的英国军队在部分城寨中死守。英国指挥官有的暴毙,有的负伤。就在生死存亡之际,约翰·尼科尔森将军麾下的救援军队包围了德里。1857年9月14日,装备精良、处于有利地位的英国救援军发起了总攻。在视死如归的英国救援军的持续猛攻下,印度起义军被迫解除了对德里的重围。莫卧儿帝国的皇帝巴哈杜尔·沙二世成为阶下囚。历史悠久的莫卧儿帝国终于画上了句号。后来,巴哈杜尔·沙二世被关进了仰光的监狱。经历了多灾多难的后半生后,巴哈杜尔·沙二世在监狱中驾崩。

坎普尔方面,英国军队带有威吓性的炮击,使三个团的印度士兵真的成为

[①] 即被罢黜的奥德总督舒亚-乌德-达乌拉。他亲自上阵,带领农民义勇军起义。——原注

巴哈杜尔·沙二世被英国士兵捕获

叛军。在那纳·萨希卜的指挥下,印度士兵包围了街市。英国军队成为瓮中之鳖。一阵血雨腥风过后,1857年6月27日,防守的英国军队投降。于是,占领了安拉阿巴德的内尔将军率军前去救援。

拉茨库瑙的英国军队在驻扎的官邸中困守。在困守的第八十七天,也就是1857年9月25日,哈夫洛克将军的增援部队进入该官邸。不过,因为阿木

印度士兵围攻坎普尔

围攻坎普尔期间的屠杀行为

德·乌拉指挥的农民义勇军和印度士兵联合军的顽强抵抗,英国军队并未突破重围。1858年3月,科林·坎贝尔将军的救援军才成功挫败了阿木德·乌拉指挥的农民义勇军和印度士兵联合军的攻击。

因为瓜廖尔和占西的旧马拉塔军进行了顽强的反英运动,所以英国军队被迫撤退。要夺回对瓜廖尔和占西的统治权,英国军队必须花费更大的力气。

在所有地区的起义中,奥德的起义是最有气势的。坦蒂亚·托比用兵神速,经常让英国军队输得一败涂地。这让英国军队深感困扰。整个奥德上下一心,紧紧地团结在了一起。不过,在面对强大的英国军队时,坦蒂亚·托比的军队还是不堪一击。在印度驻扎的英国军队和刚抵达印度的英国军队协同作战,狂扫了整个奥德。印度士兵勉强进行了一段时间的游击战。1859年4月,坦蒂亚·托比被俘,继而被杀害。因此,奥德的起义之火就像炭火一样,只是冒了些烟,不久就熄灭了。

第6节　失败与反思

就这样,印度民族大起义最后宣告失败。英国人开始了令人发指的报复行动。查尔斯·坎宁发表了如下宣言:

> 印度的统治建立在公平的法律和宽容的宗教基础上。因此,参加这次叛乱的人中,除直接动手杀害英国人的人之外,其他人全部可以得到赦免。

稍微安抚民心后,英国人就单方面开始了报复性的屠杀。无论男女老幼,无辜的印度人都被英国人逮捕。

> 我们可以从英国议会的记录和印度总督颁发的各种文件中了解到,当时的老人、妇女和儿童,和犯了叛乱罪的人一样,全部成为这次叛乱的牺牲品。……英国人没有放过他们中的任何一个人。英国人还以折磨印度人为乐,并且以此作为他们泄恨的方式。英国人甚至大言不惭地将这些事情说出来,并且毫不犹豫地将其记录在案。……
>
> 数日后,英国军事会议的裁判官和监督官,终日坐在椅子上,不停地下达绞杀印度人的判决。一群只是因为好玩才给印度起义军举旗和敲锣打鼓的少年,在经过一番审问后,全部被判处死刑。……
>
> 由英国人组成的绞杀队大摇大摆地出现在街头巷尾。其中,还有很多业余的死刑执行官。某位英国绅士还想出了利用杧果树作为绞刑架,利用大象作为吊台的颇具艺术气息的杀人方法。他还很自豪地说,这样的方法一次可以绞死很多人。[①]

[①] 出自凯伊和霍勒斯·海曼·威尔逊的《印度兵大叛乱的历史》。——原注

印度人家里不允许藏任何武器。如果刀刃长度超过六英寸①，即使只是一把小刀也不行。失去了武器的印度人的反抗，正是从这时开始的。下面我们来探讨一下印度民族大起义失败的原因。

第一，印度士兵不应该拥护早已失势的莫卧儿帝国的皇帝。如果是以印度的独立作为最终目标，那么所有被压迫的群体都应该参加印度民族大起义。然而，事实并非如此。海得拉巴的尼扎姆领地，大臣萨拉尔·江古的安抚，使百姓错失了起义的时机。从莫卧儿帝国中独立出来的尼扎姆，当然不愿看到莫卧儿帝国再次崛起。旁遮普的锡克教教徒组成的精锐部队之所以会投靠英国军队，是因为过去在莫卧儿帝国的统治下，锡克教教徒有一段十分惨痛的经历。锡克教教徒把莫卧儿帝国视为仇敌。尼泊尔的廓尔喀人之所以会积极地攻击印度士兵，也是出于同样的理由。

第二，王公和前王公成为印度民族大起义的领导者，使起义不够彻底。发现战况对自己不利，又听了查尔斯·坎宁发表的宣言后，王公和旧王公立刻选择了倒戈相向。宣言的内容是："可以保证王公的领地不受侵犯，并且承认自古流传下来的传统②。"

第三，没有强有力的海上部队。因此，面对从印度南部或通过海路前来的英国救援军时，印度起义军可以说是束手无策。

第四，各地起义军之间情报的交流不够密切。

第五，印度起义军的武器装备太落后。印度起义军用的是旧式武器。英国士兵用的则是大火力的枪和炮。

可以肯定的是，这场印度最初的独立战争，不是因为"一个坏蛋唆使九个傻蛋，并且对他们说，事已至此，你们已经回不了头了"后才发生的。在一些英国史学家的眼里，印度人要从英国人手中夺回自己的国家这样天经地义的想法，显得一文不值！

---

① 英寸，英制长度单位，1英寸等于0.0254米。——译者注
② 指可以由养子继承王位的传统。——译者注

可悲的是，印度民族大起义最终还是失败了。印度没能从英国的桎梏下挣脱出来。印度人不得不在英国的桎梏下继续不停挣扎，苟延残喘地活下去。

  有幸体会到战斗喜悦的勇士是幸福的。就是现在，不去刻意追求正义和荣耀的勇士来了，天门正在为他打开。

  然而，你如果逃避了这场正义的战争，那么作为抛弃义务、舍弃名誉的人，你将是有罪的。

  你的臭名将会代代流传。对高贵的人而言，臭名比死还可怕。[1]

---

[1] 出自《薄伽梵歌》第二章。——原注

第 17 章

英国政府直辖统治时代

（从 1858 年到 1919 年）

第1节 历史的中断

在莫卧儿帝国的皇帝巴哈杜尔·沙二世被罢黜，并且被关进仰光的监狱后，印度的历史就暂时中断了，因为印度的主权早已不复存在。这个名为"印度"的地区，只不过是一块隶属于英国的领地。在犯下罄竹难书的罪行后，英国东印度公司解体了。印度转而由英国国王直接管辖。印度总督开始有了"印度副王"的头衔之后，在接受英国的统治或参加英国的对外侵略战时，印度被贴上了英国殖民地的标签。因此，印度的历史被迫中断。对当时的史学家来说，印度史是否会被续写，取决于印度的反英抗争能否取得胜利。这也是当时的印度人不得不面对的一个非常现实的问题。他们深知，只有当黎明重新降临在印度的大地上——实现将英国人赶出印度的梦想后，印度史才会翻开崭新的一页。

印度历史的中断期，可以说是英国的殖民史，也可以说是用血和泪书写的反英抗争独立运动史。印度历史的中断期，从印度民族大起义失败开始，持续到印度人争取独立成功。下面，我们再次使用大事记的形式，简要介绍一下持续了将近一个世纪的印度历史的中断期。

1858年，在印度民族大起义尚未结束时，英国议会通过了《1858年印度政府法案》。根据这个法案的规定，英国东印度公司正式解散。英国政府的内阁中，设立了印度事务大臣①。查尔斯·坎宁被任命为第一任印度副王兼总督。

在印度民族大起义中，英国总共花费了四千万英镑的战争费用。1859年，通过发行印度国债的方式，查尔斯·坎宁将这笔费用全部加在了印度人身上。

因为这次印度叛乱，印度的财政陷入危机。在这种情况下，英国仍然要求印度支付英国增援军自英国出发后产生的所有费用，甚至连出发前六个月的费用也要求印度支付。②

1862年，詹姆斯·布鲁斯③成为印度副王兼总督。1862年11月，身在仰光监狱中的巴哈杜尔·沙二世驾崩。于是，莫卧儿帝国真的是名副其实地灭亡了。

第2节　英国向阿富汗扩张

1863年，在去印度北部旅行的过程中，任职一年多的詹姆斯·布鲁斯客死异乡。

1864年，约翰·劳伦斯成为印度副王兼总督。他在印度民族大起义时曾率领锡克军队巧妙地镇压了旁遮普的起义，由此声名大噪。

1865年，英国军队征服不丹，并且成功让杜哈特以实物的形式缴纳军备补偿金。

1866年，奥里萨发生大饥荒。因为奥里萨还没有修建公路和铁路，所以在

---

① 印度事务大臣，1858年，英国为了直接统治印度殖民地而设置的一个内阁职位。——译者注
② 出自温格特的记录。——原注
③ 詹姆斯·布鲁斯（1811—1863），英国殖民地行政官、外交官，第八代额尔金伯爵，担任印度副王兼总督的时间为1862年到1863年。——译者注

詹姆斯·布鲁斯

实施救援时耽误了很多时间。再加上受到美国南北战争[1]的影响,棉花的交易价格忽涨忽落,很多人都因此破产。

1869年,理查德·伯克[2]成为印度副王兼总督。和前任约翰·劳伦斯抱持的"巧妙旁观"想法不同,理查德·伯克将自己的魔爪伸向了阿富汗。他在安巴拉会见了阿富汗巴拉克扎伊王朝的国王谢尔·阿里·汗。不过,在实施对阿富汗的

理查德·伯克

---

[1] 南北战争,指从1861年到1865年,美国南北方之间发生的内战,最后南方军被打败,奴隶制被废除,美国重新统一。——译者注
[2] 理查德·伯克(1822—1872),英国政治家,第六代梅奥伯爵,担任印度副王兼总督的时间为1869年到1872年。——译者注

理查德·伯克被一个囚犯暗杀

政策前,1872年1月24日,在视察安达曼群岛①的流放地时,理查德·伯克被一个囚犯暗杀。

1872年,托马斯·巴林②成为印度副王兼总督。

---

① 安达曼群岛,位于孟加拉湾和缅甸海之间。——译者注
② 托马斯·巴林(1826—1904),英国政治家,第一代诺思布鲁克伯爵,担任印度副王兼总督的时间为1872年到1876年。——译者注

1874年，比哈尔发生大饥荒。

1876年，罗伯特·布尔沃-利顿[①]成为印度副王兼总督。带着英国对阿富汗政策赴任的他，立刻就强迫谢尔·阿里·汗答应英国使者进驻阿富汗的要求。然而，处在俄罗斯帝国和英国夹击中的谢尔·阿里·汗并没有轻易就范。

1877年，英国维多利亚女王举行了印度女皇的加冕兼即位仪式。德干、马德拉斯、孟买发生大饥荒。英国出兵阿富汗。

罗伯特·布尔沃 – 利顿

[①] 罗伯特·布尔沃-利顿（1831—1891），英国政治家、诗人，第一代利顿伯爵，担任印度副王兼总督的时间为1876年到1880年。——译者注

谢尔·阿里·汗

最后，谢尔·阿里·汗答应了俄罗斯帝国使者进驻阿富汗的要求。罗伯特·布尔沃-利顿立刻派出英国使者内维尔·张伯伦①一行，强迫谢尔·阿里·汗答应英国使者入驻阿富汗的要求。然而，在经过开伯尔山口时，内维尔·张伯伦一行遭到阿富汗守卫队的阻挠，没能成功进入阿富汗。于是，英国只好诉诸武力。1877年11月，第二次英国-阿富汗战争爆发。英国军队占领了贾拉拉巴德和坎大哈。为了躲避战火，谢尔·阿里·汗逃到了边境，后来因病而驾崩。

---

① 内维尔·张伯伦（1869—1940），英国政治家，1937年到1940年担任英国首相，主张绥靖主义外交政策。——译者注

签订《甘达马克条约》期间的穆罕默德·雅各布·汗（中）

  1879年，根据《甘达马克条约》[①]的规定，英国承认了谢尔·阿里·汗的儿子穆罕默德·雅各布·汗的统治地位，并且派出英国理事官进驻喀布尔。之后，阿富汗的外交事务全部得经过英国理事官的批准。不仅如此，阿富汗必须将克拉姆、皮辛及苏比的南部地区割让给英国。《甘达马克条约》完全就是一个让阿富汗人丧权辱国的条约。

  针对阿富汗，罗伯特·布尔沃-利顿采取的方针是，要让阿富汗恢复过去的状况，即分裂为喀布尔、赫拉特和坎大哈这三个国家。

---

① 《甘达马克条约》，1879年5月，英国和阿富汗之间签订的条约，该条约规定阿富汗必须把外交政策控制权交给英国。——译者注

知道了英国人的想法后，我们就不难理解，1879年在喀布尔发生的英国理事官及其护卫兵接连被杀事件，其实就是阿富汗人反英抗争的表现。对阿富汗人来说，杀害英国理事官及其护卫兵绝对不是一件好事。英国军队有一个叫弗雷德里克·罗伯茨[①]的百折不挠的年轻将军。他立刻派兵夺回了喀布尔，并且逼迫穆罕默德·雅各布·汗退位了。

弗雷德里克·罗伯茨

---

① 弗雷德里克·罗伯茨（1832—1914），第一代罗伯茨伯爵，英国维多利亚女王时期著名军事家。——译者注

阿卜杜勒·拉赫曼·汗

  1880年，罗伯特·布尔沃-利顿因英国内阁更迭的关系而卸任。他的继任者是乔治·罗宾逊[1]。乔治·罗宾逊扶持了阿卜杜勒·拉赫曼·汗[2]为阿富汗的统治者。阿卜杜勒·拉赫曼·汗是谢尔·阿里·汗的侄子[3]。乔治·罗宾逊还把坎大哈归还给了这位新国王。为此，迈万德的英国军队遭到了王位竞争者阿尤布·汗的报复。在从喀布尔到坎大哈之间的三百一十八英里的土地上，由两

---

[1] 乔治·罗宾逊（1827年—1909），第一代里彭侯爵，英国政治家，担任印度副王兼总督的时间为1880年到1884年。——译者注
[2] 阿卜杜勒·拉赫曼·汗（1844—1901），阿富汗巴拉克扎伊王朝的国王。——译者注
[3] 阿卜杜勒·拉赫曼·汗的父亲穆罕默德·阿夫扎勒·汗是谢尔·阿里·汗的哥哥。——译者注

千八百名欧洲士兵和七千名印度士兵组成的救援军展开了猛烈的反击,仅仅花了二十三天的时间,英国军队就让阿尤布·汗放弃了对王位的争夺。这让当时的指挥官弗雷德里克·罗伯茨名留青史。后来,英国军队撤出了阿富汗战线。

1881年,英国允许迈索尔王国重建,并且将查马拉金德拉·瓦迪亚尔十世扶上王位。

1882年,英国政府取消了棉织品的关税和棉花的出口税。这更有利于第二次工业革命后英国兰开夏[①]的纺织品顺利进入印度市场。印度的纺织业被免税的英国棉制品压垮。英国人可以随意决定印度棉花的价格。

阿尤布·汗

① 兰开夏,位于今英格兰西北部的一个郡。——译者注

第3节　印度国民大会党的诞生

在乔治·罗宾逊担任印度副王兼总督期间，考特尼·伊尔伯特[①]提出了一项用自己的名字命名的《伊尔伯特法案》。如果《伊尔伯特法案》顺利通过，立法议会将会制定一条法律，即在印度的英国人必须遵守印度的法律。也就是所谓的"英印同权论"。因为，印度人非常支持《伊尔伯特法案》。

乔治·罗宾逊的想法是，通过制定以《伊尔伯特法案》为基础的法律来向印度人表示英国人是公平正义的。不过，从英国人的角度来看，如果印度的法

乔治·罗宾逊

[①] 考特尼·伊尔伯特（1841—1924），印度总督执行委员会法律顾问。——译者注

律将要适用在英国人身上，那么这和让自己与"低贱的印度人"坐在一起没什么两样。因为英国人认为这都是有辱自己身份的事。某些政府官员也公然表示反对，理由是英国人遵守印度的法律有损统治阶层的威严。于是，在决定是否通过《伊尔伯特法案》时，英国人附加了必须采用欧洲人的陪审制度这个保留条件。《伊尔伯特法案》最终于1884年通过。现在，制定以《伊尔伯特法案》为基础的法律的目的依然让人难以理解。明显，这条法律制定出来时，就已经失去了其原有的意义。

通过这件事，印度人对长久以来自己尊敬的、作为统治阶层的英国人的真面目，有了更加清楚的认识。只要一涉及利害关系，满口正义、人道的英国人就会做出颠倒是非黑白的事。

此前，印度出现了几次以弘扬民族精神为目的的宗教运动[①]。其中，由罗摩克里希纳[②]及其弟子斯瓦米·维韦卡南达[③]主导的"罗摩克里希纳运动"，更是在印度人的心中刮起了一场充满民族激情的风暴。他们大力倡导和弘扬古代印度民族精神，主张恢复对印度教神明的崇拜，以及被基督教牧师鄙视的印度教传统礼拜方法。

1883年，受到以上种种民族振兴运动的影响，由苏伦德拉纳特·巴内杰亚[④]建立的印度协会在加尔各答组织并召开了印度国民大会。印度民族运动的规模不断扩大，进入了一个更加蓬勃发展的时期。洞悉这一形势的英国当局担心，如果放任不管，印度协会将来必定会发展成一大政党。于是，英国当局组织了一个御用团体[⑤]，希望能够阻碍印度协会的发展，同时缓和印度人高涨的反英情绪。

这时，登场的是一个叫艾伦·奥克塔文·休姆的退休官员。在罗伯特·布尔

---

① 参考第16章的内容。——原注
② 罗摩克里希纳（1836—1886），印度著名神秘学家。——译者注
③ 斯瓦米·维韦卡南达（1863—1902），又名辨喜，印度教哲学家。——译者注
④ 苏伦德拉纳特·巴内杰亚（1848—1925），印度国民大会党温和派领袖。——译者注
⑤ 指专门支持英国政府，为英国政府服务的团体。——译者注

艾伦·奥克塔文·休姆

沃-利顿任印度副王兼总督期间,艾伦·奥克塔文·休姆曾任内务长官和农商务长官。他的很多知己都是印度人。根据时任印度副王兼总督弗雷德里克·汉密尔顿-坦普尔-布莱克伍德[①]的指示,艾伦·奥克塔文·休姆设立了一个专门应对印度民族主义精神高涨的缓冲机构。这就是印度国民大会党的前身。

1885年12月28日,来自印度各地的七十二名有志者,推选苏伦德拉纳特·巴内杰亚为主席,在孟买召开了第一次印度国民大会。"我们的诉求是,希望政府的职能能够得到进一步扩大,同时赋予印度人适当、正当的参政权。"

[①] 弗雷德里克·汉密尔顿-坦普尔-布莱克伍德(1826—1902),英国政治家,第一代达弗林侯爵兼阿瓦侯爵,担任印度副王兼总督的时间为1884年到1888年。——译者注

这就是第一次印度国民大会通过的一个比较中庸的决议。整个会议使用的都是英语。由此可见，印度国民大会只是英国的御用团体。与其说印度国民大会是民族主义的代表，不如说它是自由主义的温床。

第二次印度国民大会在加尔各答召开。第三次印度国民大会则在马德拉斯召开。在印度各主要城市接连召开的印度国民大会，给印度人灌输的都是温水煮青蛙式的思想。不过，印度人觉醒的日子很快就来了。

第4节 从第三次英缅战争到日俄战争

1885年，俄罗斯帝国和阿富汗发生了冲突。最终，俄罗斯帝国和阿富汗没有诉诸武力，而是以外交的方式和平解决了冲突。然而，战争在另一边爆发了。这就是第三次英缅战争。占据缅甸北部地区的贡榜王朝国王锡袍，有了收复失地的想法。他想从英国人手中夺回在前两次英缅战争中被英国占领的土地。然而，仅凭他一个人的力量恐怕难成大业。于是，锡袍向在印度和中国都有据点的法兰西人提出了支援的请求。

在东亚发生的英法殖民地争夺战，即将在缅甸发生。贡榜王朝政府的反英态度，可以从其对英国公司收取极高的罚款这一点看出。在察觉到贡榜王朝政府的反英态度后，1885年11月14日，英国派兵攻打缅甸，并且成功将缅甸划入了英属印度的管辖范围。锡袍则被流放到了孟买海岸边的拉特纳吉里。然而，包括曼德勒在内的缅甸北部地区的战乱并没有因此停息。此后，面对剽悍的缅甸人的游击战术，英国人不得不进行了长期的扫荡战。

1887年，英国领地俾路支和印度合并。

1888年，英国军队远征哈瓦拉。亨利·佩蒂-菲茨莫里斯[①]成为印度副王兼总督。

[①] 亨利·佩蒂-菲茨莫里斯（1845—1927），英国政治家，第五代兰斯当侯爵，担任印度副王兼总督的时间为1888年到1894年。——译者注

贡榜王朝的末代国王锡袍退位

锡袍即将踏上流放之路

1889年,缅甸的扫荡战终结。

1890年,清政府被迫承认英国对锡金王国①的保护权。

1891年,英国军队远征阿萨姆的曼尼普尔王国②。曼尼普尔王国爆发了叛乱,国王逃往英国领地,国内暴乱四起。亨利·佩蒂-菲茨莫里斯命令詹姆斯·华莱士·昆顿将军率军前去镇压。然而,詹姆斯·华莱士·昆顿将军率领的军队,中

亨利·佩蒂-菲茨莫里斯

① 锡金王国,1642年到1975年统治今印度锡金邦的王国。——译者注
② 曼尼普尔王国,统治今印度曼尼普尔邦的一个王国,1824年开始成为英属印度下的土邦。——译者注

维克托·布鲁斯

了企图篡夺王位的叛徒的奸计,全军覆没。于是,英国派出了更大规模的军队远征曼尼普尔王国。该事件被称为"阿萨姆之变"。

1894年,维克托·布鲁斯[①]成为印度副王兼总督。趁着奇特拉尔[②]发生内乱,英国军队强行进驻当地。

1896年,饥荒和疫病蔓延全印度。

---

① 维克托·布鲁斯(1849—1917),英国政治家,第九代额尔金伯爵,担任印度副王兼总督的时间为1894年到1899年。——译者注
② 奇特拉尔,位于今巴基斯坦西北部。——译者注

乔治·寇松

1897年，缅甸归印度副总督管理。瓦吉利人、斯瓦奇人、穆胡姆人、阿弗里迪斯人等阿富汗边境的民族举兵反英。

1899年，乔治·寇松[①]成为印度副王兼总督。努什基及俾路支的尼亚巴特成为英国统治的区域。

1903年，八万四千二百人死于疫病。

---

① 乔治·寇松（1859—1925），英国政治家，第一代凯德尔斯顿的寇松侯爵，担任印度副王兼总督的时间为1899年到1905年。——译者注

第5节　第二次印度民族解放运动的兴起与巴尔·甘加达尔·蒂拉克

在1904年到1905年的日俄战争①中,日本最终大获全胜。得知这个消息后,全东亚的人都热血沸腾了。在听到这个消息后,印度人重新审视了周围的局势,并且研究了自身所处状况。然后,印度人进行了非常深刻的反省。

日本一跃成为亚洲的霸主。在瞻仰日本活跃于世界舞台中的英姿时,印度人不禁为自己也是亚洲人而感到自豪。确实,日本给整个亚洲都注入了生气。新的希望之光出现在东方,并且放射出耀眼光芒。印度人觉醒了,并且有了自信。与此同时,印度出现了革命领导人巴尔·甘加达尔·蒂拉克②。

巴尔·甘加达尔·蒂拉克

---

① 日俄战争,1904年2月8日到1905年9月5日,日本和俄罗斯帝国为了争夺朝鲜半岛和中国东北而进行的战争。——译者注
② 巴尔·甘加达尔·蒂拉克(1856—1920),印度民族主义者,印度国民大会党早期的一个领袖。——译者注

巴尔·甘加达尔·蒂拉克出生于浦那，长大后在孟买大学学习数学、历史学和法律学，专攻16世纪和17世纪的马拉塔史。学生时期，他心中已经有了反英思想。毕业后，巴尔·甘加达尔·蒂拉克立刻在浦那创办了两种新闻刊物，一种是《狮报》，另一种是《马拉塔人报》。他创办这两种刊物的目的是向印度人宣传政治思想。巴尔·甘加达尔·蒂拉克崇拜马拉塔人的英雄希瓦吉，并且认为只有继承希瓦吉救国济世的精神，才是真正热爱印度的表现。他在刊物中使用热情的笔触向印度人传达了希瓦吉救国济世的精神。

1905年，孟加拉分治问题出现。这是乔治·寇松费尽心思想出的一个一石二鸟的政策，即所谓的"分割法案"。一方面，永久废除孟加拉的扎明达尔制度，增收地租。另一方面，分离印度教教徒和穆斯林。按乔治·寇松的计划，孟加拉将被一分为二：东孟加拉由阿萨姆一个州组成；西孟加拉由比哈尔和奥里萨共同组成。

当时，反对分割孟加拉的声音传遍了孟加拉甚至全印度。所有印度人都看穿了英国政府的如意算盘，那就是先分离印度教教徒和穆斯林，最后再让他们互相残杀。

在这样的情况下，巴尔·甘加达尔·蒂拉克勇敢地站了出来，成为印度人的领导者。他倡导希瓦吉的反英精神，讲述《薄伽梵歌》中为了正义毅然参战的奎师那的故事。他还号召印度人抵制英国商品，高呼不要购买英国商品。

1906年，第二十二次印度国民大会在加尔各答举行。按照过去的方式，如果印度人只是一味苦苦哀求，英国政府根本就不会理会。认清这一点后，巴尔·甘加达尔·蒂拉克提议要联合抵制英国商品，以便向英国政府提出强烈抗议。然而，印度国民大会党中的大部分人都是温和派。在得知巴尔·甘加达尔·蒂拉克的提案后，以戈卡莱为首的温和派开始暗自担心他将会坐上印度国民大会党主席的位子。

> 印度国民大会党的活动，要不就是向英国政府请愿，要不就是

讨好英国政府，要不就是进行抗议活动。然而，这么做一点用都没有。看看日本进行革新的例子①吧。学学有骨气的日本人吧。

以上就是巴尔·甘加达尔·蒂拉克的观点。为了牵制他的势力，温和派推选被认为是印度国民大会党之父、性情温和的达达拜·瑙罗吉做了主席。然而，讽刺的是，性情温和的达达拜·瑙罗吉竟然一反常态，用从未有过的强硬态度通过了决议。这让印度国民大会党的性质发生了根本改变。而这次通过的决议，是斯瓦拉吉②和斯瓦德希③的宣言。

有一股潜藏在印度人中的单凭一己之力已经无法左右的强大势力，正在不断膨胀。精明的达达拜·瑙罗吉看透了其中的利害关系，故意没有压制激进派的行动。

就这样，1905年爆发了以孟加拉的"分割法案"为导火索的反英运动。这次反英运动持续了三年时间。农村方面，农民发动了武装起义。城市方面，铁路工人和纺织工人开展了罢工运动。这次反英运动蔓延到了全印度，史称"第二次印度民族解放运动"。1908年，根据治安法的相关规定，巴尔·甘加达尔·蒂拉克一派全被逮捕。这宣告了第二次印度民族解放运动失败。此后，印度民族解放运动转入地下。表面上，印度成了温和派的天下。

第6节　第一次世界大战

借助临时通过的治安法，英国政府勉强逮捕了所有参加第二次印度民族解放运动的人。之后，英国政府深刻体会到，必须对参加第二次印度民族解放运动的人采用怀柔政策，尽快扑灭越烧越旺的印度民族精神之火。于是，1905

---

① 指日俄战争。——原注
② 意思是自治。——原注
③ 意思是使用国货。——原注

第四代明托伯爵吉尔伯特·埃利奥特-默里-基宁蒙德

年代替乔治·寇松成为印度副王兼总督的第四代明托伯爵吉尔伯特·埃利奥特-默里-基宁蒙德①，与英国的印度事务大臣约翰·莫利②合作，公布了改革试行法案，即《莫利-明托改革法案》。

① 第四代明托伯爵吉尔伯特·埃利奥特-默里-基宁蒙德（1845—1914），担任印度副王兼总督的时间为1905年到1910年。——译者注
② 约翰·莫利（1838—1923），第一代布莱克本的莫利子爵，英国政治家、作家。——译者注

约翰·莫利和第四代明托伯爵吉尔伯特·埃利奥特-默里-基宁蒙德的合作产生了奇妙的相乘效应。约翰·莫利是一个看重理论、做事一板一眼的人。而第四代明托伯爵吉尔伯特·埃利奥特-默里-基宁蒙德是一个看重实践、处事圆滑的人。简单来说,《莫利-明托改革法案》就是一个不折不扣的妥协法案,即中央立法议会的固定成员由十六名增加到了六十名。州议会方面,除旁遮普和缅甸之外,固定成员的名额由三十名增加到五十名。此外,印度人也可以成为议员。同时,考虑到1906年成立的全印穆斯林联盟[①]的诉求,选举时将会施行宗

约翰·莫利

---

① 全印穆斯林联盟,英属印度时期的政党之一,1906年创建,宗旨是建立独立的伊斯兰国家。——译者注

教类别比例制等制度。所谓的宗教类别比例制，应该说是英国的惯用伎俩，其实就是分离印度教教徒和穆斯林的政策。

以阿迦·汗三世[①]为领袖的全印穆斯林联盟当然非常赞同《莫利-明托改革法案》。不仅如此，逐步取得政权的印度国民大会党中的温和派，也暂时对《莫利-明托改革法案》表示满意。1911年，英属印度的首都由加尔各答迁往德里。印度人终于在短时间内迎来了相对和平的时代。

阿迦·汗三世

[①] 阿迦·汗三世（1877—1957），伊斯兰教什叶派的支派伊斯玛仪派第四十八代伊玛目（宗教领袖），全印穆斯林联盟的创立者之一。——译者注

查尔斯·哈丁

  1910年，查尔斯·哈丁①代替第四代明托伯爵吉尔伯特·埃利奥特-默里-基宁蒙德成为印度副王兼总督。从1914年春开始，以欧洲为中心的世界局势可以说是剑拔弩张。

  1914年7月，欧洲大战爆发了。之后，欧洲大战很快就发展成了第一次世界大战。这时，印度的一举一动就显得尤其重要。

  一个大阴谋正在酝酿中。位于美国的印度人组织加达尔②党，号召印度的同胞，以拉合尔为中心，频繁开展活动。这就是所谓的拉合尔事件。对亡命美

---

① 查尔斯·哈丁（1858—1944），第一代彭斯赫斯特的哈丁男爵，英国政治家、外交官，担任印度副王兼总督的时间为1910年到1916年。——译者注
② 叛乱的意思。——原注

国的加达尔党人来说，第一次世界大战是一个争取独立的大好机会。他们乘坐日本汽船"土佐丸"号回到了印度，并且以旁遮普为据点，密谋起义。加达尔党人准备了武器。为了获得资金，他们还袭击了政府的金库。做好了万全准备后，加达尔党人计划在1915年2月21日发动全印度规模的大起义。然而，事发前出现了告密者，大部分相关人员全部被捕。于是，这次起义还在萌芽阶段就被人摘掉了嫩芽。

还有一件令英国政府胆战心惊的事，那就是穆斯林的动向。在第一次世界大战中，以伊斯兰教为国教的奥斯曼帝国[①]站在了德意志帝国一边。因此，印度的穆斯林士兵拒绝向奥斯曼帝国的哈里发[②]开枪。最后，英国政府发表声明，表示即使和奥斯曼帝国开战，也绝对不会攻打伊斯兰教的圣地。这才勉强渡过了难关。

可以说，整个印度都被卷进了战争的旋涡中。最先行动的是英国支配下的附庸——人称"第五部队"的印度王公。为了进一步向英国表达自己的忠心，印度王公决定将麾下的军队派往遥远的欧洲。于是，大批印度士兵被源源不断地送到了欧洲。在美索不达米亚、波斯、巴勒斯坦，甚至在东非，都能看到印度士兵奋勇作战的身影。

作为兵站基地，印度发挥了巨大的作用。当时，印度所有工业都被用于制造军需品。印度人还被强迫捐献战时所需的物资。印度的资源眼看就要消耗殆尽。然而，英国还需要更多的印度士兵和军费。于是，1917年8月20日，印度事务大臣埃德温·蒙塔古发表了历史性的宣言：

> 英国政府对印度的方针是，将增加所有施政部门的印度人的人

[①] 奥斯曼帝国，由奥斯曼土耳其人建立的多民族国家，是一个军事帝国，第一次世界大战后解体。——译者注
[②] 奥斯曼帝国强盛时期自封为全世界伊斯兰教中心，其统治者哈里发在伊斯兰世界拥有很高的宗教权威。——译者注

数,对作为英国重要组成部分的印度,英国将实施以实现责任政府①的进步为目的的促进自治制度渐进发展的政策。……

责任政府、自治制度——英国政府的印度事务大臣的口中,说出了这些从未听过的词。听到该宣言后,印度人都站在了英国一方。有人捐款,有人买公债。年轻壮实的印度男子纷纷在欧洲的战场上战死,因为他们成为欧洲人在前线设置的挡箭牌。剽悍的旁遮普士兵和不屈不挠的锡克教教徒,为了实现印度的自治,一个个都视死如归地奔赴沙场。1918年11月11日,耗费约一亿英镑的军事公债、调动约八十万名印度士兵和四十万名非战斗人员②的第一次世界大战,随着休战号角的吹响宣告结束。

第7节 《罗拉特法案》

埃德温·蒙塔古抵达印度后,和时任印度副王兼总督弗雷德里克·塞西杰③一起全面视察了印度的政情。在第一次世界大战的结果终于揭晓的1918年8月,人称"蒙塔古-切姆斯福德报告"的报告书④被公布于世。"第一次世界大战后,印度人一直在等待。印度人压下了愤懑的情绪,保持攻击的姿势,尽管不能说充满希望,但还是满心期待地等待着。"⑤这个报告书真的就是印度人期盼已久的东西吗?所谓的蒙塔古-切姆斯福德报告的要点如下。

州的政治机关采用明确的两头政治制度⑥。行政机关和立法机关虽然录

---

① 责任政府,指在管理社会的过程中,积极主动地就自己的决策向人民负责的政府。——译者注
② 指军队中不从事战斗的人员,如从事医疗卫生、通信等工作的人员。——译者注
③ 弗雷德里克·塞西杰(1868—1933),第一代切姆斯福德子爵,担任印度副王兼总督的时间为1916年到1921年。——译者注
④ 后来成为1919年以后施行的《蒙塔古-切姆斯福德改革案》的核心部分。——原注
⑤ 出自贾瓦哈拉尔·尼赫鲁的记录。——原注
⑥ 由印度人和英国人共同参与的政治制度。——译者注

用了较多的印度人,但一旦涉及州的责任归属,如保留事项①,则依然全部掌握在英国人的手里。移交事项②则由从印度人中选出的官员负责。也就是说,表面上看起来非常公平、公正,但实际上英国人手中掌握着的保留事项才是最重要的部分。转交到印度人手里的几乎都是一些次要的政治权力。州施行上下两院制,增加了议员的席位,废除了间接选举制,导入了直接选举制。不过,选举依然按照不同宗教派别分别举行。其目的还是激化各宗派间的矛盾和对立。

这就是英国许诺的第一次世界大战后要还给印度的"自治"。印度人仅仅得到了一点蝇头小利。印度副王兼总督依然拥有号令整个印度的至高权力。

1919年2月6日,察觉到人心不稳的英国政府施行了人称"黑暗法案"的《罗拉特法案》。根据《罗拉特法案》的规定,英国士兵、警察、官员,不需要任何理由及任何证据,就可以逮捕任何印度人!于是,印度再次成为独立运动的舞台。

---

① 包括司法、警察、土地、水利、山林等方面。——原注
② 包括教育、保健卫生、农业方面。——原注

第18章

独立运动和太平洋战争时的印度

（1919年以后）

第1节 圣雄甘地

"即使是基督教，也没能在其存续的漫长岁月里，获得堪比誉满全球的甘地那样的声望。"这是一位美国作家说的话，充满了对甘地的羡慕和赞叹。这句话也是对甘地的最好诠释。

1869年，甘地出生。甘地的父母宗教信仰非常虔诚。在父母的培养下，十九岁时，甘地就到英国留学，接受了英国的大学教育。二十二岁时，甘地回到印度，开始从事律师工作。不久，甘地前往南非，成为一名知名的社会运动家。1914年，甘地回到印度，领导了萨蒂亚格拉哈[①]运动，逐渐在印度人中积累起很高的威望。

《罗拉特法案》就是在这个时候施行的。为了反对臭名昭著《罗拉特法案》，甘地挺身而出。印度国民大会党立刻推选他为主席。平时沉着、稳重的甘地，就像一个激进派人士，充满热情地投入了反对《罗拉特法案》的运动中。在看到了甘地的实际行动后，印度国民大会党的成员深受感动，也一起加

---

① 意思是坚持真理。——译者注

甘地

入了反对《罗拉特法案》的运动中。后来，为了表示对甘地的敬意，人们称他为"圣雄"①。

甘地提出申请，要将实施黑暗的《罗拉特法案》后的第一个星期日定为国民默哀日。在这天，所有印度人都要放下手中的工作，也就是罢工，断食一天，并且举行反《罗拉特法案》大会。于是，各地都掀起了反英风暴。在旁遮普、拉合尔和德里，兴奋的百姓和警察发生了小冲突。在阿姆利则②，无辜的百姓遭遇了大屠杀。

① "圣雄"，意思是伟大的灵魂。——译者注
② 阿姆利则，位于今印度西北部旁遮普邦。——译者注

当天，正好是一个庆典节日。在阿姆利则的札连瓦拉园，许多打扮华丽的妇女带着自己的小孩，聆听关于批判政府不法行为的演说。当时，共有两万名来自各阶层的听众，在高墙环绕的公园广场里聚集。一个青年正在台上发表激情洋溢的演说。就在这时，雷金纳德·戴尔将军带领手持机关枪的英国士兵堵住了公园唯一的一个出入口。他并没有命令众人离开。三十秒后，他就下令开枪扫射。英国士兵的扫射持续了将近十分钟。妇女和儿童纷纷倒地。英国士兵打光了所有子弹。当场死伤的无辜百姓超过两千人。后来，伤重的人因长时间得不到救治而身亡。

雷金纳德·戴尔将军

据说，雷金纳德·戴尔曾公然宣称，他的这次行动完全是为了维护英国的威信，是十分必要的。遗憾的是，在还没有给印度人足够的惩罚时，子弹就打完了。英国议会赞赏了雷金纳德·戴尔的这个"勇敢、高明的举动"。作为凶手，雷金纳德·戴尔非但没有受到应有的惩罚，反倒至死都在领取印度政府发放给他的养老金。

这就是摘掉面具后英国人露出的真面目！

阿姆利则惨案发生后，甘地愈来愈趋向于使用非暴力不合作的方式抗争。1920年9月，在加尔各答召开的特别国民大会通过了具有历史意义的甘地的非暴力不合作运动提案。甘地的非暴力不合作运动主要包括以下内容：

第一，退还所有英国政府授予的称号及勋章等佩戴物品。

第二，抵制所有官方机构及半官方机构。

第三，拒绝接受英国教育，并且开设印度人的教育机构。

第四，抵制法律专家、诉讼关系人和法庭。

第五，抵制有军事关系的政府机关。

第六，必须使用印度制造的布匹，并且抵制英国商品。

第七，鼓励手工纺织。

第八，绝不支付英国政府要求的税金和借贷费用。

第九，拒绝服从英国政府的命令，拒绝遵守英国政府的法律。

为了确保非暴力不合作运动的顺利推行，甘地以奇拉克自治资金的名义，要求印度人在三个月内筹集一千万卢比的资金。

很快，资金从四面八方汇聚过来。纸币和铜币，就像奔流一样，汇集到一起。在印度国民大会会堂门前，总能看到衣衫褴褛的乞丐战战兢兢地将自己辛苦一天讨来的少得可怜的铜币捐出来的场景。有时，他们捐出来的竟是大米和玉米，因为这就是他们当天所能讨要到的全部。

三个月不到，奇拉克自治资金就全部筹齐了。非暴力不合作运动还得到了穆斯林的支持。以阿里兄弟为首的众多人士都被关进了监狱。因为奥斯曼帝国的哈里发问题,所以穆斯林和英国人处于抗争中。穆斯林愈来愈支持印度国民大会党的行动。

1921年7月31日,甘地点燃了从孟买收集来堆积如山的英国造棉布,将其烧为灰烬。接着,印度开始了排斥英国货币和抵制英国商品的运动。随着该运动的发展,英国政府的压制力度也逐步加强。众多领袖一个接一个地被捕。不过,他们都是心甘情愿的。因为他们拒绝接受法庭的审判,所以英国法官直接判处他们有罪。这就是非暴力不合作运动的抗争。在狱中,这些领袖同样拒绝了所有犯人都应该履行的义务。

1922年2月4日,楚里基亚拉发生了百姓打伤官员事件。甘地认为出现这种情况,违背了自己的信念,便下令终止了非暴力不合作运动。对好不容易高涨起来的印度独立运动精神来说,这绝对是一个不小的打击。印度人感到意志消沉。甘地在印度人心中的地位也一落千丈。就在这时,英国使出了撒手锏——1922年3月10日22时30分,英国士兵逮捕了身处阿什拉姆家中的甘地。

第2节 甘地的斗争

甘地已经和印度独立运动密不可分。他和印度人之间,也有难以割舍的羁绊。要想了解甘地采取的斗争方法及斗争的整个经过,我们可以看看法院审判时甘地的下述陈词。

> 我觉得有必要向英国人和印度人讲述一下自己是怎样从一个忠实的臣民和合作者,转变成一个彻彻底底的反叛者和不合作者的。我也必须向当庭的法官和陪审团陈述一下,对被指控对依照印度法律设立的政府愈来愈不满的这条罪状,我是否认罪。
>
> 我的社会运动生涯,始于1893年动荡的南非。在南非,我和英国官员有一次很不愉快的接触。当时,我意识到,作为一个人,一个印度

人，我竟然无法享有某些权利。更准确地说，我意识到的是，正因为我是一个印度人，所以我才无法享有某些作为人应当享有的权利。

然而，我并没有因此而气馁。我认为，印度人之所以会有这样的遭遇，从根本上来说，是因为当前的政府中出现了一些本不该有的问题。我绝对没有想过要破坏当前的政府，而只是想批判我认为不完善的部分。我真心想要帮助政府。1899年发生的第二次布尔战争[①]，使英国的存在受到了威胁。当时，我就主动提出要为政府效力，组织了义勇兵救护队。为了援助莱迪史密斯[②]战场，我还数次参加了战斗。1906年祖鲁[③]发生"叛乱"时，我组织了担架队，一直效力到"叛乱"结束。这两次，我都被英国政府授予了勋章。我的事迹还被刊登在报纸上。我在非洲的活动，被哈古授予了荣誉奖章。1914年，英德战争[④]爆发时，我发动在伦敦的印度学生，组成了义勇兵救护队。为此，我还获得了英国政府的嘉奖。最后，1918年，在德里召开战争对策会议时，为了响应印度副王兼总督弗雷德里克·塞西杰需要征召大量新兵的特别号召，我不顾自己的身体健康，在库赫达为征兵工作竭尽全力。后来，战争宣告结束，我接到了不再需要继续征兵的命令。我之所以会不遗余力地为英国政府效力，是因为我坚信，通过自己做出的努力和贡献，我能够从英国政府那里为印度人争取到绝对平等的地位。这就是支撑我努力到今天的唯一信念。

后来，英国政府颁布了《罗拉特法案》。为此，我第一次感到愕然。这完全就是一项企图剥夺所有印度人自由的法案。于是，在责任心的驱使下，我毅然决然地领导了数次猛烈抨击《罗拉特法案》的运

---

① 第二次布尔战争，1899年到1902年，英国与南非布尔人建立的共和国之间的战争。——译者注
② 位于今南非西北部。——译者注
③ 祖鲁，位于今南非。——译者注
④ 英德战争，指1914年第一次世界大战中，英国和德意志帝国之间的战争。——译者注

动。接下来，发生了旁遮普的恐怖事件，以阿姆利则惨案为序曲，后来接二连三地发生了在公众面前殴打、鞭笞印度人的侮辱事件。这些事件真的是不胜枚举。我清楚地意识到，英国首相向印度穆斯林做出的绝对不会破坏奥斯曼帝国和伊斯兰教圣地的承诺，恐怕也很难履行。然而，我故意忽视了自己的种种预感，以及1919年在阿姆利则召开国民大会时，朋友对我做出的严峻警告。我一直都在祈祷，英国首相会履行他对穆斯林的承诺，阿姆利则惨案的伤疤总有一天也会愈合。即使改革的方案还存在不恰当、令人不满意的地方，但只要能给印度人带来新的希望，只要能让印度跨进一个新时代，我就愿意为了《蒙塔古-切姆斯福德改革案》的实施，为了英国政府，鞠躬尽瘁，死而后已。

遗憾的是，所有希望都成了泡沫。基拉法特[①]的誓约并没有被履行，阿姆利则惨案也被草草掩盖。大部分有罪的人没有受到应有的惩罚，还留在原来的官位上。有些人还一直领取由印度财政拨款的退休金。有些人甚至得到了英国政府的嘉奖。至此，我终于意识到，英国政府提出所谓的《蒙塔古-切姆斯福德改革案》，根本就不是出于真心想要悔改。《蒙塔古-切姆斯福德改革案》，只是英国政府想要继续掠夺印度的财富，并且让印度永远沦为英国附庸的一种手段。

最后，迫于无奈，我不得不得出这样的结论。那就是，只要印度还处于英国政府的统治下，无论是政治，还是经济，都不可能会有所好转。印度已经陷入了一种无可挽回的窘境中。在面对侵略者时，被剥夺了军事装备的印度人即使想用武力抗争，手中也没有任何可以使用的武器。不少有识之士认为，印度如果想要夺回主权，恐怕还需要

[①] 指1919年到1924年的基拉法特运动，是一场由印度穆斯林发起的泛伊斯兰主义政治抗议运动，目的是促使英国支持重建奥斯曼帝国。——译者注

几代人的努力。现在的印度，就连应对饥荒的力量都没有了。在英国人来印度之前，印度就有几百万农民在家从事纺织业。农民在家从事纺织业，能提高印度的纺织品产量，能让印度人自给自足。印度农民从事的纺织业，对维持印度的经济起到了举足轻重的作用。就像来自英国的目击者描述的那样，贪得无厌的英国人使用惨无人道的手段，使印度的农村几乎荒废。对城里人来说，他们根本就无从得知，农村里每天都有吃不饱饭的人处于饿死的边缘。在替外国侵略者效力后，可怜的印度人只能获得一点微薄的薪水。然而，就连这点微薄的薪水，很快就会被外国侵略者榨干。按照英属印度的法律设立的政府，其实就是一个以榨取民脂民膏为目的的国家机构。不管英国政府怎样诡辩，怎样利用数字欺瞒百姓，都无法解释为什么在很多村落中会出现森森白骨。我坚信，人在做，天在看，在印度城市里生活的人，还有英国人，都必须为他们犯下的、人类历史上史无前例的滔天罪过受到应有的惩罚。当前政府的法律完全就是为既得利益的掠夺者服务的。站在公平、公正的角度，我审慎地调查了旁遮普军法会议上处理的各种案件。我得出的结论是，在被判有罪的案件中，至少有百分之九十五的被告人都是清白的。根据对印度有关政治犯的案件累积的经验，我不得不得出这样的结论——被判有罪的人中，有九成都是无辜的。他们错就错在，太爱自己的祖国了。印度人对欧洲人提出的诉讼，印度的法院百分之九十九不会受理，即便印度人提出的诉讼是正当的。这毫不夸张，我想经历过类似事件的印度人都有相同的经历。就这样，为了维护掠夺者的利益，法律在无形中已经沦为他们横施淫威的工具。

对服从国家行政命令的英国人和印度官员来说，在无意间犯下上述罪行，才是他们最大的不幸。英国人和印度官员深信，在他们施行的世界上最优秀的行政法的指引下，印度会稳步向前发展，即使步伐也许会比较缓慢。一方面，英国人和印度官员展示了恐怖主义的统治方法和有组织的武装力量；另一方面，他们采取了事先完全剥夺印度人自我防卫能力的有效政策。于是，在不知不觉间，印度人就养成了从众心理。一旦印度人形成从众心理，无知的官员就会开始自我欺瞒，并且这种状况将会愈演愈烈。……

我相信，通过非暴力不合作运动，我向世人展示了一种能够让印度和英国从现在这种极不自然的状态中解脱出来的方法。我领导的非暴力不合作运动，对印度和英国来说其实都是有益的。在我看来，不与邪恶为伍，就和积极行善一样，都是我们应尽的义务。然而，在过去的一段时间里，非暴力不合作运动实际上变成了一种以暴制暴的行为。暴力的不合作运动，只会让邪恶的力量不断壮大。如果邪恶只有通过暴力才能维持，那么为了驱除邪恶，我们就必须极力避免使用暴力。这就是我拼命想要传达给百姓的观点。如果因为奉行非暴力主义，不与邪恶为伍，就要受到惩罚，那就意味着我们要屈服于邪恶。因此，从法律角度来说，我是一个有预谋的犯罪者。从我自身的角度来说，我只是履行了作为一个市民应该履行的义务。如果你们对只是履行了义务的我施以最高刑罚，那么我将会欣然接受。现在，摆在裁判官面前的只有两条路——要么意识到赋予自己审判权力的法律本身就是邪恶的，承认事实上我是清白无罪的，并且辞去裁判官的职务，从此与邪恶一刀两断；要么相信法律和政府对印度的发展是有利的，对百姓来说是善的，并且根据法律判定我的行为是对公共福利的一种损害，然后对我施以最严厉的刑罚。

就这样，甘地以妨碍治安的罪名被判处了六年监禁。当然，甘地服从了这项判决。

第3节　西蒙委员会

在甘地坐牢期间，印度国民大会党产生了分裂。贾瓦哈拉尔·尼赫鲁[1]的父亲莫逖拉尔·尼赫鲁[2]和西塔·兰詹·达斯创立了新政党斯瓦拉吉党。他们试图通过议会主义[3]的方式获得合法自治权。甘地因病而被提前释放。然而，甘地和斯瓦拉吉党的对立，持续到了1934年11月双方签署《甘地-达斯协定》为

莫逖拉尔·尼赫鲁

---

[1] 贾瓦哈拉尔·尼赫鲁（1889—1964），印度独立后的第一任总理。——译者注
[2] 莫逖拉尔·尼赫鲁（1861—1931），印度政治家、律师，曾两次担任印度国民大会党的主席。——译者注
[3] 议会主义，指把议会斗争视为革命唯一形式的主义。——译者注

止。可以说，这是甘地做出的一种让步。于是，印度国民大会党的权力全部落入西塔·兰詹·达斯的手中。当然，圣雄甘地的威望远远高于西塔·兰詹·达斯的威望。1925年6月，西塔·兰詹·达斯死后，莫逖拉尔·尼赫鲁成为斯瓦拉吉党的领袖。

在阿迦·汗三世的领导下，全印穆斯林联盟从印度国民大会党中脱离出来。此外，1923年，出现了以拥护印度教为宗旨、自称是正统派的印度·马哈萨巴组织。表面上，印度民族独立运动好像已经完全沉寂了。

为期十年的《蒙塔古-切姆斯福德改革案》将于1929年到期。因此，1927年，英国成立以修正印度宪法为目的的法制委员会，即西蒙委员会。约翰·西蒙

约翰·西蒙

任西蒙委员会的主席。作为一个决定印度生死的委员会,西蒙委员会的成员中竟然连一个印度人都没有。这势必会激起印度人的反抗情绪。

西蒙委员会的成员随即前往印度,开展了详细的实地调查。印度副王兼总督的职位,由鲁弗斯·艾萨克斯[①]传给了爱德华·伍德[②]。

鲁弗斯·艾萨克斯

---

① 鲁弗斯·艾萨克斯(1860—1935),第一代雷丁侯爵,担任印度副王兼总督的时间为1921年到1926年。——译者注
② 爱德华·伍德(1881—1959),第一代哈利法克斯伯爵,担任印度副王兼总督的时间为1926年到1931年。——译者注

爱德华·伍德

周一，政府的标语是"改革与负责任的自治"。像奥利瓦·托韦斯特那样，印度人立刻提出了更多要求，并且这些要求变得越来越过分。因此，政府也变得神经质，采取了更加决绝的态度。周二，像雷金纳德·戴尔那样的将军，就会争着立功。议会通过了镇压法令，监狱里挤满了囚犯。周三，政府官员感觉受到了良心的谴责，想起1882年威廉·尤尔特·格拉德斯通[①]说过的话，以及第一次世界大战

[①] 威廉·尤尔特·格拉德斯通(1809—1898)，英国政治家，曾四届出任英国首相，还担任过财政大臣。——译者注

爆发的原因。于是，政府摆出了一副"宽容的姿态"。然而，百姓对政府的这个反应表现得非常冷淡。因此，到了周四，政府认为有必要立即终止人身保护令。数千名未经审判的犯罪嫌疑人被关进了监狱。周末，包括政府官员在内的所有人都感到了混乱。①

每到一个地方，西蒙委员会的成员都会碰一鼻子灰。无论是印度教教徒还是穆斯林，所有印度人的愤怒都指向了西蒙委员会。西蒙委员会的成员所到之处，印度人都会身穿丧服来"迎接"他们。停车场、街头都插满了黑旗。到处粘贴着"约翰·西蒙啊，快滚""打倒西蒙委员会"等标语。

1928年12月，在这样局势动荡的时候，莫迪拉尔·尼赫鲁成为印度国民大会党的新主席。当年的国民会议在加尔各答召开。巧合的是，西蒙委员会的视察日，和莫迪拉尔·尼赫鲁抵达加尔各答的日子正好是同一天。当天，在加尔各答，数十万印度人在莫迪拉尔·尼赫鲁会途经的大街上聚集。停车场、街道、十字路口等处都装饰着美丽的旗帜和鲜花。到处整齐地摆满了拱门。莫迪拉尔·尼赫鲁的特别列车抵达车站时，百姓的欢呼声响彻云霄，妇女抛撒的鲜花把整个站台都淹没了。

过了几个小时，西蒙委员会的成员抵达加尔各答。这时，整座加尔各答城宛如一座荒废已久的空城。所有装饰物都被拆了下来，取而代之的是黑旗。印度人用黑旗迎接西蒙委员的成员。

之后，在甘地的主持下，印度国民大会集体通过了一项决议。那就是，到1929年12月30日为止，如果英国政府还不将自治权归还给印度，印度将再次开展非暴力不合作运动。

---

① 出自阿道司·赫胥黎的《微笑的海盗》。——原注

第4节　独立宣言与圆桌会议

以抵制西蒙委员会为契机，印度民族独立运动呈现出了高涨态势。青年人成为这次民族独立运动的主力。年轻志士贾瓦哈拉尔·尼赫鲁和苏巴斯·钱德拉·博斯[①]共同创立了独立联盟，得到了广大青年人的支持。年轻女学生和妙龄少妇也参加了这次独立运动。这种状况在印度是第一次出现。

苏巴斯·钱德拉·博斯

---

① 苏巴斯·钱德拉·博斯（1897—1945），印度著名政治人物。——译者注

贾瓦哈拉尔·尼赫鲁

　　1929年12月，贾瓦哈拉尔·尼赫鲁成为印度国民大会党的新主席。他精神抖擞地登上了在拉合尔召开的印度国民大会的讲坛。这次大会是一场具有历史意义的大会，因为印度人终于迎来了英国政府正式回复的日子。1929年12月31日24时，在"祖国万岁"的欢呼声中，印度国民大会通过了"今后将斯瓦拉吉定义为'完全的独立'"的决议。

　　　我们印度人，应该和其他国家的国民一样，拥有享有自由、享受劳动成果、获得生活必需品、不断繁衍发展的权利。我们坚信，这是印度人神圣不可侵犯的权利。我们还坚信，不管是什么样的政府，只要它剥夺了人民享有的上述权利，虐待人民，人民就拥有改革政府甚至推翻政府的权利。英国政府不仅剥夺了印度人享有自由的权利，还把重心放在了榨取民脂民膏上，使印度在政治、经济、文化及精神方面都遭到了毁灭性的打击。因此，作为印度人，我们要切断印度和英国的所有联系。我们坚信，印度绝对能够获得斯瓦拉吉，即完全的独立。……

年轻的贾瓦哈拉尔·尼赫鲁宣读了上述独立宣言。象征印度独立的旗帜在风中高高飘扬。之后，印度就开始了非暴力不合作运动。为了抵制政府征收的盐税，甘地发表声明，称将要开展被政府禁止的制盐活动。1930年4月12日，在由七十九名选拔出来的勇士组成的义勇军的保护下，甘地抵达坎贝海岸，并且开展了制盐活动。所有印度人都效仿甘地，拒绝缴纳盐税。1930年5月5日，政府下令逮捕了甘地，并且将印度国民大会党定义为非法组织，进行了暴风雨式的打压。然而，对非暴力不合作主义者来说，打压和刑罚都是无效的。印度随即爆发了第三次反英运动。

半夜，警察署的旗杆上升起了象征印度独立的旗帜。这让警察署长十分狼狈。马德拉斯高等法院的英国国旗，不知在什么时候被人偷偷换成了象征印度独立的旗帜。公办大学的牌子，好几次都被人改写成了"印度国民大会党大学"。

印度国民大会党的主席一个接一个地被关进监狱。不过，甘地想出了一个对策，那就是前任主席一定要事先选好自己的接班人。于是，印度国民大会党就有了无数的主席。不管有多少个主席被抓，下一任主席都能立刻就任。好多次，被选为主席的竟然还是女性……不用说，设立事务所也被英国政府禁止了。尽管如此，印度国民大会党堂堂正正地设立了事务所，还不止一个。有一天早上，某个城市的警察署竟然接到了这样的报告——整座城市家家户户的门上都挂着事务所的牌子。据说，采用这个战术的好处是，不管警察的人数有多

穆罕默德·阿里·真纳

少,不用说抄家了,就算只是把这些牌子统统摘下来带回警察署,都要让他们花费好大一番力气。与此同时,英国政府的打压逐渐升级。

根据1930年西蒙委员会的报告,英印圆桌会议在伦敦召开。这次会议唯一有价值的就是穆罕默德·阿里·真纳[①]有名的演讲:

在安拉支配的世界里,我们首先是穆斯林,其次是穆斯林,最后还是穆斯林。我们除了是穆斯林,什么都不是。不过,在谈到和印

① 穆罕默德·阿里·真纳(1876—1948),巴基斯坦的创建者及第一任总督。——译者注

度有关的问题时，我们首先是印度人，其次是印度人，最后还是印度人。我们除了是印度人，什么都不是。

意识到没有甘地参与的圆桌会议毫无意义这个现实后，爱德华·伍德试图向印度国民大会党表示妥协。他和甘地达成了协定。在激进派不满的声音中，甘地下令停止非暴力不合作运动。他带着山羊踏上了去英国的旅途。不过，在1931年9月的第二次圆桌会议上，甘地几乎一言不发。最后，印度国民大会党和英国政府并未达成共识。回到印度后，甘地再次发动了反英运动。因此，甘地又被抓进了监狱。

1932年，第三次圆桌会议召开。这次会议拟定了被称为《印度政府组织法》的新宪法纲要。

第5节　第二次世界大战

1935年施行的新宪法，即《印度政府组织法》，是在经历了长时间讨论协商后才通过的法案。这在印度历史上实属罕见。《印度政府组织法》是在经历了《莫利-明托改革法案》、《蒙塔古-切姆斯福德改革案》、西蒙委员会及几次圆桌会议后，英国颁布的另一个"杰作"。《印度政府组织法》巧妙地扼杀了印度获得自由的一切可能性。《印度政府组织法》由三个部分组成：一是印度联邦的组织；二是英属印度各州的自治，即设立责任内阁；三是缅甸的分离[①]。由于本书篇幅有限，此处不再详细讨论《印度政府组织法》的内容。简单来说，联邦制度的关键就是，要不择手段地阻止超过一定人数的大党派出现。而所谓的英属印度各州的自治，实质是在绝对不影响英国当局权力的前提下的自治。缅甸是印度的米仓，是印度石油的供给地。英国只要直接控制了缅甸，就等于

---

① 指将缅甸从印度殖民地中分出，获得"自治权"和一个"议会"。——译者注

维克托·霍普

掐住了印度的脖子。明白了上述几点后,读者们应该能充分欣赏到这个"杰作"的精彩之处。

1937年2月,印度副王兼总督维克托·霍普[①]以《1935年印度政府法案》为依据,举行了大选。印度国民大会党不顾贾瓦哈拉尔·尼赫鲁及其他激进派人士的反对,开始了州议会议员的竞选活动。意外的是,印度国民大会党获得了

[①] 维克托·霍普(1887—1952),第二代林利斯戈侯爵,担任印度副王兼总督的时间为1936年到1943年。——译者注

压倒性的胜利。不仅如此,印度国民大会党还以绝对多数的选票获得了七个州竞选的胜利。然而,印度国民大会党并没有对这个看似合法的竞选活动抱太大的期望。因此,印度国民大会党派出二流的人才组建了这七个州的内阁。不过,这次胜利在印度独立运动史上具有划时代的意义。因为印度人过去连做梦都无法想象,有一天竟然会成立印度国民大会党的内阁。

世界局势方面,东面发生了中国和日本之间的战争[①],西面出现了纳粹德国的苏台德事件[②]。整个世界局势处在动荡不安中。在这样的局势下,苏巴斯·钱德拉·博斯当选为印度国民大会党的新主席。他原本属于激进派,得到了广大印度青年的支持。在1939年特里布里的大会上,以苏巴斯·钱德拉·博斯的再次当选为契机,甘地一派和苏巴斯·钱德拉·博斯一派形成了对立。于是,印度国民大会党再次分裂成两派。甘地一派的常任委员集体辞职,使苏巴斯·钱德拉·博斯失去了执行机关。于是,苏巴斯·钱德拉·博斯下台,并且将主席的位子让给了拉金德拉·普拉萨德[③]。后来,苏巴斯·钱德拉·博斯组建了全印前进同盟[④],表明了自己的社会主义立场。

1939年9月3日,英国向纳粹德国下了战书。1939年9月4日,维克托·霍普发布了"印度和纳粹德国进入交战状态"的宣言。他还请来了甘地,要求甘地协助英国对抗纳粹德国。然而,在第一次世界大战中吃尽了苦头的印度国民大会党这次十分谨慎。1939年9月4日,印度国民大会党的主要成员在甘地居住的沃尔塔村召开了委员会。1939年10月10日,印度国民大会党召开了全印委员会,并且将通牒亲手交给了维克托·霍普。该通牒的主要内容如下:

印度国民大会党反对极权主义国家。印度国民大会党不认同印

---

① 指中国抗日战争。——译者注
② 苏台德事件,1938年,由于对苏台德的主权归属存在争执,捷克斯洛伐克和纳粹德国之间发生了冲突。——译者注
③ 拉金德拉·普拉萨德(1884—1963),印度独立后的第一任总统。——译者注
④ 全印前进同盟,印度的一个政党,1939年成立。——译者注

度副王兼总督维克托·霍普独断的宣言。如果英国真的是为了自由和拥护民主主义而战,就应该先把自由还给印度。

然而,英国方面只给出了一个简短的官方回复。那就是,英国政府会考虑战后印度的自治问题。于是,反英运动再次爆发。

这次反英运动的导火索,是印度国民大会党七个州的内阁成员集体辞职。作为报复,1940年7月2日,英国政府派人逮捕了苏巴斯·钱德拉·博斯。此后,英国政府就开始打压卡萨尔党①,并且大肆逮捕全印前进同盟成员,还在1940年11月逮捕了贾瓦哈拉尔·尼赫鲁。

第6节 太平洋战争期间印度的独立运动

1941年12月8日,日本昭和天皇下达了必须膺惩英国和美国的诏书。

对日本来说,作为英国殖民地的印度,自然是敌军的军事基地。于是,印度方面开始紧张起来。维克托·霍普立刻释放了贾瓦哈拉尔·尼赫鲁和苏巴斯·钱德拉·博斯等人,并且希望印度人能够在英国的对日抗战中发挥积极作用。然而,这次印度人显得更加谨慎。

印度士兵被派往马来半岛和新加坡,为英国士兵打头阵。英国士兵有时候被日本军队驱逐,有时候集体向日本军队投降。同样是为英国而战,但与英国士兵相比,印度士兵显得更加勇敢。然而,印度士兵获得的待遇甚至比澳大利亚士兵还差。日本军队很快就会进驻缅甸,缅甸即将成为"缅甸人的缅甸"。在日本帝国议会上,东条英机②发表了"现在正是建设印度人的印度的最好时机"的声明。

---

① 1940年卡萨尔党在旁遮普地区举行暴动,卡萨尔党是穆斯林组成的党派。——译者注
② 东条英机(1884—1848),曾任日本内阁总理大臣,第二次世界大战的甲级战犯,1848年执行绞刑。——译者注

拉什・贝哈里・博斯

整个印度都震撼了。

1942年2月27日，拉什・贝哈里・博斯[①]发表了如下声明：

> 印度同胞啊。在过去的五十年间，面对英国的压迫，我们印度人为了让印度成为印度人的印度，成为亚洲的印度，无论身在国内还是国外，都进行了顽强的抗争，几千人为此付出了宝贵的生命。可惜，被剥夺了武装力量的我们，至今都没有实现这个崇高的理想。现在，日本军队正在打击入侵亚洲的英国人和美国人，并且在战斗中获得了胜利。这是我们印度人翻身的绝好机会。印度同胞啊！趁着天佑印度时，我们印度人必须找英国好好算一算过去的账。印度同胞啊。我们

---

① 拉什・贝哈里・博斯（1886—1945），印度独立运动家。——译者注

戈宾德·辛格

要发扬从奎师那那里获得的不懈奋斗精神,从释迦牟尼那里获得的无我精神,在安拉的真理、戈宾德·辛格[1]的教义乃至圣雄甘地一直向我们传达的真理的指引下,万众一心,奋起抗争。有些印度同胞,为了印度人的印度,为了亚洲的印度,已经投身到了驱逐英国势力的战斗中。我们对他们表示万分的感激,也期待更多印度同胞加入反英斗争的队伍中。

---

[1] 戈宾德·辛格(1666—1708),锡克教第十代古鲁(宗师)。——译者注

显然，拉什·贝哈里·博斯意识到，印度人已经对反英运动产生了倦怠的情绪。事实胜于雄辩，在太平洋战争期间，印度人再次觉醒了。而这也是英国人最害怕看到的一件事。印度人再次看见了希望的曙光。

第7节　斯塔福德·克里普斯访问印度

英国政府开始惊慌失措。当时，英国政府的第一要务就是安抚印度人。因此，英国政府派人称"英国战时内阁"①谋士的斯塔福德·克里普斯飞往印度。

斯塔福德·克里普斯

---

① 英国战时内阁，第二次世界大战期间，英国的最高军政领导机构。——译者注

阿奇博尔德·韦弗尔

1942年3月22日，斯塔福德·克里普斯抵达新德里[1]，和维克托·霍普及印度军司令官阿奇博尔德·韦弗尔[2]进行了会谈。之后，斯塔福德·克里普斯花了十天时间会见了印度各党派领袖，并且向他们展示了英国方面提出的方案，即《克里普斯方案》。

《克里普斯方案》的要点如下。

第一，在向英国表示忠诚后，新的印度联邦作为一个自治领[3]，和英国本

---

[1] 新德里，印度的首都，位于今印度德里国家首都辖区，旧德里以南。——译者注
[2] 阿奇博尔德·韦弗尔（1883—1950），第一代韦弗尔伯爵，第二次世界大战中任中东英国军队司令部总司令。——译者注
[3] 自治领，英国殖民地制度中的一个特殊国家体制，是从殖民地向独立国家过渡的最后一个阶段。——译者注

土及其他自治领合并。无论在何种情况下，新自治领都和英国本土及其他自治领拥有同等地位。在内政外交方面，无论在何种情况下，新自治领都绝不再处于附属地位。

第二，承认英属印度各州具有不接受新宪法，继续根据当时的宪法维持现有地位的权利。同时，新宪法起草委员会将在新宪法中加入保护从人种角度和宗教角度被定义为少数民族的民族的内容。英国政府应该很快就会同意通过新宪法。根据新宪法的规定，印度将设置保护从人种角度和宗教角度被定义为少数民族的民族的机构。关于这一点，需要和英国本土缔结条约。

第三，在第二次世界大战结束后，新宪法起草委员会将会重新选举英属印度各州议会的议员。王公的领地也可以派代表参加。

由此可见，《克里普斯方案》根本就是一个毫无新意的方案。印度想要的是独立，而英国现在还在提自治，并且这种自治依旧是"战后才被容许的自治"。况且，英国根本就没有能够打赢的胜算。

以甘地为代表，印度各派纷纷表示反对。印度人再也不会为这样的蝇头小利而上当了。

于是，斯塔福德·克里普斯采纳了以保卫印度为重点的印度各派的提议，提出了将从印度人中选出"国防首相"这个新的具有诱惑力的条件。与此同时，1942年4月5日，日本海军占领了印度洋上英国最大的军事据点科伦坡，还攻击了科伦坡的周边地区。在日本海军的持续攻击下，科伦坡附近的英国军舰和重要军事设施均遭到严重破坏。英国空军也遭到重创。这打断了正在访问印度的斯塔福德·克里普斯准备前往前线慰问士兵的计划。

印度的所有政党都表明了反对《克里普斯方案》的立场。即使坐上了毫无实权的国防首相的位子，也只能成为一个面无表情的人偶，任由英国人摆布。于是，1942年4月13日，斯塔福德·克里普斯在卡拉奇孤独、沮丧地登上了飞回英国的飞机。

第8节 沃尔塔会议和印度的崛起

在拒绝了《克里普斯方案》后，摆在印度人面前的只有反英斗争这一条路。到底如何才能赶走英国势力，争取印度的独立呢？当时，每一个印度人应该都在思考这个问题。最后挺身而出的，还是甘地。他表示，这次反英斗争将是他领导的最后一次斗争。他还说，大业未果，至死方休。

1942年7月中旬，印度国民大会党召开了沃尔塔会议。执行委员会的决议立刻被送到了维克托·霍普手中。针对该决议，维克托·霍普在参事会情报局的谈话中，以非常冷淡的口吻发表了如下声明：

> 英属印度当局反复熟读了印度国民大会党执行委员会的决议。对印度国民大会党提出的要英国势力退出印度的要求，因为其决议中没有给出明确说明，即要退到什么程度，所以英国当局无法知晓其真实诉求。

因此，印度国民大会党执行委员会没有等到1942年10月召开大会，而是于1942年8月7日就在孟买召开了紧急大会。在阿布·卡拉姆·阿扎德①主席讲完庄重的开会致辞后，甘地就发表了表明自己坚定决心的演说。甘地这次演说的要点如下：

> 必须让英国人立即撤离印度。如果英国政府不同意，我们将立刻发动非暴力不合作运动。这次反英斗争，将会是我人生中进行的一场最大的斗争。为此，我决定绝食到我死的那一天。希望我的请求能得到印度国民大会党执行委员会的认可……印度国民大会党已

---

① 阿布·卡拉姆·阿扎德（1888—1958），早期印度国民大会党的一个穆斯林领袖，印度独立后就任首任教育部部长，奠定了印度教育制度的基础。——译者注

阿布·卡拉姆·阿扎德

经通过了遵从我的指令的决议。自1920年以来，我一直坚信印度一定能获得独立。这个信念自始至终未曾改变。如果真的有改变，那也是我的信念变得比过去更加坚定……

就这样，决议获得通过。反对的票数只有十三张。于是，印度人做好了听从甘地指令的准备。然而，1942年8月9日上午，英国政府突然派人逮捕了印度国民大会党的三巨头——甘地、贾瓦哈拉尔·尼赫鲁和阿布·卡拉姆·阿扎德，并且将他们监禁在浦那的阿迦·汗三世的宅邸中。甘地的夫人嘉斯杜白·甘地也被逮捕了。大部分政党领袖接二连三地被捕。英国政府开始了猛烈的镇压行动。然而，英国政府的镇压行动有多猛烈，印度人就变得有多坚强。

整个印度崛起了,到处发生起义。罢工使街上一片死寂。工厂的传送带被拆下来,铁路的枕木也被根根拔出。集体性的暴动也在发生。印度所有主要城市都发布了戒严令。

这次印度反英斗争,是所有印度人参与的有组织的斗争。甘地组织的最后一次印度民族独立运动,对印度在亚洲的崛起具有十分重要的意义。受英国统治的印度历史在此就告一段落了。印度历史即将翻开新的一页。

参考文献

一、日文文献[①]

高楠顺次郎：《印度古圣歌》

宇井伯寿：《印度哲学史》

木村泰贤和高楠顺次郎：《印度哲学宗教史》

木村日纪：《印度史》

高桑驹吉：《印度五千年史》

外务省调查部：《印度民族史》

东亚研究所：《印度民族运动概观》

东亚经济调查局：《印度统治机构的历史概观》

世界经济调查局：《印度的政治和经济》

岩波书店：《岩波讲座之东洋思潮》

平凡社：《东洋历史辞典》

改造社：《奥义全书》

大川周明：《近代欧洲殖民史》

[①] 本书中还引用了很多宗教书籍和文学书籍。为了向这些书籍的作者表示谢意，我在引用处都清楚注明了引文的出处。——原注

伊东敬：《现代印度论》

胁山康之助：《现代印度的诸问题》

二、外文文献

R.C.Dutt. *Ancient India*

E.J.Rapson. *Ancient India*

Z.A.Ragozin. *Vedic India*

V.A.Smith. *The Concise Oxford History of India*

E.Thornton. *The History of British Empire in India*

P.E.Roberts. *History of British India*

Abdullah Yusuf Ali. *The Making of India.*

Verney Lovette. *India: The Nation of Today*

J.Cumming. *Modern India*